언어접촉과 현대중국어 차용어

이 저서는 2013년 정부(교육과학기술부)의 재원으로 한국연구재단의 지원을 받아
수행된 연구임 (NRF-2013S1A6A4018765)

언어접촉과
현대중국어 차용어

김석영

拷貝　維他命　卡通　呼啦圈
派對　幽默　巴士　厄爾尼諾
紅眼航班　奶昔　蛋撻　黃頁
的士　克隆　咖啡　手續　腺
阿爾茨海默病　比基尼　藍牙
朋克　熱鍵　亞健康　巧克力
盤尼西林　經濟　抽象　積極
超模　貼士　參雞湯　跆拳道
拓刀田　商道　多米諾　香波

역락

머리말

  어휘체계라는 말이 한 언어의 어휘 구성을 논하는 맥락에서 매우 흔히 쓰이는 데 비하면 정작 그에 대한 기술이 얼마나 체계적이었느냐는 질문에 자신 있게 답하기 어려운 것이 어휘를 다루는 연구자들의 묵은 곤혹이 아닌가 싶다. 그 기술이 어휘 집합의 복잡다단한 양상을 잘 설명하는 것이라면 빼놓을 수 없는 하나의 축이 바로 고유어-차용어 스펙트럼일 것이다. 중국어의 경우도 예외는 아니어서 차용어에 대한 관심은 고대로부터 오늘날까지 끊임없이 지속되어 왔고, 현대 언어학의 방법론에 입각한 본격적인 연구의 역사도 반세기가 넘는다.

  본래 어휘라는 것이 음운, 형태, 통사 등의 내적 체계와는 달리 생성과 소멸이 빈번히 일어나는 열린 구조인 데다 그 과정에는 사회문화적 배경이나 언어 사용자의 태도와 같은 사회언어학적 요인들이 작용하기 때문에 차용어라는 하나의 어휘 집합에 대한 종합적인 기술을 위해서는 다양한 측면에서의 접근이 불가피하다. 이 책은 중국어의 차용어 문제에 관한 다양한 측면의 접근을 시도한 결과이다.

  중국어 차용어 연구를 위해 자료를 수집하고 어휘 데이터베이스를 구축한 지 어느덧 10년이 되었다. 중국어 차용어 데이터베이스에는 그 사이에 약 1만7천 어휘가 수록되었고, 신조어 내에서 차용어가 갖는 비중을 알아보기 위해 수집한 신조어가 약 8천 단어, 중국어권의 다양한 중국어 변이형에서 차용어가 갖는 양상은 어떻게 다른지를 알아보기 위해 중국, 타이완, 홍콩, 싱가포르 등의 글로벌 중국어 어휘를 각종 자료로부터 수집한 것이 약 1만2천 단어 가량이다. 이 데이터들을 바탕으로 이 책은 중국어 차용어의 경계 문제, 차용어 체계, 근대 전후의 차용어 수용사, 개혁개방 이후의 신조어와 차용어, 개혁개방 이후 차용어의 특징, 글로벌 중국어의 차용어 양상, 차용어에 대한 언중의 언어태도, 알파벳 자모어 문제, 방언간 어휘 차용 등을 다루었다.

이와 같은 다양한 문제들을 다루는 과정에서 필자의 기존 연구 성과들이 곳곳에 활용되었다. 사용된 연구 성과는 金錫永(2011)을 비롯하여 김석영(2011, 2012ab, 2013, 2016ab, 2018) 등이다. 이 연구 성과들은 그 전부 혹은 일부가 본서에 분산 사용되었고, 그 과정에서 기존의 견해 가운데 일부가 수정되거나 더 발전되었다.

다양한 측면을 다루고자 하였으나 어쩌면 그것이 번다하게 보일 수도 있으리라 생각된다. 또 중국어의 차용어 혹은 어휘적 다양성을 둘러싼 사회언어학적 주제에 대한 필자의 연구는 계속 진행 중이며, 이 책은 그 긴 여정 중의 한 모습인 까닭에 미흡한 부분도 많다는 고백을 할 수밖에 없다. 그런 점은 앞으로의 연구를 통해 보완해 가겠다는 약속을 드린다. 그렇게 되도록 더 큰 관심과 질정을 바라는 바이다.

아울러 초고를 윤독하며 질문과 지적으로 내용을 더 풍성하게 해준 2017, 2018 대학원 선생님들께 감사드린다. 그리고 무엇보다도 한없이 지체되는 원고를 인내하며 기다려 주시고, 다국어 문자와 도표가 어지럽게 등장하는 원고를 깔끔하게 편집 출판해 준 역락의 이대현 사장님과 편집부 여러분들께 진심으로 감사드린다.

2020년 1월
저자 씀

차례

제3장 중국어 차용어 체계__79

제4장 근대 이전의 중국어 어휘 차용__107

제5장 근현대 시기 중국어의 어휘 차용 __ 135

제6장 개혁개방과 신시기 차용어 __ 163

언어접촉과
현대중국어 차용어

拷貝　維他命　卡通　呼啦圈
派對　幽默　巴士　厄爾尼諾
紅眼航班　奶昔　蛋撻　黃頁
的士　克隆　咖啡　手續　腺
阿爾茨海默病　比基尼　藍牙
朋克　熱鍵　亞健康　巧克力
盤尼西林　經濟　抽象　積極
超模　貼士　參雞湯　跆拳道
拓刀田　商道　多米諾　香波

제 1 장

언어접촉과 차용어

1.1 언어접촉

언어가 사회적인 도구인 이상, 그리고 인류의 언어가 하나가 아닌 이상 언어 간의 접촉과 교류는 필연적이다. 언어 사용자들의 커뮤니티가 인류사회로부터 고립되어 존재할 수 없듯이 커뮤니티의 의사소통 수단인 언어도 다른 언어들로부터 고립될 수 없기 때문이다.

언어접촉(language contact)은 사회·민족·문화·언어 간의 접촉 과정에서 일어나는 어휘의 차용, 음운·형태·통사 등 특정 언어 자질의 수용, 언어의 전환이나 혼용, 피진(pidgin)이나 크레올(creole)의 형성과 같은 언어 현상을 말한다. 서로 다른 언어를 사용하는 개인이나 집단이 교류하고 접촉하는 과정에서 상이한 언어 간에는 일정한 간섭과 영향이 발생하기 마련이다. 이 영향과 간섭의 다양한 양상들이 언어접촉 연구자가 관심을 갖는 현상들이다. 언어접촉의 과정에서 나타나는 다양한 언어 현상에 대해서는 오래 전부터 연구가 수행되어 왔다.

언어접촉이 일어나는 가장 일반적인 경우는 지리적으로 서로 인접한 언어들 사이에서 자연스러운 간섭과 혼합이 일어나는 것이다. 그러나 언어접촉 연구가 더 관심을 갖는 것은 전쟁, 민족 이동, 점령과 식민지화, 대규모 교역 등의 사건이나 노예제와 같은 제도가 일으키는 언어의 변화이다. 과거에는 전쟁을 통한 점령이나 식민지화와 같은 사회적 불평등 상태에서 다양한 언어접촉 현상이 나타나는 경우가 많았다면, 현대에 와서는 물리적인 교역이나 문화 산업 등에 의한 언어 상호간의 영향과 접촉이 많이 일어난다. 평화적인 교류에 의한 접촉이 보다 빈번해진 것이다.

서로 다른 언어를 사용하는 사용자 집단이 지속적으로 긴밀한 접촉을 가지게 되면 이 과정에서 서로 영향을 주고받는 두 언어는 계층어(stratum)를 형성하게 된다. 두 언어 가운데 사회적인 위세가 높고 더 영향력 있는 쪽을 상층어(superstratum)라고 하고, 사회적인 위세나 영향력이 낮은 쪽을 기층어(substratum)라고 한다. 정복, 식민지화, 대규모 이주 등에 의해 새로운 언어가 유입될 때, 일반적으로 유입된 언어는 상층어로서 현지어에 영향을 미치며, 현지어는 기층어로서 유입된 언어에 영향을 미치게 된다. 이와 달리 접촉하는 두 언어 사이에 위세 차이 없이 서로 영향을 주고받는 경우 그러한 언어를 방층어(adstratum)라고 한다. 방층어 현상은 대개 지리적으로 인접한 언어들 사이에서 나타난다.

언어 간의 접촉에 대한 관심이 언어학이라는 학문을 통해 본격적으로 언급되기 시작한 것은 20세기 초이다. 대표적으로 Sapir(1921)는 언어 간의 상호 영향을 독립된 장에서 다루면서 다음과 같이 서술한 바 있다.

언어는 문화와 마찬가지로 자급자족적인 사례가 거의 없다. 교류의 필요에 의해 한 언어의 화자는 이웃한 언어나 문화적으로 우세에

있는 언어와 직간접적인 접촉을 갖는다. 이 때 교류는 우호적일 수
도 있고 적대적일 수도 있으며, 평범하고 일상적인 업무와 거래 관
계 위에서 진행될 수도 있고 예술·과학·종교와 같은 정신적인 가
치의 교환과 차용으로 이루어질 수도 있다. 원시인들의 세계에서도
완벽하게 고립된 언어나 방언을 찾아내는 것은 쉽지 않은 일이다.
…… 언어 간의 영향 관계는 일방적인 경우가 종종 있다. …… 여러
세기에 걸쳐 중국어는 한국어, 일본어, 안남어(베트남어)의 어휘에
영향을 미쳤다. (Sapir 1921: 158)

Bloomfield(1933)도 '문화적 차용(cultural borrowing)', '친밀 차용(intimate
borrowing)', '방언 차용(dialect borrowing)' 등의 장절을 통해 언어접촉의 문
제를 다룬 바 있다.

이처럼 언어 간의 상호작용이나 접촉과 차용의 문제는 구조주의 시
대의 여러 언어학 저술과 논문에서 다루어졌다. 그리고 이 문제를 최
초로 본격적인 한 권의 저술로 다룬 것은 Weinreich(1953)의 《언어 접촉,
발견과 과제(Languages in Contact: Findings and Problems)》였다. 이 책은 언어
간섭(interference), 이중언어상용(bilingualism), 언어 전환(language shifts) 등의
문제와 사회-문화적 요인을 폭넓게 다룬 기념비적인 저서이다. 그 이
후로는 Trudgill(1986), Thomason & Kaufman(1988), Lehiste (1988) 등의 연구
에 의해 언어 접촉 혹은 방언 접촉의 문제가 본격적으로 다루어졌고,
언어 접촉의 문제를 전문적으로 연구하는 언어학의 분과를 접촉언어
학(contact linguistics)이라 지칭하게 되었다.

언어접촉과 관련된 다양한 언어 현상들이 모두 접촉언어학의 연구
대상으로 포괄되므로, 우리는 접촉언어학 분야에서 언급된 과제들을
통해서 언어접촉의 다양한 양상을 살펴볼 수 있다. 張興權(2012)에 의하
면 언어접촉과 관련된 연구 범위와 내용은 다음과 같이 정리할 수 있다.

(1) 언어요소의 차용(borrowing)

(2) 이중언어상용(bilingualism)

(3) 다중언어상용(multilingualism)

(4) 양층언어현상(diglossia)

(5) 언어전환(language shift)

(6) 코드전환(code-switching)

(7) 코드혼용(code-mixing)

(8) 언어 연합(language union)

(9) 언어 간섭(language interference)

(10) 언어 혼용(language mixture)

(11) 언어 보존(language maintenance)

(12) 언어 소멸(language death)

마지막의 언어 보존과 소멸 문제는 일견 언어접촉과는 거리가 있어 보이나 실은 언어전환(language shift)과 관련된 문제라는 점에서 언어접촉의 한 양상으로 볼 수 있다.

언어접촉의 다양한 양상 가운데 초기부터 가장 널리 관심을 끌었던 것은 역시 어휘 차용, 즉 차용어 연구이다. 여러 언어 요소 가운데 어휘는 사회 변화에 가장 민감한 층위이기도 하고, 얕은 접촉만으로 전파되는 층위이다. 상대적으로 음소의 증가나 어순의 변화와 같은 구조적인 부분은 훨씬 깊은 층위의 접촉을 필요로 한다. 어휘는 가벼운 접촉을 통해서도 쉽게 전파되기 때문에 가장 흔히 볼 수 있는 언어접촉 현상이기도 하다.

1.2 차용어

1.2.1 차용어의 정의와 그 경계

언어의 발전과 성장을 담보하는 신생 요소 가운데 중요한 한 축을 담당하는 어휘성분으로는 한 언어 내부에서 생성되는 신조어(coinage) 외에도 언어간 접촉과 교류의 산물인 차용어(loanwords)를 빼놓을 수 없다. 중국어의 경우도 예외는 아니다. 중국어 또한 고대로부터 현재에 이르기까지 적지 않은 양의 외부 수혈을 통해 어휘를 보충해 왔음을 직간접적으로 확인할 수 있다. 특히 사회문화적 교류와 밀접한 상관관계를 가지는 차용어의 양적 팽창은 그 사회의 대외 교류량과 비례하는 경향을 보인다. 이는 개혁개방 이후 현대중국어 어휘의 변화와 차용어 증가를 통해서도 다시 한 번 확인된다.

그렇다면 언어 간에 어휘의 차용이 발생하는 이유는 무엇일까. 이에 대해 Scheler(1977: 86-88)는 다음과 같이 정리한 바 있다.

1. 자국어 어휘체계에 있는 빈자리를 메우기 위해 타 언어공동체의 단어가 차용된다. 즉 자국 언어에 없는 어휘가 타 언어공동체로부터 차용된다.
2. 이미 차용된 단어들이 또다른 단어의 차용이나 신조어 생성을 초래한다.
3. 이미 존재하는 단어들과 어원적으로 한 쌍인 것들이 차용되는 경우가 있다.
4. 번역하는 사람들이 편리하게 번역하기 위해서, 혹은 적절한 대응어를 사전에서 찾지 못해서 차용어를 사용하게 된다.
5. 한 차용어가 문체적으로나 언어적으로 본보기가 될 때, 이 말이 차용된다. 이것이 언어 외적인 요인에 의해 언어가 차용되는 가

장 큰 이유이다.

두 번째에서 언급한 '이미 차용한 단어들이 신조어 생성을 초래'하는 경우를 과연 어휘 차용이라고 볼 것인지는 논의의 여지가 있는 문제이다. 이에 대해서는 뒤에서 자세하게 다룰 것이다. 대부분의 차용은 첫 번째 경우이거나 다섯 번째 경우라고 알려져 있다. 즉 언어 표현의 필요에 의해 자국어에 없는 공백을 차용어를 통해 메우거나, 이미 있는 표현이라도 어떤 문체적 동기나 수사적 동기에 의해 차용어를 받아들이는 경우가 많다는 것이다.

차용어(借詞) 혹은 외래어(外來詞)[1]의 정의를 둘러싸고 중국 학계에서는 오랜 논쟁이 계속되어 왔으며, 많은 학자들이 각자의 견해를 제기하였다. 차용어와 비차용어를 가르는 구체적인 경계에 대한 미시적 기준 등에 있어서는 견해 차이가 있지만 차용어가 '다른 언어로부터 수용된 단어'(現代漢語詞典 2016: 1344)를 가리킨다는 데 대해서는 대체로 의견이 일치하는 편이다. 물론 "외국이나 다른 민족의 어휘로부터 수용한 단어(從外國或其他民族的詞彙中吸收進來的詞)"(寧錦表 1983: 72)라든지 "'외국' 혹은 '이민족'으로부터 받아들인 어휘(從"外國"或"異族"引進的詞彙)"(田惠剛 1993)라는 식의 잘못된 혹은 엄밀하지 못한 정의도 없지는 않다. 이 지점에서 우리는 적어도 차용어 여부에 대한 판단이 국가나 민족을 경계로 하는 것이 아니라 어종(語種)을 경계로 한다는 점을 분명히 해 두면 될 것이다.

이와 관련해서 사실 매우 미묘한 판단의 문제가 발생하기도 한다. 다음의 예에서 이 문제에 보다 실천적으로 접근해보자. 2002년 2월 한

---

1) 본서에서는 타인의 견해를 다루는 경우 외에는 주로 '차용어'라는 용어를 사용할 것이다. 차용어 체계에 대한 필자의 입장은 3장에서 다룬다.

국의 SK텔레콤은 개인화된 통화대기음을 설정할 수 있는 새로운 기능을 출시한다. '컬러링(Coloring)'이라 불리는 이 서비스는 색깔을 뜻하는 'color'와 벨소리를 뜻하는 'ring'을 합성한 브랜드네이밍이다. 컬러링 서비스는 출시 후 크게 성공했고, 일본, 미국, 프랑스, 중국, 싱가포르, 타이완 등의 이동통신 회사들이 관심을 보였으며, 얼마 후 이 회사들도 같은 서비스를 선보이기 시작했다. 서비스 수출의 결과는 어휘 차용으로도 나타났다. 중국어에는 이 서비스를 가리키는 '彩鈴'이라는 신조어가 출현하였다. 문면에 잘 드러나듯이 '彩鈴'은 'Coloring'을 축자적으로 옮긴 번역차용어(loan translation)이다.

문제는 '彩鈴'이 한국어 '컬러링'의 번역어가 아니라는 데 있다. 이 신조어의 출현이 일반 언중들의 언어생활이 아니라 기술 수출과 서비스 수출의 과정에서 나타난 데다 기점언어(source language)라 할 수 있는 '컬러링' 자체도 영어 'color'와 'ring'을 합성한 일종의 겉보기 영어 (pseudo-anglicism) 같은 것2)이었기 때문에 이 수출 과정의 주인공은 '컬러링'이 아니라 'Coloring'이었다. 이런 현상은 브랜드 네임의 번역 과정에서 곧잘 일어난다. 예컨대 현대 자동차의 엘란트라(Elantra)를 '伊蘭特'로 음역한 경우나 밀폐용기 브랜드 락앤락(Lock & Lock)을 '樂扣樂扣'로 음역한 경우는 모두 한국과 중국의 접촉에 의한 것이지만 한국어와 중국어의 접촉으로는 보기 어려운 예이다.

그렇다면 이 중국어 단어들은 모두 영어에서 차용된 것이라고 할 수 있을까? SK텔레콤이 출시한 컬러링 서비스는 미국의 버라이즌 (Verizon), 싱가포르의 싱텔(SingTel) 등의 회사로 수출되었다. 공교롭게도 버라이즌은 'Coloring'이라는 원래의 네이밍을 쓰는 대신 이 서비스를

---

2) 'coloring'은 그 자체로 이미 영어에서 '착색, 채색' 등을 의미하는 단어이기 때문에 'color +ring'으로 받아들여지기 어렵다.

'Ringback Tones'라고 부르며, 싱텔도 동일한 서비스를 'Colour-Me-Tones'라고 명명했다. 'Coloring'은 한국어도 영어도 아니기 때문에 중국어 '彩鈴'의 기점언어가 어느 언어냐의 문제는 자칫 미궁에 빠지게 된다. 이 문제를 해결하기 위해서는 우선 두 가지를 명확하게 할 필요가 있다.

첫째는 조어 주체의 문제이다. 'Coloring'은 영국인이나 미국인이 만들어낸 말이 아니라 SK텔레콤 내부의 마케팅 부서나 외주를 받은 브랜드 네이밍 업체에서 만들어낸 영문 브랜드명이다. 하지만 조어 주체가 누구냐는 것은 이 말이 어느 언어에 속하느냐와는 무관한 문제이다. 예컨대 한국 소주 '처음처럼'의 중문명 '初飮初樂'나 자동차 '아반떼HD'의 중문명 '悅動'은 한국 한자어가 아니라 한국의 브랜드 네이미스트가 개발한 중문 브랜드명이다. '三星'이나 '現代'는 한국 한자어로 조어된 브랜드명을 중문으로 그대로 가져간 경우이므로 한국어와 중국어 사이에 차용관계가 성립되지만 '初飮初樂'나 '悅動'은 조어 주체가 한국인 혹은 한국 기업일 뿐 말 자체는 한국어일 수 없고 온전히 중국어이다. 근대 시기에도 일찍이 '幾何, 直線, 曲線, 體積, 面積, 平方, 地球'와 같은 개념들이 서양 선교사에 의해 중국어로 번역된 바 있다. 번역 주체가 누구이든 이 말들의 중국어 정체성은 부정되기 어렵다. 같은 논리를 적용하면 'Coloring'도 조어 주체와 무관하게 영어의 정체성을 갖고 있다고 보아야 할 것이다.

둘째는 중심지에서의 수용 문제이다. 이동전화를 'hand phone'이라 부르는 한국식 표현은 대표적인 콩글리시(Konglish)이다. 콩글리시는 겉보기 영어(pseudo-anglicism), 즉 잘못된 영어, 틀린 영어로 인식되는 것이 일반적이다. 그러나 'hand phone'은 싱가포르 영어, 말레이시아 영어, 필리핀 영어, 인도네시아식 영어에서 일반적으로 사용되는 말이다. 그렇다면 싱가포르 영어나 말레이시아 영어도 틀린 영어인가? 영미 영어를 기준으로 싱가포르나 말레이시아 등지의 영어 화자들의 영어는 '틀린 영어'라고 보는 것이 옳은 것인가? 싱가포르나 말레이시아 등의 국가에서 공식어로 사용되는 말이고, 그들은 정상적인 표현으로 받아들이고 있는 어떤 말을 영미 표준을 잣대로 '틀린 것'이라 폄하할 수는 없다. 영국식 영어와 미국식 영어가 단지 표준의 차이이듯 싱가포르 영어나 말레이시아 영어 또한 표준이 다른 것일 뿐이다.

이러한 변이형은 중국어에서도 흔히 나타난다. 싱가포르 중국어에서는 공문을 '令狀'(표준어 公文), 경찰견을 '靈犬'(표준어 警犬)이라 하고, 말레이시아 중국어에서는 장례식장을 '衛生所'(표준어 殯儀館), 스톱워치를 '停錶'(표준어 秒錶), 태국 중국어에서는 지역을 '部域'(표준어 地區), 시어머니를 '家姑'(표준어 婆婆)라고 한다. 이 단어들은 일반적으로 틀린 중국어로 여겨지기보다는 중국어의 지역변이형, 즉 방언으로 인식된다. 영어의 경우에도 같은 기준을 적용한다면 싱가포르나 말레이시아의 영어는 일종의 방언으로 간주될 수 있다. 그리고 이 관점을 다소 확대 적용하면 한국, 일본, 중국 등 비영어권 지역에서 출현하는 겉보기 영어 또한 일종의 방언으로 폭넓게 간주할 수 있다.

결론적으로 어종(語種)의 귀속 문제는 조어 주체와도 무관하고, 표준어 수용 여부와도 무관하다. 즉 '悅動'이나 '家姑'가 중국어인 것처럼 'hand phone'도 영어 단어이며, 같은 이유로 'Coloring'도 영어 단어로 간주된다. 어종의 경계를 이와 같이 설정한다면 언어의 경계를 넘어 수용된 말이 차용어라고 할 때, 그 판단은 민족이나 국가의 경계와는 무관한 것임이 더 분명해진다. 즉 같은 민족이나 국가 내부에서도 언어의 경계를 넘나드는 차용어가 나타날 수 있기 때문이다.

1.2.2 어휘 차용의 판단 기준

중국에서 차용어 연구는 羅常培(1950/2009)나 高名凱・劉正埃(1958) 등의 연구가 나온 1950년대부터 본격적으로 시작되었다고 볼 수 있지만, 문화대혁명 등의 역사적 요인으로 인해 한 동안의 침체를 거친 뒤 개혁개방과 함께 1980년대에 이르러 개념, 분류법 등의 문제에 대한 논의와 토론이 재개되었다. 1950년대의 논의에서는 물론 1980년대에 다시 시작된 연구에서도 지속적으로 논의된 주제 가운데 하나는 중국어에서 차용어의 범위를 어디까지로 볼 것인가이다. 이 문제는 차용어의 개념 문제와 맞물려 지금까지도 새로운 주장이 심심찮게 제기되는 주제로 남아 있다.

차용어의 범위나 경계와 관련하여 주로 논쟁의 대상이 되는 범주는 의역어(意譯詞), 번역차용어(仿譯詞), 일본산 한자어(日源漢字詞), 자모어(字母詞)이다. 이 범주들에 대해서는 학자들마다 의견의 차이가 커서 다양한 견해의 스펙트럼이 존재하며, 낮은 수준의 합의에도 이르지 못하고 있다. 이처럼 차용어의 경계에 대한 공통된 인식을 형성하지 못하면서 좀 더 포괄적인 함의를 가지는 용어를 제기하는 경향도 나타났다. 香港中國語文學會(1993)의 '외래개념어'(外來概念詞), 黃河清(1995)의 '외래영향어'(外來影響詞)가 그러한 시도이다. 또 차용어 내부의 스펙트럼을 좀 더 상세하게 드러내 보임으로써 이 문제를 희석시키는[3] 방법론도 제기되었다. 吳傳飛(1999)의 다층분류법(分層級分類法), 史有爲(2000)의 퍼지 양화(模糊量化), 李彦潔(2006)의 퍼지 수학(模糊數學) 등이 여기에 해당된다. 그러나 이런 방법 역시 의미나 문화와 같은 언어 외적 요소들을 고려의

---

3) 이들의 시도를 '희석'이라고 평가할 수밖에 없는 이유는 스펙트럼을 상세히 드러내더라도 여전히 어느 지점에 경계선을 그을 것인가의 문제는 남기 때문이다. 이 견해들은 경계 문제의 해법이 아니다.

범위 내에 포함함으로써 여전히 판단 기준에 대한 비판을 피해가지 못하고 있다.

지금까지 중국어 차용어를 다루는 많은 논의는 음성·의미·문자 등의 언어 요소들을 동등한 삼요소로 취급하거나, 차등을 두는 경우에도 그 이유를 명확하게 밝히지 않는 경우가 많았다. 더 나아가 문화 요소까지고 고려 범위에 포함하기도 한다. 하지만 언어의 문제를 다룰 때 비언어적 요소를 논의 범위에 포함하는 것은 신중할 필요가 있다. 물론 언어가 문화의 담지체임을 부정하는 것은 아니다. 그러나 기술적으로 이를 구분하지 않으면 연구와 검증 자체가 모호해지기 쉽다. 어휘의 차용은 서로 다른 언어 사이에서 발생하는 것이고, 국가·지역·민족 간에 발생하는 문화 교류와는 층위를 달리하는 문제이기 때문이다. 물론 언어접촉은 문화접촉을 포함하거나 전제로 하므로 실제로 발생하는 접촉 상황은 양자가 뒤섞여 있지만 연구와 분석에서도 이를 뒤섞어 놓을 수는 없는 노릇이다.

언어는 기호의 체계이며, 언어 기호는 기표(signifiant)와 기의(signifié)의 두 부분으로 이루어져 있다. 음성 형상은 기표이고 개념은 기의에 해당된다. 기표와 기의가 분리되면 기호로서의 정체성이 사라진다. 차용어 판단에 있어서 필자가 사용하고자 하는 기준은 언어 기호의 본질 요소라 할 수 있는 기표와 기의이다. 이는 다소 낡은 논리처럼 보이지만, 양자 가운데 하나가 분리되면 언어 기호의 존재가 소멸된다는 점에서 언어의 차용을 논할 때는 이보다 명확한 기준을 세우기 어렵다는 것이 필자의 생각이다. 즉 언어와 기표·기의의 관계는 물(H_2O)과 수소(H)·산소(O)의 관계와 같다. 물이란 수소와 산소의 결합으로 이루어져 있지만, 그렇다고 해서 수소와 산소를 분리하고도 그것을 물기가 있다고 할 수는 없다. 수소와 산소가 분리되면 그것은 더 이상 물이

아니다. Saussure(1913/1990: 135)는 이를 종이의 양면에 비유하여 다음과
같이 서술한 바 있다.

> 언어는 또한 한 장의 종이에 비교될 수 있다. 사상은 소리의 앞면
> 이고 소리는 그 뒷면이다. 앞면을 자르면 동시에 뒷면도 잘라진다.
> 마찬가지로 언어에서도, 사상에서 소리를 고립시킬 수 없고, 소리에
> 서 사상을 고립시킬 수 없다. 그렇게 하려면 추상을 통해서만 가능
> 한데, 그 결과는 순전한 심리학이 되거나 순전한 음운론이 될 것이
> 다. 따라서 언어학은 두 차원의 요소가 결합하는 경계 지역을 다룬다.

소쉬르의 비유를 빌면 음성과 의미가 종이의 앞뒷면처럼 결합되어
야 비로소 언어이므로 우리는 종이의 뒷면은 자르지 않은 채 앞면만
을 잘라낼 방법이 없다. 즉 의미를 버리고 소리만 남았을 때 그것을
말소리라 할 수 없듯 형식이라는 외피를 버린 채 개념만을 두고 언어
의미, 즉 어의(語義)라 할 수 없다.

차용어는 어휘체계의 한 범주이다. 이는 우리가 일차적으로 언어 차
용의 층위에서 차용어의 문제에 접근해야 함을 의미한다. 문화교류나
사회적 접촉 등의 층위는 그 다음이다. 차용어라는 어휘 범주의 경계
획정에 있어서 우리가 고려해야 할 주된 층위와 부차적 층위는 이렇
게 나뉘어야 한다. 음성과 의미가 한 장의 종이처럼 결합한 것이 언어
이므로 언어 기호라는 종잇조각의 수용이 어휘 차용이다. 음성이나 의
미만으로는 언어 기호라 할 수 없으니 자연히 음성이나 의미만을 수
용한 것은 어휘 차용이라 할 수 없다. 다시 말해서 의미가 없는 소리
의 차용이 어휘 차용이 아니듯 형식을 뺀 의미의 차용도 어휘 차용이
아니다.

1.2.3 형음의(形音義)는 언어의 삼요소인가

홍콩중국어문학회(香港中國語文學會)(1993)에서는 '외래개념어(外來槪念詞)'라는 명칭을 제기함으로써 '중국어 가운데 본래 다른 언어의 개념을 나타내는 단어들'을 포괄적으로 지칭하려는 시도를 한 바 있다. 이에 대한 설명은 다음과 같다.

> '외래어(外來詞/外來語)'라는 말은 곧잘 그런 단어들의 형·음·의가 모두 차용된 것(外來的)이라는 착각을 불러일으킨다. 그럼에도 불구하고 우리는 중국어 가운데 형·의 또는 음·의를 외부에서 차용한 단어들을 외래어라고 부르는 것은 합리적이라고 생각한다.(일본어에서 유입된 외래어가 전자에 속하며, 음역어 같은 것이 후자에 해당된다) 왜냐하면 이들 단어는 형·음·의 삼요소 가운데 절반 이상이 외부에서 차용되었기 때문이다. 그러나 단지 '의'(義)만이 차용된 단어(의역어)에 대해서도 '외래어'라고 부르는 것은 어딘가 좀 억지스럽게 느껴진다. 형·음·의 가운데 이미 절반 이상이 중국식이기 때문이다. 이런 단어들은 '외래개념어'(外來槪念詞)라고 부를 수밖에 없다. '사물의 개념이 차용되었다'는 점은 앞서 언급한 세 종류의 단어들 모두에 해당되는 것이므로 보다 포괄적인 '외래개념어'라는 용어로 '외래어'라는 용어를 대체하는 것이 더 합리적이라고 생각된다. (홍콩중국어문학회 1993)

외래개념어라는 용어는 '외래개념어 데이터베이스' 구축을 위해 제기된 것이다. 홍콩중국어문학회는 동일한 어원에서 비롯되었으나 번역어의 형식이 여럿인 단어 또는 번역어에 대한 논란이 있는 단어들을 수집·정리하고 단어의 어원, 지역차이, 논란의 내용 등을 포함하는 데이터베이스 구축 작업을 시작하면서 이 데이터베이스에 수록되는 어휘들을 포괄하는 명칭으로 '외래개념어'라는 용어를 제안한 것이다. 하나의 원어에서 비롯된 다양한 형식의 번역어를 함께 다루게 되면 자연히 그 안에 음역어는 물론 의역어도 포함될 수밖에 없으므로 그것을 모두 포괄하는 명칭의 필요성이 생기는 것은 자연스럽다.

그러나 그런 목적으로 만들어진 '외래개념어'라는 용어로 '외래어'라는 기존 용어를 대체함으로써 포괄 범위를 확대하자는 제안에 대해서는 문제를 제기하지 않을 수 없다. 우선 위의 인용문에서도 언급하고 있는 것처럼 새 용어의 장점은 '포괄적'이라는 데 있다. 그런데 바로 이 점이 문제이다. 어떤 범주의 포괄 범위가 지나치게 넓어지면 범주의 내적인 동질성이나 응집성은 크게 낮아질 수밖에 없다. 이렇게 동질성이 낮은 범주를 연구에 사용하는 경우, 범주의 속성이나 특징과 같은 내적 동질성과 직결되는 문제들에 대해서 분석하기 어려움은 물론이거니와 이 범주를 사용한 2차 연구 역시 같은 문제를 안고 갈 수밖에 없게 된다. 어휘의 접촉이나 어휘체계, 조어법 등 측면의 연구에서 문제를 일으킬 수밖에 없는 것이다.

다음으로 형·음·의 삼요소라는 기준 설정에 대해서도 지적하지 않을 수 없다. 형·음·의는 한자의 삼요소일 수는 있을지언정 언어의 삼요소일 수는 없다. 이른바 '형'이란 언어의 서사형식, 즉 문자를 가리킨다. 문자는 언어의 본질 요소가 아니다. 언어학개론이나 문자학개론이 문자에 대해 공히 '언어를 기록하는 기호체계'라고 정의하는 것은 언어 없이는 문자가 존립할 수 없는 종속적 관계에 대한 정의이다. 화살표나 신호등처럼 언어를 기록하지 않는 시각기호는 문자가 아니다. 이처럼 문자는 언어를 전제로 하는 것이지만, 언어는 문자의 존재를 전제로 하지 않는다. 언어가 이미 하나의 기호체계이므로 문자는 기호의 기호라고 말할 수 있다.

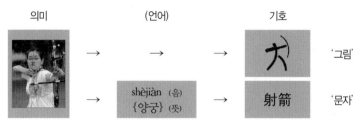

-박종한 외(2012: 57)

위의 도식에서 드러나는 것처럼 문자는 스스로 직접 의미와 연결될 수 없고 언어의 어떤 단위와 링크될 수 있을 뿐이다. 한자는 중국어의 형태소나 음절과의 대응을 통해서 의미를 전달하므로 표의문자가 아니라 형태소-음절 문자라 불러야 한다. 직접 의미를 지시하는 표의문자라는 명칭은 '언어를 기록하는 기호체계'라는 문자의 정의와 상충된다. 마치 '물기 없는 빗방울'처럼 형용모순(oxymoron)인 것이다. 지구상의 어떤 문자체계도 '문자는 언어를 기록하고 언어가 의미를 전달한다'는 일련의 관계로부터 자유로울 수 없다. 영어의 'gray-grey', 'center-centre', 'okay-okey-OK'와 같은 쌍이나 중국어의 '筆畫-筆劃', '糊涂-胡涂', '巧克力-巧克利'와 같은 쌍들은 모두 별개의 단어가 아니라 한 단어의 서로 다른 서사형식일 뿐이다. 이런 예들로부터 알 수 있듯이 서사형식의 차이가 곧 언어 자체의 차이인 것은 아니다. 서사형식은 언어의 종속체계이기 때문에 서사형식의 차이가 언어의 차이를 야기하지 못하는 것이다.

언어의 접촉과 차용은 2차 기호인 서사형식의 문제가 아니라 언어 자체의 내용과 형식의 문제이다. 차용의 과정에서 내용은 기점언어 (source language)의 형식을 버리고 도착언어(target language)의 형식으로 전환될 수 있지만, 형식은 기점언어의 내용을 버리고 도착언어로 전이될 수 없다. 다시 말해서 내용은 본래의 형식을 버리고도 전이될 수 있지만, 형식은 본래의 내용을 버리는 순간 문자 그대로 무의미한 것이 되어버리기 때문에 형식만 차용되는 경우란 있을 수 없는 것이다. 따라서 실질적으로 어휘차용 여부를 판단할 때 문제가 되는 것은 내용의 차용 여부가 아니라 형식의 차용 여부이다.

제 2 장

중국어 차용어의 경계

전통적으로 중국에서는 차용어를 독립된 어휘 범주로 다루기보다는 훈고(訓詁)의 차원에서 개별 단어의 의미, 어원 등에 관심을 가질 뿐이었다. 20세기 들어 서구의 학문을 접하게 되고, 일본에 먼저 정착한 근대 학문을 수용하면서 비로소 차용어나 번역어의 문제를 다룬 胡以魯(1914) 등의 글이 나오기 시작했다. 그러나 차용어 문제를 본격적으로 다룬 것은 역시 1950년대의 羅常培(1950/2009)나 高名凱・劉正埮(1958) 등의 연구이다. 이들의 연구에 의해 비로소 중국에서 차용어에 대한 인식이 형성되기 시작했다.

차용어 문제가 중국언어학의 과제로 등장한 이래로 현재까지 많은 연구들이 이루어졌지만, 학계에서 공통된 인식을 형성하지 못하고 있는 몇 가지 문제들이 있다. 그 가운데 대표적인 것이 차용어의 경계 문제이다. 차용어의 경계에 대한 합의된 결론을 도출하기 어렵다 보니 일부에서는 새로운 용어를 통해 문제의 해결을 시도하기도 했다. 홍콩중국어문학회(香港中國語文學會)(1993)는 '외래개념어'(外來槪念詞)라는 용어로 사실상 의역어를 포괄하는 범주를 설정하고자 했고, 黃河淸(1995)은

'외래영향어'(外來影響詞)라는 개념을 제기하며 비슷한 논의를 전개하기
도 했다. 또 차등분류법(吳傳飛 1999), 퍼지양화(史有爲 2000), 어휘 계층화
(김태은 2012)와 같은 새로운 구분법을 통해 의역어를 정도를 달리하는
차용어의 일종으로 보거나 중간범주로 다루려는 시도도 있었다.

　이처럼 차용어의 범위 문제는 주로 의역(意譯)의 성격을 띠는 범주들
에 대한 처리의 문제로 귀결되는 양상을 보인다. 이 장에서는 현대중국
어 차용어 범위에 대한 논의에서 문제가 되는 범주들에 대해 살펴본다.

2.1 의역어(意譯詞)와 묘사어(描寫詞)

2.1.1 의역어와 묘사어에 관한 논의

　차용어의 경계를 획정하는 문제에 있어서 항상 쟁점이 되는 것은
의역어(意譯詞)이다. 넓은 의미의 의역어 범주 안에는 이른바 '묘사어'
(描寫詞)와 번역차용어(loan-translation, calque; 仿譯詞)라는 어휘범주가 모두
포함되어 있어 신중하고 섬세한 논의를 필요로 한다. 이 두 범주를 포
함한 광의의 의역어 범주는 아래와 같이 도식화할 수 있다.

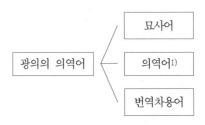

---

1) 좁은 의미의 의역어를 넓은 의미의 의역어와 구분하여 '순의역어'(純意譯詞)라고 부르기
　도 하나, 여기에서는 편의상 '의역어'로 지칭하였다. 이와 구분하여 묘사어, 의역어, 번역

  기점언어의 의미를 중국어의 언어재료와 결합방식을 사용하여 번역한 단어를 의역어라고 한다. 의역어의 조어성분이나 조어방식은 모두 중국어 고유의 것이다. 의역어에는 다음과 같은 것들이 해당된다.

(A) 의역어

電腦	computer	컴퓨터
電視	television	텔레비전
電冰箱	refrigerator	냉장고
飛碟	UFO	유에프오
鋼琴	piano	피아노
工程師	engineer	엔지니어
火車	train	기차
機場	airport	공항
激光	laser	레이저
膠卷	film	필름
空氣	air	공기
螺絲釘	screw	나사
麵包	bread	빵
奶酪	cheese	치즈
暖氣	steam	스팀
拍賣	auction	경매
氣球	baloon	풍선
千禧年	millenium	밀레니엄
水泥	cement	시멘트
微型	mini	미니
吸管	straw	빨대
郵票	stamp	우표
直升機	helicopter	헬리콥터

차용어를 포괄적으로 지칭하려는 경우에는 '광의의 의역어'로 쓰기로 한다.

自行車	bicycle	자전거
總統	president	대통령/총통

현재까지 중국에서는 3종의 외래어 사전이 출판되었다.[2] 그 가운데 중국 최초의 외래어 사전이라 할 수 있는 胡行之(1936)는 의역어를 수록범위에 포함하고 있지만, 나머지 두 사전(劉正埮 외 1984; 岑麒祥 1990)은 의역어를 수록하지 않았다. 이런 상황으로 미루어볼 때 중국에서 일반적으로 의역어는 차용어로 인정되지 않는 것으로 보인다. 그러나 의역어 역시 차용어의 일종이라고 보는 학자도 적지 않다.

胡行之(1936: 2-3)는 2,849개[3]의 수록어휘 가운데 의역어가 1,793개로 매우 높은 비중을 차지하고 있어 의역어에 대한 적극적인 태도를 확인할 수 있지만 수록 이유에 대한 구체적인 언급이 없어 정확한 입장을 알 수 없다. 의역어에 대한 진술이 처음 등장하는 것은 1950년대이다. 의역어를 차용어로 인정하는 논지는 주로 그것이 외국어에서 온 말이라는 점, 최소한 의미는 차용되었다는 점, 명명(命名) 원인과 과정이 고유어와 다르다는 점의 세 가지이다.

王勤·武占坤(1959: 127-128)은 의역 또한 '외래어를 수용하는 방법의 하나'로 간주했다. 그들은 의역어의 조어방법이나 독음 등이 중국어 고유의 단어들과 차이가 없으므로 '엄밀하게 따지면 의역어는 외래어 범주에서 배제될 수 있지만', 의역어의 어원, 단어의 탄생 동기나 원인은 모두 외국어의 것이므로 그런 점을 고려하면 이들도 외래어에 포함할 수 있다고 보았다.[4] 葛本儀(1985: 33)나 郭伏良(2001: 27) 역시 의역

---

2) 여기에서 외래어 사전이라 함은 '外來詞'나 '外來語'를 제목으로 하는 사전이다.
3) 이 사전의 목록에 수록된 어휘수는 2,848개이고, 본문의 표제어수도 2,848개이다. 그러나 '單獨國'는 목록에만, '蘇聯'은 본문에만 수록되어 있어 목록과 본문 표제어를 합친 총 수록어휘수는 2,849이다.
4) 그런데 이들은 후에 '단지 개념만을 수용한 이른바 의역어는 외래어가 아니'라는 수정된

어는 '외국어의 영향을 받아 생성된' 외래어라고 보았고, 張斌(2002: 246)은 어원의 측면에서 볼 때 의역어도 외래어임을 인정하면서 광의의 외래어 가운데 하나인 '漢化外來詞'로 기술하였다.

潘允中(1957)은 '의역차용어(意譯借詞)'가 나타내는 개념이 중국어에 없던 것이라는 점을 이유로 들었고, 梁曉虹(1994: 63)은 '음역, 의역, 반음반의역의 방식으로 만들어진 단어들은 모두 외부 민족과의 문화교류와 소통을 통해 타민족의 소개로 새로운 사물이나 개념을 받아들임에 따라' 형성된 것이며, '신조어의 탄생은 반드시 새로운 개념의 탄생이 전제가 되고, 새로운 개념의 탄생은 반드시 객관 사물의 탄생과 그에 대한 인식의 발생이 기초가 되는 것이므로 의역된 단어라 하더라도 결국 그 '의미'는 차용된 것이며, 여전히 고유의 단어와는 본질적인 차이가 있다'고 보았다.

孟華(1992)는 명명(命名) 원인과 명명 과정의 측면에 대한 분석을 통해 번역어와 일반 명명의 차이를 지적하였다. 명명 원인의 측면에서 볼 때, 일반 명명은 해당 사회문화 자체의 발전으로 인해 생긴 '명칭결여(定名空缺)' 상황을 해결하는 것이므로 그 과정에서 만들어지는 언어기호는 고유어인 데 반해, 번역어는 두 사회의 언어가 접촉함에 따라 발생한 명칭결여 상황을 해결하기 위한 것이므로 그 과정에서 만들어지는 언어기호는 차용어라는 것이다. 다음으로 명명 과정의 측면에서 보면, 일반 명명은 내화(內化)와 외화(外化)의 두 과정을 거치지만 번역어는 그렇지 않다. 내화 단계는 명명 주체의 의식 속에 객체를 반영하는 개념이 형성되는 과정이며, 외화는 명명 주체가 언어재료를 사용하여 개념을 물질화하는 과정이다. 그런데 번역어 생성의 과정에서는 처음

관점을 밝혔다(武占坤・王勤, 1983: 218).

부터 외화된 개념을 만나게 되므로 단지 그 개념의 언어형식을 전환하는 과정에 불과하게 되는 것이다. 의역어가 생성되는 원인과 과정 역시 다른 번역어와 동일하므로 의역어도 차용어라는 것이 그의 주장이다.

楊錫彭(2007: 5-6)은 의역어를 차용어로 간주해야 한다는 주장을 매우 적극적으로 전개하면서 그 근거로 아래의 아홉 가지 이유를 제시한다.

1. 중국어에서 외래어(外來詞)를 의역할 때 사용하는 기본 재료가 중국어 고유의 것이기는 하지만 그것은 중국어의 가장 작은 구조 단위인 형태소(語素)이지 중국어가 본래 지니고 있던 단어(詞語)를 그대로 사용하는 것이 아니다. 의역의 결과로 다음절 단일어(復音節單純詞)가 생성될 수도 있는 것이다. 따라서 의역은 중국어 고유의 재료로 조어하는 경우와 같다고 할 수 없다.

2. 의역어(意譯詞)는 중국어 고유의 소재를 중국어 고유의 구조 형식에 따라 조합하여 만든 신조어(新詞)가 아니다. 일부 의역어는 실제로는 중국어 형태소를 외국어 단어의 구조에 따라 조합한 것이다.

3. 의역을 통해 중국어에 수용된 외국어 성분 가운데는 전적으로 새로운 성분도 있을 수 있다. 이런 경우는 단지 한자 서사 때문에 외래 성분으로서의 면모가 은폐되었을 뿐이다.

4. 외국어 원어와의 연계 없이는 의역된 단어의 의미를 정확하게 이해하기 어려운 경우가 있다. 예컨대 영어 'game rules'의 의역어인 '遊戱規則'(게임의 법칙)와 중국어 고유의 '遊戱規則'(경기 규칙)는 그 의미가 동등하지 않다. 따라서 중국어 고유의 '遊戱規則'의 의미를 바탕으로 해서는 'game rules'의 의역을 통해 생성된 '遊戱規則'의 의미를 이해할 수 없다.

5. 의역어는 특정 외국어의 문화적 어원을 동반한 경우가 종종 있다. 예컨대 '性感'(섹시하다)과 같이 외국어의 문화적 색채가 강

한 의역어를 중국어의 고유 성분으로 간주한다면 정확한 이해
도 적절한 응용도 어려워진다.

6. 의역어의 배의(motivation, 理據)⁵⁾는 외국어에 근거하기 때문에
외국어 어원이 아니면 의역어의 배의를 설명하기 어렵다.

7. 만약 음성적 조건만을 외래어 감별의 기계적 표준으로 본다면,
일본어에서 온 형역어(形譯詞)(일반적으로 차형어(借形詞)라 불
리는)는 외래어로 볼 수 없게 된다. 그러나 음의 동반(連音帶義)
설의 주장자를 포함한 대부분의 학자들은 일본어에서 온 형역
어를 외래어에 포함하고 있다. 형역어의 외래어 여부를 판단할
때는 단어의 어원 특징을 고려했음을 알 수 있다. 이는 이중 잣
대이다. 사실 음역어도 외국어 원어와의 음성적 관계를 따진다
면 단지 음성적으로 유사할 뿐이다. 음역어의 음성은 도착언어
의 것이지 외국어의 실제 발음이 아니기 때문이다. 만약 음의
동반(連音帶義)을 외래어 규정의 필요충분조건으로 본다면 결코
실제와 부합할 수 없다. 진정으로 외국어 단어를 음의를 모두
동반하여 도착언어로 가져온다면 그것은 외래어가 아니라 외국
어일 것이다.

8. 표준중국어가 방언어휘를 차용하는 경우도 결코 음의 동반(連音
帶義)식으로 가져오는 것이 아니다. 차형(借形)과 차의(借義)는
일어나지만 차음(借音)은 없는 경우가 대부분이다. 이런 단어들
을 방언차용어(方源詞)라고 본다면 의역한 어휘를 외래어에 포
함하는 것 역시 논리적으로 자연스러운 것이다.

9. 언어 기호의 가치(value)는 관계에 있는 것이지 실체 자체에 있
는 것이 아니다. 즉 어떤 언어 기호의 가치는 그 기호와 다른
기호를 구분해주는 관계에 의해 결정된다. 의역어는 중국어에

---

5) motivation이란 기존의 언어 요소들을 결합하여 단어의 의미를 형성하는 원리를 말한다.
한국어로는 요소의 결합 측면을 부각하여 '배의성(配意性)' 혹은 '유연성(有緣性)'으로 번
역하며, 중국어로는 단어가 그런 명칭을 얻게 되는 근거라는 측면을 부각하여 '理據' 혹
은 '命名根據'라고 한다.

수용된 뒤 중국어에 새로운 '가치'를 가진 언어 기호를 늘릴 뿐
아니라 중국어가 본래 가지고 있던 어휘들의 '가치' 체계를 변
화시킨다. 이처럼 '가치'로 볼 때 의역어를 외래어로 보는 것은
자연스럽다. 더욱이 의역어가 중국어 어휘 구조와 어휘 면모에
미치는 영향으로 보면 의역어에 대한 연구를 결코 가볍게 볼
수 없다.

楊錫彭(2007)은 의역어와 번역차용어를 구분하지 않았기 때문에 실은
전술한 아홉 가지 이유에는 순수한 의역어에 관한 진술과 번역차용어
에 관한 진술이 섞여 있다. 예컨대 2, 3, 4, 6에서 언급한 것들, 즉 재료
(형태소)는 중국어 고유의 것이지만 구조는 외국어의 것이라는 점, 따
라서 원어의 의미를 연결시키지 않으면 문면의 의미만으로 단어의 의
미를 파악하기 어렵다는 점, 배의(motivation)가 외국어의 것이라는 점
등은 번역차용어에는 적용되지만 순수한 의역어에는 온전히 적용되지
않는 이유들이다.[6]

첫 번째 이유에 관해서는 '중국어에서 외래어(外來詞)를 의역할 때 사
용하는 기본 재료가 중국어 고유의' '형태소(語素)이지'만 '의역의 결과
로 다음절 단일어(復音節單純詞)가 생성될 수도 있'다는 논리 자체가 우
선 납득하기 어렵지만, 그가 예로 들고 있는 '微軟(Microsoft)'의 경우를
보면 이 이유 또한 의역어보다는 번역차용어에 관한 것으로 이해된다.
楊錫彭(2003: 90-93)은 이를 다음과 같이 설명한다.

미국의 마이크로소프트(Microsoft)는 중국어에서 영어 형태소를 일

---

6) 앞으로의 논의를 통해 차차 밝히겠지만 의역어와 번역차용어는 광의의 의역어에 속하는
   하위범주가 아니라 매우 이질적인 독립 범주라는 것이 필자의 생각이다. 따라서 번역차
   용어에 관한 楊錫彭(2007)의 옹호에 대해서는 대체로 동의하는 편이다. 이에 대해서는
   2.1.2에서 상세히 다룰 것이다.

대일로 대역하여 '微軟'으로 옮겼다. 표면적으로는 '微軟'이 두 개의
유의미한 음절이 조합된 것으로 보이지만 실은 그렇지 않다. '微'와
'軟'의 조합은 억지스럽고 무리(無理)한 조합이므로 중국어에서 '微'
와 '軟'을 조합한 '微軟'은 'Microsoft'와 동일성을 갖지 못한다. ……
'Microsoft'에서 '微軟'으로의 변화는 실질적으로는 형태소 음절의 비
형태소화이다.

'微軟'이 무리 조합이라는 주장은 사실 중국어 형태론의 미묘한 문
제를 건드리는 중요한 지적일지도 모른다. 그런데 문제는 그 예가 하
필 고유명사라는 데 있다. 고유명사를 들어 조어의 유리(有理) 무리(無
理)를 논하는 것 자체가 무리이기 때문이다. 예컨대 '民京公司'라는 회
사 이름이 있다고 하자. 이때 '民京'의 조합은 어떻게 분석될 수 있을
까? 수식구조일까 병렬구조일까? 어쩌면 뜻밖에도 동목구조일지도 모
른다. 고유명사라는 것 자체가 기본적으로 구별의 기능을 하는 것이지
의사전달의 기능을 하는 것은 아니기 때문에 그것을 들어 조어법을
논하게 되면 곧잘 이런 난제에 부딪힐 수밖에 없다. '微軟(Microsoft)'과
중국어 형태소 조합으로 구성된 '微軟'이 동일성을 갖지 못하는 첫 번
째 원인은 그것이 고유명사이기 때문이다.

그는 예컨대 'footboy'(사환) 같은 단어를 '脚孩'이나 '脚童'으로 직역
하면 중국어에서는 무리 조합이 된다고 주장한다. 고유명사가 아닌 일
반명사의 예는 이처럼 실재하지 않는 것을 들어서 중국어적 조어 형
태가 아님을 지적할 뿐 실제의 예를 제시하지는 않고 있지만, 사실 그
가 말하는 직역의 예는 번역차용어에 흔히 보인다. 예컨대 'cold war'를
직역한 '冷戰'이나 'hotline'을 직역한 '熱線' 등은 모두 그가 애써 실재하
지 않는 'footboy → 脚童'를 들어 말하고자 하는 경우와 같은 예이다.

이 단어들도 번역이 이루어지던 당시에는 중국어 조어 형태와는 거리가 먼 무리 조합으로 여겨졌을 것이다. 기점언어의 배의(motivation)에 근거한 번역차용어의 유입은 그러나 '冷–'이나 '熱–'와 같은 새로운 형태소와 형태 구조를 중국어에 정착시켰다.

결론적으로 번역차용어도 엄연히 차용어의 일종이라는 그의 논리적 귀결점에는 동의할 수 있으나, '微軟'이 다음절 단일어(復音節單純詞)라는 그의 분석에는 동의하기 어렵다.

그가 다섯 번째 항목에서 논하고 있는 사례에 대해서는 그것이 '차용'이라는 사실은 누구도 부정하지 않을 것이나, 과연 그것이 '어휘 차용'인지에 대해서는 이론의 여지가 있다. 어휘 집합을 구성하는 단어들은 모두 언어 기호이다. 전술한 바와 같이, 그것을 형식과 의미로 분리해버리면 그것을 언어 기호라고 하기는 힘들게 된다. 그게 예로 든 '性感'의 의미는 외국어의 문화적 맥락과 의미로부터 차용된 것이 분명하지만, 이는 단지 의미·개념·색채 등의 차용일 뿐이다. 예컨대 'yellow paper'의 'yellow'는 중국어로 직역되어 '黃色'가 되었지만 이 때 '黃色'는 차용어도 신조어도 아니며, 다만 중국어 '黃色'가 가지고 있지 않았던 새로운 의미를 갖게 된 것일 뿐이다. 그러므로 이를 '의미 차용'이나 '관념 차용'이라고 부를 수는 있을지언정 '어휘 차용'의 예라고 보기는 힘든 것이다.

고유의 중국어 단어나 형태소가 외국어의 영향을 받아서 의미나 용법에 변화를 일으키는 경우는 흔히 있다. 예컨대 '關於'와 '對於'의 전치사 용법이나 조건이나 부대적인 상황을 표시하는 '在…下' 형식, 사물을 지칭하는 3인칭 대명사 '它'와 '它們'이 모두 외국어의 영향을 받아서 나타난 현상이다.[7] 하지만 '關於, 對於, 在, 下, 它, 它們'과 같은 단어들을 차용어라고 주장하는 사람이 없는 것은 이들 기호 자체는 중국어 고유의 것이기 때문이다. 단지 이 단어들은 몇 가지 새로운 용법을 받아들였을 뿐이다. 마찬가지 논리로 '遊戲規則'의 '遊戲'와 '民間遊戲'의 '遊戲'가 다르고 '黃色小說'의 '黃色'와 '黃色布料'의 '黃色'는 의미와 기능이 달라도 한 단어이며, '性感'의 '性'과 '男性'의 '性', '性感'의 '感'과 '感覺'의 '感'은 모두 동일한 형태소이다. 그러므로 우리는 이들 단어나 형태소의 어떤 의미나 용법을 외래(外來)의 것이라고 할 수는 있지만, 그렇다고 이들 단어가 차용어가 되는 것은 아니다. 이 단어들은 외국어의 영향으로 특정 함의나 용법이 늘어난 것일 뿐이다.

일곱 번째와 여덟 번째 항목에서는 의역어와 이른바 '형역어(形譯詞)'를 동일한 지평에서 논하고 있다. 양자는 분명 뚜렷한 공통점을 갖고 있는 것이 사실이지만, 동시에 과소평가할 수 없는 분명한 차이도 있다. 의역어는 기호 형식의 층위에서 어떠한 요소도 차용하지 않고 있지만 후자는 서면 형식을 직접 차용하고 있기 때문이다. 서면 형식의 직접적 차용이라는 표현이 문제가 된다면 서면 형식을 통해서 원어의 조어 구조를 차용하고 있다고 해도 될 것이다.8) '음의 동반(連音帶義)'이라는 기준으로 보면 양자가 다르지 않지만, 기호 형식의 차용 여부로 보면 양자는 뚜렷한 차이가 있으며, 그런 점에서 이른바 '형역어(形譯

---

7) 賀陽(2008: 64-82, 114-126)의 연구에 의하면 '關於'의 전치사 용법은 5·4시기 무렵 영어와 같은 인도-유럽 언어의 영향으로 형성된 것이며, '對於'도 고대중국어 시기부터 존재했던 말이지만 당시에는 '동사+전치사' 구조의 구였고, 대상을 표시하는 전치사 '對於'는 청말 이후에 나타나 5·4시기 이후에 널리 쓰이기 시작했다. 이 역시 영어의 영향을 받은 것이었다. '在N的V(之)下' 형식은 'at his suggestion'을 '在他的建議下'로 옮기거나 'under the direction of a doctor'를 '在醫生的指導下'로 옮기는 경우처럼 외국어 원문의 전치사구를 번역하는 과정에서 나온 신흥 전치사 구문이었다. 또 '它'는 영어의 'it'을, '它們'은 영어 'they' 혹은 'them'을 대역하면서 만들어진 것으로 중국어에는 본래 없던 용법이 영어의 영향을 받아 발생한 예이다.

8) 이 짐은 그가 여덟 번째 항목에서 언급한 차음(借音)이 없는 대다수 방언차용어(方源詞)도 마찬가지이다.

詞’가 차용어임을 긍정하는 논리만으로 의역어 또한 차용어로 인정된
다고 할 수는 없다.

아홉 번째 이유는 의역어가 ‘중국어 어휘의 가치 체계를 변화시킨
다’는 것이다. 그러나 우리가 일반적으로 어휘 차용과는 무관한 범주
로 생각하는 신조어도 가치 체계의 변화를 야기한다. 예컨대 ‘冰品, 茶
品, 農民工, 臨工, 小時工, 電腦盲, 股盲’과 같이 중국어 내부에서 발생한
신조어도 중국어에 새로운 가치를 가진 언어 기호를 보탬으로써 원래
의 어휘체계나 의미장(semantic field)을 변화시킨다. 즉 어휘망의 가치 체
계를 변화시킨다는 점은 차용 여부와 필연적 관련을 갖지 않는다. 한
언어 내부에서 발생하는 신조어와 번역 과정에서 발생하는 의역어, 그
리고 전술한 ‘黃色’의 경우와 같이 기존 단어에 의미나 용법이 더해지
는 경우 모두 어휘체계와 의미장의 변화를 야기한다는 공통점을 갖는
다. 이 어휘들은 모두 해당 언어 기호 내부의 재료를 사용하여 단어를
구성하고 그 결과로 의미장의 변화를 야기한다는 점에서 유사성이 매
우 높은 어휘 범주들이며, 그런 유사성에 착목한다면 이들은 모두 차
용어가 아니라고 보는 것이 합리적이다.

다음으로 이른바 묘사어(描寫詞)의 문제를 살펴보자. 묘사어란 중국
어 고유의 단어나 형태소 앞에 ‘番-, 胡-, 西-, 洋-, 荷蘭-’ 등의 묘사적
형태소를 더하여 해당 단어가 가리키는 사물이 외부에서 유입된 것임
을 나타낸 단어들을 말한다. 묘사어에는 다음과 같은 단어들이 있다.

(B) 묘사어

安息-:	安息油	benzene	벤젠
波斯-:	波斯菊	calliopsis	금계국
番- :	番瓜	papaya	파파야
	番茄	tomato	토마토

	番薯	sweet potato	고구마
荷蘭-:	荷蘭豆	pea	완두콩
	荷蘭芹	parsley	파슬리
	荷蘭薯	potato	감자
	荷蘭豬	marmot	마멋
胡- :	胡瓜	cucumber	오이
	胡椒	(black) pepper	후추
	胡蘿蔔	carrot	당근
	胡枝子	lespedeza	싸리
西- :	西紅柿	tomato	토마토
	西葫蘆	zucchini	주키니
	西米	sago	사고
洋- :	洋白菜	cabbage	양배추
	洋布	calico	옥양목, 양목
	洋冬至	Christmas	크리스마스
	洋灰	cement	시멘트
英- :	英里	mile	마일
	英寸	inch	인치
美- :	美元	dollar	달러

묘사어에 대해서는 羅常培(1950/2009), 周定一(1962),[9] 丁證霖(1977) 정도
가 그것을 차용어로 긍정하는 입장을 밝히고 있을 뿐이고, 대다수의
학자들은 묘사어를 차용어로 인정하지 않고 있다. 묘사어에 대해 상세
하게 예를 들어 기술하고 있는 것은 羅常培(1950/2009)이다. 그는 묘사어
가 차용어에 포함되어야 하는 이유를 명시적으로 기술하고 있지는 않
지만, 그의 연구목적이 차용어를 통해 문화의 접촉과 교류를 밝히는

---

9) 羅常培(1950/2009)와 周定一(1962)의 '描寫詞'는 본문에서 말하는 '묘사어'와 완전히 일
　치하지 않는다. 이들이 말하는 '描寫詞'는 '火車' 등의 의역어와 '番茄' 등의 묘사어를 모
　두 포함하는 개념으로 본장에서 '광의의 의역어'라고 지칭하고 있는 범위와 거의 일치한다.

데 있다는 점을 고려하면, 의역어보다도 묘사어가 해당 사물이 외래 사물임을 더 명시적으로 드러내고 있기 때문에 중요한 소재였을 것으로 보인다.

2.1.2 언어 기호의 차용

지금까지 의역어나 묘사어를 차용어로 보는 관점에 대해 비판적으로 검토하였다. 필자의 비판이 주로 주목하는 지점은 기호의 비외래성이다. 이제 이 부분을 보다 상세하게 살펴본다.

먼저 '의미는 차용된 것'이라는 관점부터 살펴보자. 전술한 견해들 가운데 孟華(1992)의 견해를 제외하면 기본적으로 의미상의 영향관계, 즉 의미의 차용 때문에 의역어나 묘사어를 언어의 차용으로 인정한 것이다. 의미 차용을 근거로 그것을 언어 차용으로 판단했다면 이는 '의미'를 언어의 일부로 보기 때문이라고 이해할 수 있다. 그러나 의미와 언어의 관계는 그리 간단하지 않다.

앞서 논의한 것처럼 기호에 있어서 기표와 기의는 종이의 양면과 같아서 한 쪽이 다른 한 쪽과 분리되면 그 순간 기호와의 관계를 상실하게 된다. 즉 언어적 형식과 의미가 분리되면 그것은 더 이상 언어형식이나 언어내용이라고 볼 수 없다는 것이다. 이 점은 다음과 같은 희극적 상황에서 분명하게 확인된다.

이수근은 원어민이라고 해도 믿겨질 만큼 실감나는 엉터리 중국어로 질문을 던졌다. 이혜영은 그의 기습 질문에도 '찌신피?'라고 되물으며 '찌신피는 중국어로 정말이냐는 뜻이다'고 그럴듯한 설명을 덧붙여 MC단을 폭소케 했다. (이혜영, 엉터리 중국어 개그 '카리스

마 女배우 재발견' 폭소, 서울신문 2011년 6월 8일)

위의 기사에서는 한글로 '찌신피'라고 표기되었지만 이혜영의 발음
이 실감나게 중국적이었다는 기사의 서술대로 그것이 'jìxīnpí'쯤 되는
말소리였다고 가정해 보아도 이 소리는 중국어처럼 들리는 그럴듯한
소리일지언정 중국어의 말소리일 수는 없다. 그 자체로 이미 기호가
아니기 때문이다. 내용이 결여된 형식은 기호일 수 없고 그저 소리 자
체인 것과 마찬가지로 형식을 잃어버린 의미나 개념도 그냥 의미 자
체이지 언어의미가 아니다. 'jìxīnpí'라는 의미 없는 소리를 중국어라고
할 수 없는 것과 같은 이유로 '直升機'(helicopter)가 나타내는 {수직으로
이착륙하는 수평회전날개를 가진 비행체}라는 의미(개념)은 영어가 아
니다. 개념은 분명 '미국(영어)에서 중국으로 온 것'[10]이지만 더 이상
영어의 형식을 가지지 않는 이 개념 자체를 영어로 볼 수는 없다. '의
미 없는 말소리'라는 말 자체가 형용모순이듯 '언어형식 없는 언어의
미(語義)'라는 말 역시 형용모순이다.

따라서 우리는 기호의 차용과 의미의 차용이 분명하게 다른 것이라
고 말할 수 있다. 이는 언어가 아닌 다른 기호들의 접촉 관계에 비유
해 보면 더 분명하게 드러난다. 모르스부호 체계에서 숫자 1, 2, 3은
각각 ·－－－－, ··－－－, ···－－라는 소리로 표현된다. 통신

---

10) 黃河淸(2010: 957)에 의하면 1936년 《科學畫報》에 수록된 프랑스의 헬리콥터 비행실험
관련 내용에 '直升(飛)機'가 등장하나 기사 자체가 프랑스에서 온 것인지는 분명하지 않
다. 오히려 비슷한 시기 helicopter의 음역어인 '海力可甫塔'의 존재는 이 개념이 영어와
의 접촉에 의해 유입된 것일 가능성을 시사한다. 周日新, 倪先平(編)(2007: 4-5)에 의하
면 중국 상공에서 최초로 비행한 헬리콥터가 미국의 R-4였으며, 최초의 중국산 헬리콥
터 제작자 朱家仁은 1920년대 미국 유학을 거쳐 1930년부터 중국에서 항공기 제작을
시작하였다. 여기에서는 이상의 사실에 따라 잠정적으로 미국(영어)에서 유입된 개념으
로 간주한다.

수단으로 신호등을 사용하는 어떤 부대의 신호등 통신 체계가 1은 빨강등으로, 2는 초록등으로 표현하고, 3이라는 개념은 없었다고 가정해 보자. 이 신호등 통신 체계 운용자들이 모르스부호를 접한 뒤 빨강등과 초록등을 모두 점등하여 3을 표시하기로 하였다면, 두 개의 등을 모두 켜는 이 기호는 차용된 것일까? 분명 3이라는 개념은 모르스부호로부터 온 것이지만, 그것을 표시하는 기호(등)는 신호등 통신 체계 고유의 것이며, 기호의 표현방식도 신호등 통신 체계 고유의 것(둘 다 점등)이므로 기호체계 간의 차용으로 보기 어렵다. 만약 신호등 통신 체계에서 모르스부호 3을 차용할 때 신호등을 짧게 세 번 길게 두 번 점멸하는 방법을 쓴다면 이는 모르스부호의 형식을 가져온 것이므로 기호의 차용일 것이다. 두 등을 모두 점등하여 3을 표현하는 방식이 단지 모르스부호의 영향을 받아 생성된 새로운 기호라면, 신호등을 짧게 세 번 길게 두 번 점멸하는 방식은 모르스부호에서 차용한 기호라고 할 수 있다. 의미를 전달하는 것은 모든 기호체계의 궁극적인 목적이다. 그 최종적인 결과가 같다는 것만으로는 기호를 차용했다고 할 수 없고, 의미를 전달하는 과정, 방식, 소재 등의 형식 층위에 어떤 모방이나 유사성이 있는 경우만을 기호의 차용으로 볼 수 있다.

모르스부호	신호등 통신	형식 관련성	내용 관련성	신호성격
· · · − − ⇒	빨강, 초록 모두 점등	−	+	의미차용
	짧게 3회 길게 2회 점멸	+	+	기호차용

이 점에서 의역어와 묘사어는 본질적으로 차이가 없다. 양자는 모두

기점언어로부터 차용한 기호가 아니라 도착언어 내부에서 자체의 형식과 구조를 사용하여 새로운 사물이나 개념을 묘사하고 지칭하는 단어를 조어한 것이다. 예컨대 'buffet'를 '自助餐'으로, 'computer'를 '電腦'로, 'helicopter'를 '直升機'로 옮기는 경우를 보면 두 기호가 가리키는 지시물은 같지만 두 기호의 형식 사이에는 어떤 성분도 차용되지 않는다. 'zhí(直), shēng(升), jī(機)'라는 음성과 의미가 결합된 세 개의 기호는 모두 중국어의 기호이다. 또 이 세 기호의 결합관계, 결합방식, 결합을 통해 단어를 구성하는 기제 또한 모두 중국어의 것이며, 기점언어인 'helicopter'와는 무관하다. 'helicopter'와 '直升機' 사이에는 음성, 형태소, 조어법 등의 요소 가운데 어떤 것도 서로 관련이 없다.

의미 차용이라는 현상은 지금까지 분석한 것처럼 그 자체로 우선 기호 차용이라 보기 힘들기 때문에 어휘 차용의 범위 안에서 논하기 어려울 뿐 아니라 의미 차용이라는 과정에서 차용되는 의미가 구체적으로 무엇인지를 분석해 보아도 문제점을 발견할 수 있다. 의미(meaning)는 다시 지시(reference)와 의의(sense)로 나눌 수 있다. 'computer'의 의역어인 '電腦'는 지칭하는 대상이 같다는 점에서 주로 지시 의미를 차용한 것이라고 분석할 수 있다. 그런데 의미 연구에서 더 중요한 부분은 사실 의의(sense)이다. 의의는 관계 의미라고도 부른다. 언어 내부의 관계 체계에서 한 단어의 의미는 단어들 사이의 의미 관계에 의해 결정된다. 예컨대 '狗'(개)의 의미는 통상적으로 '動物'(동물), '犬'(개), '貓'(고양이), '汪汪'(멍멍) 등 단어들과의 관계를 통해서 실현된다. 다시 말해서 상하의 관계, 동의 관계, 반의 관계, 공기(co-occurrence) 관계 등에 의해 의미가 결정된다는 것이다. 지시 의미는 객관적 실체와 같은 언어 외부의 요소, 즉 비언어적 요소에 의해 결정되는 반면, 의의는 언어 내부의 요소에 의해 결정되며, 따라서 해당 단어가 사용되는 상황

의 제약을 받는다. 어휘가 차용되거나 번역될 때 일반적으로는 지시
의미를 주로 받아들인다. 그렇다면 의역어나 묘사어를 통해 받아들인
것은 의의보다는 지시이며, 언어적 의미라기보다는 객관적 개념이나
관념에 더 가깝다고 볼 수 있다.

단어의 배의성(motivation) 측면에서 명명의 동기를 살펴보아도 역시
관련이 없다. 'helicopter'는 그리스어 어근인 'helix'와 'pteron'의 결합이
다. 'helix'는 '나선형'을 뜻하는 말이고, 'pteron'은 '날개'를 뜻하는 말이
다(Onions 1966: 435). 즉 '나선형 날개' 혹은 '나선형으로 회전하는 날개'
라는 말로 '헬리콥터'의 의미를 나타내고 있다. 중국어 '直升機'는 '수직
으로 상승하는 비행기'라는 말로 '헬리콥터'의 의미를 표현하고 있어
그 배의에 있어 원어와의 관련성이 없다. 'helicopter'는 수평으로 회전
하는 날개의 모양이 명명의 동기라면, '直升機'는 이륙방식이 명명의
동기이다. 의미 표현은 기호의 목적이고, 기호가 사용하는 형식상의
성분은 의미 표현의 수단이다. 의미 표현의 결과만 일치하고 그 수단
간에 아무런 차용 관계가 성립하지 않을 뿐 아니라 수단을 사용하는
동기에 있어서도 유사성이 없으므로 이들 기호 사이에는 차용 관계가
성립한다고 볼 수 없다.

孟華(1992)는 명명 원인과 명명 과정의 두 측면에 대한 분석을 통해
고유의 신조어와 번역어의 차이를 규명하고자 하였다. 양자 가운데 명
명 원인의 차이보다는 명명 과정의 차이가 더 핵심적이라고 볼 수 있
다. 왜냐하면 명명 원인은 기호의 필요성이 형성되는 과정이므로 그
자체가 반드시 기호의 어떤 차이를 야기하는 것은 아니며 엄밀히는
기호 외적인 문제이지만, 명명 과정은 기호가 생성되는 과정을 가리키
는 것으로 기호 자체에 실질적인 차이를 야기할 수 있는 문제이기 때
문이다. 신조어와 의역어는 명명 원인이 분명히 다른 것임에는 틀림없

다. 그러나 명명 과정에 대해서는 孟華(1992)와 다른 분석도 가능하다. 그에 따르면 번역어는 신조어와 달리 신생 개념에 대한 내화(內化)의 과정, 즉 의식 속에 객체를 반영하는 개념을 형성하는 과정 없이 이미 외화(外化)된 개념을 다른 언어형식으로 전환한 것에 불과하지만, 실제로는 의역어도 내화와 외화의 과정을 모두 거치는 것으로 볼 수 있다는 것이 필자의 생각이다. 예컨대 {수직으로 이착륙하는 수평회전날개를 가진 비행체}라는 개념은 중국 사회문화의 외부에서 온 것이지만 이를 '直升機'로 명명하는 과정이 내화 없이 곧바로 외화로 직행하는 것은 아니다. 내화의 과정이 없이 이미 외화된 'helicopter'에서 중국어 외화형식으로 직행했다면 '수직(直) 상승(升) 기기(機)'라는 명명은 불가능하며 '旋翼(機)'와 같은 식의 명명이 일어났을 것이다. '直升機'는 'helicopter'의 번역어이지만 헬리콥터라는 대상에 대한 내화를 거쳐 '수직(直) 상승(升)'의 특징을 포착하고 그것을 중국어로 명명한 결과라고 이해하는 것이 합당할 것이다. 이와 관련하여 姚德懷(1995)의 다음 언급은 의역어를 차용어로 인정하는 그의 입장과 달리 오히려 의역어와 신조어의 동질성을 확인할 수 있는 중요한 단서를 제공한다.

> '번역'은 일반적으로 '어떤 언어문자(원어)의 의미를 다른 언어문자(목표어)로 표현해내는 것'으로 이해된다. …… 실은 이 외에도 전혀 원래의 언어문자로부터 온 것이 아닌 또 다른 종류의 '번역어'가 있다. 우리는 그것을 '望物生義詞(사물을 보고 의미를 지어낸 단어)' 혹은 '望圖生義詞(도상을 보고 의미를 지어낸 단어)'라고 부를 수 있을 것이다. 위의(포커 카드의) '黑桃'(spade), '紅桃'(heart), '方塊'(diamond), '梅花'(club)는 모두 원어와 관계없는 '望圖生義詞'이다. …… '火車', '汽車', '麵包車'와 같은 중국어의 이른바 '의역어'도 실은 'train', 'motor-car', 'van'이라는 원어와는 전혀 무관한 '望物生義詞'들이다.

위 인용문의 '望物生義'(사물을 보고 의미를 지어냄) 혹은 '望圖生義'(도상을 보고 의미를 지어냄)라는 표현은 의역어의 중요한 특징을 명쾌하게 지적하고 있다. 의역어와 신조어는 그것이 지시하는 사물이나 개념이 외부에서 유입된 것인지, 해당 사회문화 속에서 생성된 것인지에 있어서만 차이가 있을 뿐 '望物生義'라는 생성과정은 같다. 즉 명명 과정의 측면에서 의역어는 고유어나 고유 신조어와 생성기제가 동일하다. 그것은 바로 '내화 → 외화'의 과정이다. 그러므로 '명명 과정에서의 내화와 외화'라는 기준을 적용하면 오히려 고유어 또는 신조어와 의역어의 동질성을 확인하게 된다.

黃河淸(1994)은 의역어가 차용어 범위에 포함되어야 하는 이유를 다음과 같이 설명한 바 있다.

'盤尼西林'(penicillin)(음역) - '靑黴素'(페니실린)(의역), '雷米封'(rimifon)(음역) - '異煙肼'(리미폰)(의역), '歇斯底里'(hysteria)(음역) - '癔病'(히스테리)(의역)은 모두 전자는 음역, 후자는 의역인 쌍들이다. 이들은 모두 같은 사물을 가리키는 서로 다른 번역어이다. 이처럼 본래 한 가지에 속하는 것을 분리시켜서 전자는 외래어(外來詞)이고 후자는 외래어가 아니라고 한다. 외래어가 아니라면 중국어 고유의 단어임에 틀림없는 것 아닌가? 그렇다면 중국에 본래 '靑黴素'(페니실린)와 '異煙肼'(리미폰)이 있었다는 것인가? 하지만 우리가 '靑黴素'의 어원을 추적하게 되면 그것이 어느 중국 고적(古籍)에 처음 출현한다는 사실과 만나는 것이 아니라 필연적으로 영어 'penicillin'과 만나게 된다. 그러므로 어찌 되었든 '靑黴素'라는 단어에는 외래적인 요소가 있다고 할 수밖에 없다. 따라서 우리는 이를 외래어로 간주해야 하는 것이다. 더욱이 만약 우리가 이런 단어들을 외래어 범위에서 배제한다면 우리의 외래어 연구는 중국어 내에 존재하는 외래어의 실제 상황을 전체적으로 반영할 수가 없게 된다.

그의 주장에 대해서는 우선 차용어에 속하지 않는다고 해서 반드시 '중국의 어느 고적에 처음 출현하는' 것은 아니라는 점을 먼저 지적해야겠다. 현대 중국어에는 과거의 문헌에 등장한 적이 없는 신조어가 있다. 예컨대 '開飆'(경쟁이 치열한 활동을 시작하다), '麻辣燙'(마라탕), '逆市'(시세의 동향을 거스르다)와 같은 단어들은 차용어가 아니지만 그렇다고 고전 문헌에서 비롯된 단어도 아니다. 이 단어들은 모두 현대 중국에서 생성된 중국어 신조어이며, 이 단어들의 어원을 추적하면 특정 시기의 새로운 사물이나 개념의 출현과 만나게 될 뿐이다. 그가 말한 '靑黴素'도 마찬가지이다. 사물은 물론 외부에서 온 것이지만 '靑黴素'라는 단어의 어원 추적은 페니실린이라는 사물이나 개념이 중국에 처음 출현하는 시점과 만나게 된다. 만약 우리가 어떤 사람이 'penicillin'을 '靑黴素'로 번역했던 객관적 증거와 맞닥뜨리더라도 결론은 바뀌지 않는다. 이 객관적 사실에서 의미 있는 것은 'penicillin'이라는 기호 자체가 아니라 'penicillin'으로 표시되는 사물이나 개념이다. 'penicillin'이라는 언어 기호는 '靑黴素'라는 언어 기호와 아무 관련이 없다. '靑黴素'와 서로 연결이 되는 것은 'penicillin'의 기의뿐이다. 번역자가 '靑黴素'라는 단어를 만들어낼 때 참고하는 것은 'penicillin'이라는 기호가 아니라 그것이 지칭하는 사물이나 개념이기 때문이다. 현지에서 새롭게 출현한 사물이든 외부에서 유입된 사물이든, 사람들은 그 개념·형상·특징 등을 참고하여 온전히 중국어인 새 단어를 만들어내는 것이다. 그러므로 언어학적 의미에서 신조어와 의역어 사이에는 큰 구별을 두기 어렵다.

외래 사물이나 개념은 일반적으로 언어를 통해 인식되지만, 인식의 과정을 명확하게 단정할 수 없는 예도 있다. 컴퓨터에서 글자가 깨져서 알아볼 수 없는 기호들이 나타나는 것을 중국어로는 '亂碼'라고 한

다. 이 말에 해당하는 영어 단어는 'mojibake'이다. 사실 이 영어 단어 자체가 원래 일본어 '文字化け'[modzibake]에서 온 차용어이다. 일본어에서 처음 만들어진 말이라는 데서 알 수 있듯이 이러한 글자 깨짐 현상은 통상적으로 JIS, Big5, GBK, KR과 같은 아시아 코드 사이에서 혹은 이 아시아 코드들과 ASCII 코드 사이의 디코딩 과정에서 발생한다. 컴퓨터는 물론이고 윈도우즈라는 플랫폼도 외래 사물인 데다 글자 깨짐은 본래 단일 코드 내에서 발생하는 것이 아니기 때문에 논리적으로 글자 깨짐 현상 자체도 외래의 것일 수밖에 없다. 그렇다면 중국어 '亂碼'는 영어 'mojibake' 혹은 일본어 '文字化け'를 의역한 것일까, 컴퓨터의 중국어 코드 처리 과정에서 발생하는 현상을 직접 맞닥뜨리고 거기에 중국어로 명명을 한 순수 신조어일까? 짐작컨대 이는 후자일 가능성이 더 높아 보이지만, 답이 무엇이냐보다 중요한 것은 이처럼 번역인지 명명인지를 명확하게 가르기 힘들고, 그 결과로 나타난 단어들의 언어학적 차이는 크지 않다는 점이다.

의역어에 담겨 있는 의미는 분명히 외부로부터 차용된 것이다. 그러나 우리가 다루는 문제는 언어접촉, 더 구체적으로는 어휘차용의 문제이지 문화접촉도 아니고 어떤 신생 사물이나 개념의 영향 관계 혹은 수용 관계도 아니다. 앞서 기술한 바와 같이 언어는 기호체계이며, 기호체계의 접촉과 차용은 기호의 내용과 형식이라는 불가분의 요소가 함께 차용되는 것이어야 성립된다. 이 점에서 볼 때 의역어라는 기호는 그 자체로 외래성을 가진 것이라고 보기 힘들다는 것이 필자의 판단이다. 형식이 사라진 순수한 내용, 즉 개념은 이미 그 자체로는 언어라는 기호체계와의 관계를 상실한 것이므로 개념의 수입을 언어의 수입과 동일시할 수는 없기 때문이다.

2.2 번역차용어(仿譯詞)

2.2.1 번역차용어의 특징

번역차용어는 형식차용어라고도 한다. 도착언어가 본래 가지고 있는 형태소를 사용하여 기점언어의 구성요소를 축자적으로 번역해 옮긴 단어를 가리킨다. 이와 같은 형식차용[11]의 방식은 여러 언어에 보편적으로 존재하는 현상이다. 예컨대 영어 'superman'은 독일어 'Über mensch'에서, 'almighty (all+mighty)'는 라틴어 'omnipotens'에서, 'flea market'는 프랑스어 'marché aux puces'에서, 'moon cake'는 중국어 '月餠'에서, 프랑스어 'gratte-ciel'은 영어 'skyscraper'에서 형식차용의 방식으로 가져온 단어이다.

중국어에서 형식차용의 방법이 사용된 것은 먼 과거로 거슬러 올라간다. 고대중국어의 '天愛'는 '천신(天神)께서 아끼고 사랑하시는'의 의미를 나타내는 산스크리크어 'devānām-priya'에서 온 것이며(徐文堪 2009: 5), '法寶'는 불법(佛法)을 뜻하는 'Dharma'와 보배를 뜻하는 'mani'의 합성어인 산스크리트어 'Dharma-mani'에서 온 것이다. 현대중국어에도 많은 번역차용어들이 사용되고 있다.

(C) 번역차용어

白領	white-collar	화이트컬러
筆名	penname	필명
超市	super market	수퍼마켓, 마트

---

11) loan-translation 혹은 calque에 해당되는 용어로는 '번역차용어'가 보편적으로 쓰이고 있으므로 본서에서는 해당 어휘를 가리키는 경우 '번역차용어'라는 용어를 사용하였다. 다만 그런 차용의 방식을 가리키는 용어는 '번역차용'보다 '형식차용'이 더 적절하다고 판단하여 차용방법에 대해서는 '형식차용'이라 쓰기로 한다.

代溝	generation gap	세대차이
峰會	summit meeting	수뇌 회담
黑板	blackboard	칠판
黑馬	dark horse	다크호스
紅眼航班	red-eye flight	야간 비행편
互動	interact	상호작용
黃頁	yellow page	옐로페이지
雞尾酒	cocktail	칵테일
鍵入	key-in	(키)입력
空巢	empty nest	빈 둥지(독거노인)
空難	air disaster	항공 사고
快餐	fast food	패스트푸드
藍牙	bluetooth	블루투스
冷戰	cold war	냉전
零容忍	zero tolerance	무관용
馬力	horsepower	마력
貓步	cat's walk	(패션 모델의) 워킹
蜜月	honeymoon	허니문
瓶頸	bottle neck	병목현상
熱狗	hotdog	핫도그
熱鍵	hotkey	핫키
熱線	hotline	핫라인
軟件	software	소프트웨어
軟著落	soft landing	연착륙
洗錢	money laundering	돈세탁
亞健康	sub-healthy	건강-질병의 중간 상태
一站式	one-stop	원스톱
硬件	hardware	하드웨어
智商	IQ	아이큐

이 단어들은 기점언어의 의미뿐 아니라 형태적 구조, 내부 형식까지 수용하고 있어 도착언어와 기점언어 사이에 직접적인 대응관계를 형성하고 있다. 번역차용어가 의역어나 묘사어와 다른 점은 바로 이 부분이다. 의역어나 묘사어는 모두 중국어의 형태소와 중국어의 조어방법을 사용하여 새롭게 만들어진 단어인 데 반해 번역차용어는 중국어 형태소를 재료로 하되 기점언어의 구조를 그대로 지키면서 조어가 이루어진다는 점이 특징이다. 이런 점 때문에 張永言(1982: 95), 岑麒祥 (1990: 2-3) 등은 그것을 차용어의 일종으로 간주했고, 張德鑫(1993)은 그것을 '半漢化意譯詞'라고 부르며 역시 차용어임을 인정하고 있다.

2.2.2 번역차용어의 외래성

전술한 바와 같이 어휘 차용은 내용과 형식의 두 층위에서 모두 차용이 일어났는지가 중요한 판단기준이 된다. 그런 점에서 볼 때 번역차용어에서는 형식의 일부, 특히 명시적이지 않은 형식의 차용만 이루어지고 있어 신중한 판단이 요구된다. 엄밀히 말하면 형태소들이 중국어의 형태소로 모두 전환되었기 때문에 명시적 층위의 형식 요소들은 모두 중국어의 기호로 바뀐 셈이다. 따라서 엄격한 의미에서 차용어로 보이지 않지만 여전히 형식 요소라 할 수 있는 조어 구조나 형태소 간의 결합관계 등은 기점언어의 그것이 그대로 차용되고 있어 의역어와도 뚜렷하게 구분된다.

만약 이러한 구조관계의 차용이 통사 층위에서 일어났다면 우리는 그것을 통사 차용 혹은 문법구조 차용이라 부를 수 있을 것이다. 번역차용어의 생성 과정에서 일어나는 차용은 형태소간의 결합관계를 차용하는 것이므로 굳이 표현한다면 조어구조 차용이라 할 수 있다. 물론 '紅眼航班(red-eye flight), 跳蚤市場(flea market)' 같은 경우는 단어의 단위를 넘어서는 형식이므로 조어구조라는 말이 부적절할 수도 있다. 그러나 이들 어휘가 표시하는 의미는 그 구성요소들의 의미의 단순한 합이 아니므로 전체를 하나의 기호로 보는 것이 합당하며, 따라서 기호 내부의 결합관계라는 의미에서 조어구조 차용이라 표현하는 것이 가능할 것이다.

이처럼 형식차용의 과정에서는 기호의 형식 층위에서 일정한 차용이 일어나고 있어 의역의 과정과는 구분된다. 이 차이는 일반적으로 번역이론에서 말하는 내재화(implicitness)라는 방식과의 비교를 통해 더 분명하게 그 의미를 살펴볼 수 있다.(柯飛 2005)

(1)   a. It was one of the few gestures of sentiment he was ever to make.

        b. 那是他在感情方面所作出的很少的幾次表示中的一個例子。

        c. 他很少表露感情，這是難得的一次。

(2)   a. Can you tell me where is your cereal section?

        b. 您能告訴我你們的糧食科在哪裏嗎？

        c. 請問糧食科在哪兒？

(1b)와 (2b)는 내재화를 거치지 않은 번역문이다. 柯飛(2005)는 이를 가리켜 '모방번역(imitation; 仿譯)'이라 하였다. 이는 원문의 구조를 비교적 완전하게 보존하는 번역 방식이다. (1c)와 (2c)는 내재화를 거친 번역문으로 원문 구조의 흔적을 찾아볼 수 없다. 번역문 (1b), (2b)와 원문 (1a), (2a) 사이에는 형식과 구조 사이의 관련성이 뚜렷하므로 (1b)와 (2b)는 원문의 영향을 받은 문장이라고 할 수 있는 데 반해, (1c)와 (2c)는 형식 층위에서 원문과의 관련성이 거의 없고 그 표현 내용 사이에

만 관련성을 가지기 때문에 원문의 영향을 받았다고 할 수 없다. 번역
문의 성격을 놓고 보면 (1b)와 (2b)는 번역차용어(calque)와 유사하고,
(1c)와 (2c)는 의역어와 유사하다. (1c)와 (2c)가 원문의 영향과 무관한
문장이듯 의역어 역시 기점언어와 관계없는 신조어이고, (1b)와 (2b)가
원문의 영향을 받은 문장인 것처럼 번역차용어도 기점언어와 모종의
차용 관계를 가지는 어휘이다.

　　王東風(2002)은 다음과 같은 문화수용기제 가설을 제기한 바 있다. 언
어문화의 수용기제는 전환시스템과 배제시스템이라는 두 개의 시스템
으로 이루어진 일종의 통제시스템이다. 전환시스템의 주체는 번역자,
번역검토자, 교열자, 학술계의 번역비평자 등이고, 배제시스템은 무형
의 사회문화적 제약을 가리킨다. 전환시스템의 기능은 기점언어의 언
어 항목에 대해 코드전환을 가하는 것이므로 언어적 의미 가치의 진
실성12)을 문화적 적응성보다 우위에 두는 경우가 많다. 전환시스템을
통해 생성된 번역어는 배제시스템의 검증을 거쳐 목표문화의 수용지
역으로 이동한다. 배제시스템은 문화적 적응성을 언어적 의미의 진실
성보다 우위에 두는 경우가 많다. 따라서 음역어(音譯詞)는 일반적으로
의역어보다 선호되지 않는다. 다시 말해 배제시스템의 배타성이나 보
수성이 음역어를 기피하는 것이다.

---

12) 王東風(2002)이 말하는 언어적 의미 가치의 진실성이란 기점언어가 나타내는 의미 가치
　　가 얼마나 손실 없이 충실히 보존되는가를 말한다. 도착언어의 형태소나 조어법을 아예
　　사용하지 않는 음역어는 도착언어의 간섭을 받을 여지가 거의 없지만 의역어는 조어법
　　과 형태소가 모두 도착언어의 것이기 때문에 간섭으로 인해 기점언어의 의미에 직접
　　다가가지 못하고 오해를 일으킬 가능성이 높다. 의사나 프로그래머들의 대화에서처럼
　　전문 분야에서 코드혼용(code mixing)이 많이 일어나는 것도 의미 가치 진실성을 훼손
　　하지 않고 전문용어를 사용하려는 심리로 이해할 수 있을 것이다.

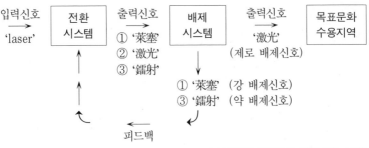

王東風(2002)[일부 간략하게 수정]

　문화수용기제 가설에 의하면 의역어, 번역차용어, 음역어 등의 다양한 번역어 유형이 나타나는 원인을 설명할 수 있다. 이들은 모두 전환시스템에서 만들어진 유형들이다. 의역어는 의미의 동일성보다 문화적 적응성을 중시한 형식이므로 쉽게 배제시스템의 검증을 통과하여 수용되지만 도착언어의 간섭으로 인한 의미 오해의 가능성을 배제할 수 없고, 음역어는 그와 달리 이질적 색채가 상대적으로 강해 배제시스템의 검증 과정에서 배제될 가능성이 높다. 번역차용어는 문화적 적응성과 의미 동일성 두 측면을 모두 고려한 일종의 절충형이다. 의미 동일성 측면의 고려로 인해 기점언어 구성성분의 결합관계를 모방함에 따라 도착언어와 기점언어의 구성성분은 일대일의 대응관계를 형성하므로 다소간의 이질성, 즉 외래성을 피할 수 없게 된다.

　또 번역차용어는 조어구조상의 특징 때문에 일정한 '환원가능성'을 갖는다. 즉 기점언어로의 환원에 유리하다는 것이다. 譚載喜(2004)는 번역의 방법을 논하는 과정에서 '정확성(準確), 투명성(透明), 일치성(一致), 간결성(簡潔), 통달성(通達)'의 다섯 가지 원칙을 제시하였다. 이 가운데 이른바 '투명성(transparent)'은 '정확성' 원칙을 실현하기 위한 기술적 원칙으로 독자가 번역문을 통해 원문의 그림자를 볼 수 있어야 함을 의

미한다. 독자가 다소간이나마 번역문을 통해서 원문으로 거슬러 올라
갈 수 있어야 한다는 것이다. 번역차용어가 가지고 있는 직역법은 의
미 동일성을 보장하는 방편이다.

의미의 동일성과 투명성에 관한 이상의 논의를 의역어, 번역차용어,
음역어 세 범주에 적용하면 다음과 같다.

	의역어	번역차용어	음역어
문화적 적응성	+	(+)	−
의미 가치 동일성	−	+	+
환원가능성	−	+	+
이질성(외래성)	−	±	+

* 일부 항목의 +−는 '높음', '낮음'만을 표시함.

伍鐵平(1994)은 의미론 이론 가운데 하나인 명명 이론(theory of nomina-
tion)을 소개하면서 '명명 이론에서 가장 중요한 사항은 단어의 의미
(meaning), 단어의 지시물(referent; denotatum), 단어의 명명 근거(motivation)[13]
를 구분하는 것'임을 지적하였다. 명명 근거의 민족적 특징에 대한 그
의 진술을 살펴보자.

중국어 '筆戰'은 일본어 'ひっせん'을 차용한 것이다. 일본어 한자
표기도 '筆戰'이다. 단어 내부의 형식을 보면 '붓(筆)'으로 싸운다는
말이다. 러시아어를 보면 '筆戰'의 의미를 나타내는 표현이 'война

---

13) 앞서 2.1.1의 각주 6)에서 설명한 '배의(성)'을 가리키는 용어이나 여기에서는 명명의
근거라는 측면을 강조하고 있기 때문에 伍鐵平(1994)의 용어 그대로 '명명 근거(命名根
據)'로 쓴다.

чернилами'(vojna černilami)으로 문면의 의미를 옮기면 '잉크로 싸운다'가 된다. 중국어 표현 가운데 '筆墨之戰'의 후반부(墨之戰)와 내적 형식이 유사하다. 중국어 구어에는 또 '打筆墨官司'(필묵으로 소송을 치른다)는 표현이 있다. 의미는 다소 차이가 있지만 내적 형식은 전자와 매우 유사하다. 영어에서 '筆戰'의 의미를 나타내는 표현은 'paper war'(문면의 의미는 '종이의 전쟁')이고, 프랑스어와 독일어에서 그에 상당하는 표현들은 각각 'guerre de plume', 'Federkampft, Federkrieg'으로 문면의 의미는 모두 '펜의 전쟁'이다. 이처럼 같은 개념을 나타내는 말이 서로 다른 언어에서 '붓', '먹', '먹물', '종이', '펜', '펜촉' 등의 다른 방식으로 표현되고 있음을 알 수 있다. 이는 내적 형식의 민족적 특성이라고 볼 수 있다.

의역어나 묘사어의 명명 근거는 일반적으로 기점언어의 명명 근거와 다르다. 예컨대 'helicopter'와 '直升機'는 명명 근거의 측면에서 볼 때 아무런 관련성이 없다. 그러나 번역차용어는 단어의 구성성분이 기점언어와 일대일 대응 관계를 가지기 때문에 일반적으로 기점언어의 명명 근거도 함께 도착언어로 이식되게 된다. 예컨대 중국어에서 만약 'paper war'를 '紙戰'으로 번역하게 되면 기점언어인 'paper war'의 형태적 구조와 의미 구조가 그대로 옮겨질 뿐 아니라 그 명명 근거도 완전히 일치하게 되는 것이다. 이 점은 번역차용어의 또 다른 특징이다. 형식차용의 과정에서는 기점언어의 명명 근거도 함께 옮겨지기 때문에 서로 다른 문화적 배경에 있는 내적 형식(inner form)이 중국어로 이식되는 것이다.

명명 과정에 있어서도 번역차용어는 의역어와 뚜렷하게 구분된다. 孟華(1992)의 분석과 달리 의역어의 명명 과정은 '내화 → 외화'의 과정임은 앞서 이미 지적하였다. 음역어는 내화의 과정 없이 즉각적으로 이미 외화된 기점언어의 형식을 도착언어의 형식으로 전환한 것이며, 따라서 개념 수입의 즉시성이 가장 높은 형식이다. 반면 의역어는 내화의 과정을 거쳐 새롭게 명명된 것이므로 개념 수입의 즉시성은 희생되는 대신 문화적 수용 가능성을 높인 형식이다. 양자와 비교할 때 번역차용어는 개념 수입의 즉시성과 문화적 수용 가능성을 동시에 고려한 절충형식이라 할 수 있다. 축자번역 혹은 직역이라 부를 수 있는 번역차용어의 번역 방식은 개념의 내화 과정에서 소모되는 시간을 줄여 즉시성을 높이기 위한 방편이기 때문에 음역어와 마찬가지로 내화의 과정은 사실상 없다고 보아야 한다. 'software'가 '軟件'으로 번역될 때 '軟'은 명명 주체의 의식 속에 내화된 개념이 아니다. 이 때문에 '軟' 자체는 중국어 고유의 형태소임에도 '軟件'의 '軟'은 중국어 어휘체계에 대해 하나의 충격으로 작용하며, 따라서 조어법상에 일정한 영향을 남기게 된다. 정리하면 명명 과정의 측면에서 볼 때 번역차용어는 내화의 과정이 없다는 점에서 가장 전형적인 차용어인 음역어와 동질성이 높은 형식이다.

앞에서 언급한 것처럼 내화의 과정이 없이 생성된 번역차용어의 일부 요소들은 중국어 어휘체계에 대해 일정한 충격을 일으키며, 내적 형식의 이식으로 인해 중국어에서도 같은 방식으로 만들어지는 신조어가 출현하게 되는 경우가 있다. 예컨대 '軟件(software, 소프트웨어), 軟飲料(soft drink, 소프트드링크), 軟著落(soft landing, 연착륙), 軟通貨(soft currency, 연화軟貨)'와 같은 단어들이 중국어에 수용된 뒤, 일정한 시간이 경과한 다음 '軟-'이라는 형태소를 가진 '軟釘子, 軟文化, 軟創新, 軟商品,14) 軟

---

14) 중국어의 '軟商品'은 영어 'soft goods' 또는 'soft commodity'와 다르다. 'soft goods'(軟貨物)는 의복, 화장품, 치약 등의 비내구재(nondurable goods)를 가리킨다. 'soft commodity'는 중국어로 '軟商品' 또는 '軟性期貨'라고 번역되며, 커피, 코코아, 과인과 같은 작물에서 얻어진 상품을 가리킨다. 여기에서 말하는 '軟商品'은 지식, 정보, 예술, 사상과 관련

硏究, 軟服務, 軟專家, 軟管理, 軟文, 軟裝' 등의 신조어들이 출현한 사례를 들 수 있다. 이처럼 도착언어에 미치는 영향, 특히 형식 층위에서의 영향이라는 측면에서 볼 때 번역차용어와 의역어 사이에는 상당히 큰 차이가 있다. 번역차용어가 중국어의 형식 층위에 가져온 영향은 주로 형태소의 증가로 나타났다. 여기에는 앞서 예로 든 '軟-' 외에도 다음과 같은 것들이 있다.

(D) 번역차용어에서 비롯된 형태소들

硬-(hard)	硬通貨, 硬著落, 硬科學, 硬釘子, 硬管理, 硬約束 등
零-(zero)	零標記, 零電荷, 零輻射, 零增長, 零事故, 零損耗 등
多-(multi-)	多媒體, 多功能, 多視角, 多渠道, 多形式, 多層次 등
-門(-gate)	拉鏈門, 情報門, 暴利門, 跳水門, 秘書門, 廣告門 등
-角(corner)	英語角, 家電角, 餐飮角, 書畫角, 戀愛角, 輪椅角 등
-領(collar)	白領, 藍領, 粉領, 灰領, 綠領, 金領 등

이들 형태소는 의미의 탈색과 문법화의 경향이 뚜렷하고 조어법상의 위치도 상대적으로 고정적일 뿐 아니라 단어의 생산력, 즉 조어력도 높아서 어근과 접사의 중간쯤에 해당되는 특성을 보인다. 이런 점 때문에 학계에서는 이러한 형태소를 '준접사'(類詞綴)라고 부른다. 준접사의 증가와 준접사가 포함된 신조어의 증가는 개혁개방 이후 중국어 신조어 특징의 한 단면을 보여준다. 이들 준접사 가운데 상당부분이 번역차용어와 관련이 있다. 그런 예로는 위에 제시한 것 외에도 '反-(anti-), 後-(post-), 非-(un-, dis-), 超-(super-), 前-(pre-), -學(-ics), -星(star), -者, -員, -家(-er, -or, -ist), -性(-ity)' 등이 있다. 이 정도라면 번역차용어가 중국어 조어법에 미치는 영향을 결코 홀시할 수 없을 것이다.

된 상품을 말하는 것으로 영어의 번역어가 아니라 중국어 내에서 생성된 신조어이다.

이상의 논의를 통해 확인한 여러 요소들 가운데 경계 '구분'에 유용한 요소들을 기준으로 삼아 의역어, 번역차용어, 음역어의 특징을 살펴보면 아래의 표와 같이 정리할 수 있다.

		의역어	번역차용어		음역어	
형식 유사성	명시적 형식 (음성형식)	-	+	-	+	+
	비명시적 형식 (조어구조)			+		-
기점언어와의 의미 가치 동일성		-	+		+	
기점언어로의 환원가능성 정도		-	+		+	
명명 근거 일치 정도		-	+		+	
명명 과정에서의 내화 여부		+	-		-	

* 일부 항목의 +-는 '높음', '낮음'만을 표시함.

이 표에서 드러나듯 번역차용어는 여러 측면에서 음역어와 동질성이 높은 번역 형식이다. 표면적으로는 중국어 고유의 형태소를 사용하고 있기 때문에 의역어와 같은 부류로 취급되는 경우가 많지만 언어 형식의 측면이나 번역방법의 측면 등을 살펴보면 양자는 뚜렷하게 구분되는 범주라는 사실이 드러난다. 본장의 서술 과정에서 포괄적 지칭의 필요성 때문에 양자를 모두 포함하는 범주를 '광의의 의역어'로 지칭한 바 있으나 번역차용어는 사실 의역어의 하위범주가 아니라 독립된 범주로 구분하는 것이 중국어 어휘체계의 실제에 더 부합하는 범주 구분법이다. 차용어와 비차용어의 경계가 나뉘는 지점도 번역차용어와 의역어 사이임은 물론이다.

2.3 외래한자어

2.3.1 정명(正名)

현대 중국어에는 일본어로부터 유입된 다수의 한자어가 있다. 이 한자어들은 아래 몇 가지로 나누어 볼 수 있다.

(E) 고대중국어의 단어나 구를 활용하여 서양어를 번역한 것

革命	revolution	혁명	《易·革卦》
敎育	education	교육	《孟子·盡心上》
樂觀	optimistic	낙관(적)	《史記·貨殖列傳》
社會	society	사회	《東京夢華錄》
生産	production	생산	《史記·貨殖列傳》
文化	culture	문화	《說苑》
機會	opportunity	기회	《抱樸子》
精神	spirit	정신	《莊子·天道》
具體	concrete	구체	《孟子·公孫醜上》
經濟	economy	경제	《晉書·殷浩傳》
傳統	tradition	전통	《後漢書·東夷傳》
反對	oppose	반대	《文心雕龍·麗辭》

(F) 한자 형태소를 활용하여 서양어를 번역한 것

抽象	abstract	추상
哲學	philosophy	철학
出版	publish	출판
絶對	absolute	절대
動機	motive	동기
槪念	concept	개념
條件	condition	조건

歸納	induction	귀납
積極	positive	적극
展覽	exhibit	전람
否定	negation	부정
引渡	extradite	인도

(G) 한자 형태소를 활용하여 일본어 신조어를 조어한 것

場合	ばあい[baai]	경우
見習	みならい[minaɾai]	견습
手續	てつづき[tetsuzuki]	수속
服務	ふくむ[ɸukumu]	복무
保健	ほけん[hokeN]	보건
化妝	けしょう[keɕou]	화장
症狀	しょうじょう[ɕouzʲou]	증상
距離	きょり[kʲoɾi]	거리
取締	とりしまり[toɾiɕimaɾi]	금지하다
方針	ほうしん[houɕiN]	방침

(H) 일본어 고유의 한자로 표기하는 단어

腺	せん[seN]	gland	선
癌	がん[gaN]	cancer	암
膵	すい[sui]	pancreas	췌장
吋	インチ[iNtɕi]	inch	인치
呎	フィート[fiːto]	feet	피트
碼	ヤード[jaːdo]	yard	야드
哩	マイル[maiɾu]	mile	마일
瓩	キロワット[kiɾowatto]	kilowatt	킬로와트
噸	トン[toN]	ton	톤

王立達(1958) 이래로 이들 한자어에 대한 논의는 현재까지도 끊임없

이 계속되고 있다. 그 과정에서 이들 한자어를 지칭하는 명칭도 다양
하게 제기되었다. 여기에서는 기존의 연구에서 제기된 명칭의 문제를
먼저 검토할 필요가 있다.

외부에서 유입된 한자어의 대부분이 일본어에서 왔다는 점 때문에
'일어 한자어'(日語漢字詞), '일본산 한자어'(日源漢字詞), '일중동형어'(日漢
同形詞)와 같은 용어들이 사용되고 있다. '일중동형어'는 중국어 어휘의
한 범주를 가리키는 용어로서 사용되기 보다는 중국어와 일본어를 단
순비교하는 맥락에서 사용된다는 점에서 앞의 두 용어와 다르며, 여기
에서 논의하고자 하는 맥락과도 다르다. '일어 한자어'나 '일본산 한자
어'는 일본어라는 발원지를 특정하고 있다는 점 때문에 비슷한 성격의
한국산 한자어나 베트남산 한자어를 포괄하지 못한다. 일본어에서 유
입된 한자어만을 특정하는 경우에는 그와 같이 지칭할 수 있겠으나,
본절의 논의대상인 '외부에서 중국어로 유입된 한자어'를 통칭하는 데
는 적절하지 않다. 또 이 범주 자체가 발원지를 기준으로 설정된 것이
아니라 차용의 방식을 기준으로 설정된 것이므로 발원지를 따르는 명
명법은 범주의 층위나 성격에 부합하지 않는다. 실제로 일본산 한자어
외에도 다음과 같은 한자어들이 중국어에 유입된 바 있다.

(I) 한국어에서 유입된 한자어[15]

才談	재담
唱劇	창극
次次雄	차차웅

---

15) 劉正埮 외(1984)는 한국어로부터 중국어로 유입된 차용어를 총 23개 수록하고 있는데,
이 가운데 12개가 한자어이다. 岑麒祥(1990)에 수록된 한국어에서 온 차용어 9개 가운
데는 4개가 한자어였다. 여기 열거한 한국산 한자어는 기본적으로 이 두 사전에서 가져
온 것이며, 마지막 5개는 필자가 추가한 것이다.

大院君	대원군
伽倻琴	가야금
吏讀	이두
漫談	만담
民談	민담
農樂	농악
無窮花	무궁화
鄕歌	향가
新羅	신라
諺文	언문
韓服	한복
三八線	삼팔선
蔘鷄湯	삼계탕
跆拳道	태권도
商道16)	상도

(J) 베트남어에서 유입된 한자어17)

拓刀田	thác đao điền [tʰakɗa : wɗien]	공신들에게 주는 토지
漢越詞	Từ Hán Việt [tihanviət] 詞漢越	베트남 한자어
儒字	Chữ Nho [tʃiɲɔ] 字儒	쯔놈
國語字	Chữ Quốc Ngữ [tʃikwocɲi] 字國語	로마자형 베트남 문자

---

16) 한국에서 2001년 방영된 드라마 '상도(商道)'가 2005년 중국에서 방영되면서 '상인의 도리'를 뜻하는 한국 한자어 '상도(商道)'가 중국어에 유입되었다. '통상로(通商路)'를 뜻하는 중국어 고유어 '商道'와는 표면 어형이 일치할 뿐 별개의 단어이다.

17) 劉正埮 외(1984)는 모두 7개의 베트남어 차용어를 수록하고 있는데, 이 가운데 한자어 는 '拓刀田' 하나뿐이다. 岑麒祥(1990)은 5개의 베트남어 차용어를 수록하고 있지만 그 가운데 한자어는 포함되어 있지 않다. 이 밖에 필자가 추가한 '漢越詞, 儒字' 등의 단어 는 한자의 어순이 베트남어와 다르다. 그러나 이는 단지 수식어와 피수식어의 어순이 조정된 것일 뿐이므로 의역이나 기타 다른 차용어 유형으로 분류하기보다는 한자어로 보는 것이 타당하다고 판단하였다.

아마도 중국학계에서 가장 널리 사용되는 용어는 '차형어'(借形詞)일 것이다. 문제는 '借形'의 의미에 대한 해석이 제각각이라는 점이다.

일본어 차형어의 '形'은 문자 형식, 즉 문자를 가리킨다.

(周玉琨 1998)

자형(字形)과 의미를 차용한 것   (史有爲 2000: 17)

원어의 어형(詞形)을 차용한 외래어   (刁晏斌 2006: 255)

일본어 단어 성분의 문자 서사 형식을 직접 중국어로 가져온 것

(楊錫彭 2008)

차형어는 타민족 언어의 자형(字形)을 차용하여 생성된 단어이다.

(夏中華 2009: 152)

자형(字形)의 차용이나 서사 형식의 차용이라는 해석은 기본적으로 동의하기 어렵다. 이는 우선 어휘 차용이 말의 차용이라는 사실을 결과적으로 은폐해 버리기 때문이다. 자형이나 서사 형식은 언어를 어떻게 표기하느냐의 문제이지 그것이 언어 자체가 아니다. 그러므로 자형을 차용했다는 것은 예컨대 번체자를 사용하는 지역에서 간화자 표기를 차용한 경우나 정체를 사용하던 지역에서 속체를 차용한 경우에 더 적합한 말이며, 서사 형식을 차용했다는 것 역시 'color'라는 표기를 쓰던 지역에서 'colour' 표기를 차용하는 경우에나 적합한 말이다.

한자어 차용의 본질은 어휘 차용, 즉 말의 차용이며, 서사 형식은 이 과정에 기여하는 매개일 뿐이다.[18] 그런 점에서 어형(詞形)의 차용이라는 해석도 결과적으로 조어 구조가 옮겨진다는 점에서는 사실과 부합하지만, 이 차용 방식의 본질을 정확히 보여주지는 못한다. 예컨대 일본어 '手續' 또는 'てつづき'는 [tetsuzuki]의 서사 형식이며 이 단어의

---

18) 이 점은 뒤에서 상세히 논술할 것이다.

어형은 [tetsɯzɯki]이므로 중국어 어형인 [ʂoŋ²¹⁴ɕy⁴¹]가 기점언어인 일본어의 어형(word form) 자체를 차용해 왔다고 보기는 힘들다. 단지 차용의 결과가 조어 구조상의 일치를 가지고 있을 뿐이다.

시야를 한자어 밖으로 넓혀보면 이 명명법은 더욱 적절하지 않음을 확인할 수 있다. 중국어에는 이른바 '자모어'(字母詞)라 불리는 어휘들이 있다. 'DVD, ATM, CEO, WTO, blog, e-mail'과 같이 알파벳 자모를 사용해 표기하는 어휘들이다. 이 자모어도 이들의 논리대로라면 기점언어의 서사형식을 그대로 가져온 '차형'의 한 형태이다. 따라서 이 범주는 다음과 같은 구조가 된다.

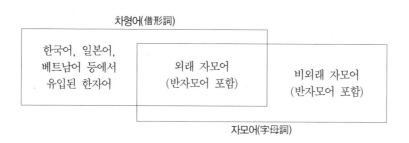

물론 차형어는 한자어만을 지칭하고, 자모어는 알파벳 표기 어휘만을 지칭하는 용도로 사용한다면 지칭범위의 문제는 해결될 수도 있다. 그러나 여전히 용어의 문면 의미가 지닌 문제점은 남는다. 굳이 '차형'이라고 한다면 명칭이 주는 의미상 자모어를 배제할 이유를 찾기 어렵다. 실제로 張斌(主編)(2002: 249-250)이나 黃伯榮・廖序東(主編)(2007: 263-264)은 '직접차용' 또는 '차형'의 범주 안에 한자어와 자모어를 모두 포함시키고 있다. 그렇다고 '자모어'라는 범주가 온전히 차형의 유형에만 국한되는 것도 아니다. 지모어 중에는 'HSK'(漢語水平考試)나 'GB'(國

家標準)와 같은 중국어의 알파벳 이니셜 표기법도 포함되어 있어서 그 자체로 차용의 한 형태만을 가리키는 범주일 수가 없다.

田惠剛(1993)의 '外來詞形詞', Masini(1993)의 'graphic loan',[19] 張永言(1982: 96)의 '形譯詞'와 같은 용어들 역시 정도의 차이는 있으나 이와 같은 표현상의 문제를 피해갈 수 없기는 마찬가지이다.

이 범주를 포괄적으로 지칭하면서 동시에 이 단어들의 본질을 정확하게 명칭으로 드러내기 위해서는 우선 이들을 '한자어'라고 지칭해줄 필요가 있다. 일본산이든 한국산이든 베트남산이든 이들의 공통점은 한자어라는 사실이며, 이는 또 이 단어들이 중국어로 유입되는 방식을 결정하는 가장 중요한 특징이기도 하다. 이들은 모두 '중국어 밖의 한자어'이므로 Martin(1953)이 사용했던 'Sino-Xenic'[20]이라는 표현으로 그 성격을 개괄할 수 있다. 그렇게 본다면 이들을 지칭하는 영문 용어로 가장 적합한 말은 'Sinoxenic word'이다. 하지만 이 개념은 한국어나 일본어에서 사용되는 한자어를 모두 가리키게 된다는 점에서 여기에서 논의하는 범주와는 차이가 생긴다. 여기에서 논의하는 범주는 이 '중국어 밖의 한자어'들 가운데 중국어로 유입된 것을 가리키므로 이는 '외래한자어'라고 부를 수 있을 것이다.

2.3.2 외래한자어의 성격

중국어 내에서 외래한자어의 차용어 여부에 대한 논의는 1930년대로 거슬러 올라간다. 胡行之(1936)의 《외래어사전(外來語詞典)》은 머리말

---

19) 이 용어는 중역본(黃河淸 1997: 153)에서는 '詞形借詞'로 한역본(이정재 2005: 206)에서는 '차형어'로 옮기고 있다.
20) 축자적으로는 'Chinese-foreign'의 의미이다.

에서 차용어의 유형을 '全譯音, 全譯義, 全輸入, 半音半義, 音義兼顧'의 다섯 가지로 제시하고 있다. 이 가운데 '全輸入'가 외래한자어에 해당하는 범주이다. 분류의 근거는 제시되어 있지 않지만 2849개의 수록어휘 가운데 의역어(全譯義)가 무려 1800여 개나 되는 것으로 볼 때 차용어 판단에 느슨한 기준을 적용하고 있음을 알 수 있다. 외래한자어는 80여 개가 수록되어 있다.[21]

1950년대에 이르러 차용어에 대한 논의가 시작되면서 孫常敍(1956/2006: 312-331), 高光宇(1957), 王立達(1958), 高名凱 · 劉正埮(1958) 등이 모두 일본산 한자어들을 차용어의 한 부류로 열거한 이래 현재까지 중국학계에서는 일반적으로 외래한자어를 차용어로 간주하고 있다. 張靜(主編)(1986: 199-201), 胡裕樹(1995: 252), 張斌(主編)(2002: 248-250), 黃伯榮 · 廖序東(主編)(2007: 263-264)을 비롯한 다수의 현대중국어 개론과 武占坤 · 王勤(1983: 223-225), 符淮青(1985: 184-190) 등의 현대중국어 어휘 개론이 이런 입장을 따르고 있다.

史有爲(2000: 16-19)는 중국어와 일본어 사이의 접촉에서 음성형식의 차용이 배제되고 서면형식의 차용이 일어나는 것은 한자라는 문자체계를 공유하고 있는 동아시아의 특수성에서 기인한 것임을 지적하면서 이런 차용은 전형적인 차용어와는 다른 특성을 가지는 것임을 밝

---

21) 지금까지 중국에서 출간된 사전 중 '外來詞'나 '外來語'를 타이틀로 삼은 중국어 차용어 사전은 3종뿐이다. 胡行之(1936) 이후에 나온 두 사전은 각각 劉正埮 외(1984)의 《중국어 외래어 사전(漢語外來詞詞典)》과 岑麒祥(1990)의 《중국어 외래어 사전(漢語外來語詞典)》이다. 胡行之(1936)는 음역어는 물론 외래한자어와 의역어에 이르기까지 차용어의 범위를 매우 넓게 설정하고 있고, 劉正埮 외(1984)는 의역어는 배제하고 외래한자어는 차용어로 간주하여 수록하였다. 岑麒祥(1990)은 '安全島' (safety island)나 '氣帽'(air cap) 같은 소수의 번역차용어(calque, 仿譯詞)를 수록하고 있고, 외래한자어도 '東京' 같은 소수의 고유명사를 수록하고 있지만 대다수의 일본산 번역어들은 수록하지 않고 있다. 이 가운데 劉正埮 외(1984)의 수록범위와 기준이 중국학계에서 가장 보편적인 공감을 얻고 있다.

히고 있다. 이 때문에 그는 외래한자어를 '준외래어'(準外來詞) 혹은 '준고유어'(準固有詞)라 부를 수 있다고 하였으나 이를 차용어의 범위에서 배제하지는 않았다.

吳傳飛(1999)는 인지심리학의 원형모델(Prototype Models)을 차용어 분류에 적용했다. 그는 [±외래단어음성층], [±중국어단어음성층]의 두 가지 기준에 따라 다층적 분류법을 제안한 바 있다. 그의 분류법에 따르면 '拷貝'(copy), '鐳射'(Laser) 같은 음역어가 '원형 외래어'에 해당되며, '芭蕾舞'(ballet), '啤酒'(beer) 등의 음역부가어와 '迷你裙'(mini skirt), '因特網'(internet) 등의 반음반의역어는 '특징 외래어'이고, '計算機'(computer), '蜜月'(honey-moon) 같은 의역어나 '引渡', '日程' 등 외래한자어는 '주변 외래어'에 속한다.

周祖謨(1959/2006: 52-54)는 많은 한자어가 일본어로부터 유입된 사실은 적시하면서도 차용어 분류에는 이 한자어들을 포함시키지 않았다. 현대 중국어 개론 가운데에는 北京大學中文系(1993/2004: 241-243)도 분류에서 외래한자어를 배제하고 있다.

가장 적극적으로 외래한자어가 차용어에서 배제되어야 하는 이유를 서술하고 있는 것은 王力(1958/1988: 528-535)이다. 그는 일본산 한자어를 다음의 세 가지로 구분하였다.

번역어	(1) 고대중국어에 원래 있던 단어에 새로운 의미를 부여한 것	革命, 社會, 經濟, 意味
	(2) 기존 한자를 조합하여 의미가 통하는 새 단어를 구성한 것	科學, 槪念, 絶對, 調整
고유어	(3) 일본어 고유의 한자어	場合, 手續, 見習, 引渡

그는 일본산 한자어의 절대다수에 해당하는 (1)과 (2)는 일본의 고유
어가 아니라 서양 언어의 번역어이므로 차용어로 볼 이유가 없다고
주장한다. 다시 말해서 서양의 개념을 의역한 것이므로 차용어라 할
수 없고, 자신들은 '두 번 수고할 것 없이'(省得另起爐灶) 일본에서 이미
만들어진 번역어를 그대로 쓴 것뿐이라는 것이다. (3)에 대해서는 중국
어로 유입되는 과정에서 원래의 발음을 차용하지 않았으므로 차용어
가 아니라는 논리를 펴고 있다.

俞忠鑫(1996)은 서양선교사들에 의해 중국어로 번역된 '管理, 博物'의
예를 들면서 번역주체가 서양선교사이더라도 이 말들은 여전히 중국
어이듯 일본인이 한자어로 번역한 말도 역시 중국어로 보아야 한다는
논리를 폈다.

劉叔新(1990/2005: 273-276)의 견해는 이들과 달리 매우 독특하다. 그는
일본산 한자어를 음역의 일종으로 보았다. 일본어에서 중국어로 차용
되는 과정에서 음성형식이 중국어의 음운체계에 맞게 조정되는 과정,
즉 음역이 발생했다는 것이다. 그 역시 일본산 한자어는 일본인의 손
을 빌렸을 뿐 중국어와 거의 차이가 없다고 서술하면서도 중국어로
유입되는 과정에서 음역이 발생한 '특수한 외래어'로 보았다. 다만 '諷
刺'와 같은 일부 단어는 일본어에서 유입되었더라도 고대중국어의 의
미와 큰 차이가 없으므로 차용어에서 배제해야 한다고 지적하였다.

전술한 기존 논의에서 발견할 수 있는 첫 번째 문제는 한자어의 차
용을 언어 간의 문제로 보지 않는 경향이다. 王力(1958/1988)나 俞忠鑫
(1996)의 주장은 한자어의 차용이 엄연히 일본어와 중국어 사이에서 이
루어진 일임을 애써 부정하는 듯한 인상을 지울 수 없다. 한자를 쓴다
고 해서, 그리고 그 한자의 의미가 중국어의 그것과 큰 차이가 없다고
해서 일본어가 중국어가 될 수는 없는 노릇이다. 한자는 일본'말'을 표

기하는 문자 중 하나일 뿐이고, 한자형태소는 일본어의 형태소 중 한 종류일 뿐이다. 예컨대 카드를 뜻하는 중국어 'kǎ'(卡)는 영어 'card'에서 온 것이고, 의미와 용법도 'card'와 큰 차이가 없다. 그렇지만 'kǎ'는 영어가 아니라 중국어 형태소이다. 가정컨대 'card'의 음역어 'kǎ'(卡)와 'bar'의 음역어 'bā'(吧)를 합성하여 '卡吧'라는 단어를 만들었다 하더라도 그것을 '중국인이 영어 단어를 사용하여 만든 영어 신조어'라고 할 수는 없다. 일본어에서 만들어진 한자어도 마찬가지이다.

그렇다면 외래한자어는 다른 차용어와 큰 차이가 없는 것일까? 외래한자어를 다른 차용어와 동등하게 취급하고자 하는 학자들은 의미 외에도 서사기호인 한자가 차용되었다는 점을 강조한다. 음역어가 의미와 음성을 차용한 것이라면 외래한자어는 의미와 서사기호를 차용한 차용어라는 것이다. 그러나 문제는 그리 간단하지 않다. 언어학적으로 의미, 음성, 문자는 동일한 층위에 있는 것이 아니기 때문이다. 중국인이 중국말을 하는 것은 '한자를 읽는 것'이 아니다. 한자는 중국말을 표기한 부호이지 '말'(語) 자체가 아니다. 따라서 문자는 언어 간의 차용관계를 파악할 때 일차적인 고려사항이 되어서는 안 된다.

자모어 중에는 'km'처럼 표기만 알파벳으로 하고 중국어 '公里'로 읽는 것이 있다. 이는 독법의 문제이기 전에 "'gōnglǐ'라는 말의 표기법이 '公里'와 'km' 두 가지"라고 하는 것이 언어학적으로는 보다 올바른 진술일 것이다. 이런 예는 차용어로 볼 수 없다. 중국어 'yī'를 아라비아 숫자 '1'로 표기했다고 해서 차용어라 할 수 없는 것처럼 중국어 'gōnglǐ'를 알파벳 'km'로 표기한 경우 역시 차용어일 수 없기 때문이다. 다시 말해서 차용은 언어 간에 발생하는 현상이므로 언어의 본질 요소가 아닌 표기형식(문자)은 참고사항은 될 수 있겠지만 주된 고려사항이 될 수 없다는 것이다.

외래한자어가 주변의 언어로부터 중국어로 차용(borrowing)된 것이라는 사실은 부정할 수 없다. 그러나 여기에는 다른 차용어와 달리 언어의 본질적인 요소는 빠지고 부차적인 요소의 차용만이 일어나고 있다. 史有爲(2000)나 吳傳飛(1999)는 음성의 차용이 일어나지 않았다는 이유로 한자어를 다른 차용어와 동등한 수준에서 취급하는 것을 기피한다. 실제로 이 점은 매우 중요하다. '음성형식의 차용 여부'라고 표현되었지만 문제의 핵심은 기표(signifiant)와 기의(signifié)가 함께 차용되고 있지 않다는 데 있다. 기표와 기의의 결합이 비로소 언어라면, 기표와 기의가 함께 차용되지 않았을 때는 엄밀한 의미의 '언어 차용'이라 볼 수 없기 때문이다.

그렇다면 외래한자어의 유입과정을 음역의 과정으로 판단한 劉叔新(1990/2005)의 견해는 어떻게 이해해야 할까? 외래한자어 유입과정의 특수성은 문자형식이 차용된다는 데만 있는 것이 아니라 음성적 접촉을 거치지 않고 2차 기호인 문자에서 문자로의 차용이 일어난다는 점도 다른 차용어의 유입과정과 다른 점이다.

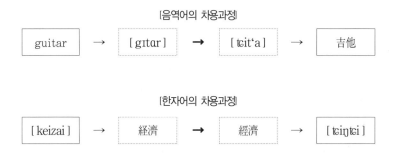

[음역어의 차용과정]

guitar → [gɪtɑr] → [tɕit'a] → 吉他

[한자어의 차용과정]

[keizai] → 經濟 → 經濟 → [tɕiŋtɕi]

일반적인 음역어의 경우에는 [gɪtɑr]가 [tɕit'a]가 되는 과정, 즉 음역의 과성을 거친 다음 '吉他'라는 표기형식이 결정되는 데 반해 외래한자어의 경우에는 결과적으로 [keizai]가 [tɕiŋtɕi]가 되기는 했지만 서면형식의 직접차용이 일어날 뿐 음성형식 사이의 치환과정은 발생하지 않는다.

한자어의 차용은 다음과 같이 도식화할 수 있다.

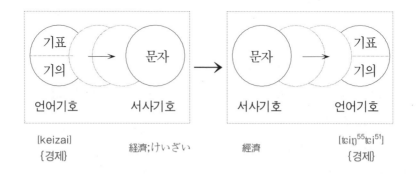

[keizai]
{경제}
經濟;けいざい
經濟
[tɕiŋ^{55}tɕi^{51}]
{경제}

문자는 언어의 본질적 요소가 아니다.[22] 단적으로 문자가 없는 언어도 언어이다. 다시 말해 문자는 언어의 존립, 혹은 성립 여부에 영향을 주지 않는 요소이며, 언어의 시각적 대체기호일 뿐이다. 그러므로 본질적 요소의 접촉이 아닌 서면형식의 차용은 언어차용의 독특한 유형이라고 할 수 있다. 그렇지만 이 유형이 동아시아 언어들 사이에서만 나타나는 것은 아니다. 영어에서 e.g.나 No.는 라틴어 축약어이지만 이를 'exampli gratia'나 'numero'라고 읽는 사람은 없다. 영어에서 이 기호들은 'for example', 'number'로 읽는다. 즉 현재의 영어에서 e.g.와 No.는 'for example'과 'number'의 표기법이다. 서면형식만 차용하고 언어는 차용하지 않은 예이다.

---

22) '본질적이다'와 '중요하다'는 다른 문제이다. 문자학 개론의 첫 머리가 '문자는 언어를 표기하는 기호이다'로 시작하는 것은 문자가 언어의 본질이 아님을 분명히 하는 진술이다. 그러나 문자는 중요하다. 그리고 중국어의 경우엔 특히 그 영향력이 크다. 하지만 이 때문에 본말을 전도해서는 곤란하다.

외래한자어는 문자가 매개가 되어 차용이 이루어진 것이고, 그 결과로 기점언어의 형태소와 조어 구조가 축자적으로 대응하는 관계가 되었다고 볼 수 있다.

제 3 장

중국어 차용어 체계

3.1 차용어 범주 내부의 불균등성

3.1.1 차용어 범주의 층차성에 대한 논의

중국어 차용어의 각 유형들 사이에는 뚜렷한 불균등성이 존재한다. 이 불균등성은 차용의 층위, 차용 성분, 차용 방식과 같은 언어적 요소들에 대한 분석을 통해서도 잘 드러나지만, 그 전에 중국어를 사용하는 언중들의 어감을 통해서도 잘 구분된다. 중국어를 모어로 사용하는 사람이라면 '沙拉'(샐러드), '卡通'(카툰), '厄爾尼諾'(엘니뇨), '瑜伽'(요가)와 같은 음역어가 매우 전형적인 차용어라는 사실, '絕對'(절대), '出版'(출판), '手續'(수속), '積極'(적극)와 같은 외래한자어나 '白領'(화이트컬러), '超市'(마트), '快餐'(패스트푸드), '熱線'(핫라인)과 같은 번역차용어의 차용어적 색채가 그리 농후하지 않다는 사실을 기본적으로 인지할 수 있다.

이와 같은 차용어 범주 내부의 불균등성에 대해서는 이미 많은 학자들이 다룬 바 있다. 그 가운데 특히 吳傳飛(1999)의 다층적 원형 다이어그램이 대표적이다. 그는 인지 심리학의 원형 모델(Prototype Models)을 응용하여 중국어 차용어 분류의 다층성을 분석함으로써 단어 음운 층위에 대한 분석과 의미소 분석의 모델로 차용어 범주를 구분하였다. 그에 의하면 음역어는 [+외래 음운 층위]인 원형 외래어(原型外來詞)이고 나머지 유형들은 원형 외래어와의 유사도에 따라 [+외래 음운 층위, +중국어 음운 층위]인 특징 외래어(特徵外來詞)와 [+중국어 음운 층위]인 주변 외래어(邊緣外來詞)로 다시 나뉜다. 특징 외래어에는 음역부가어(音譯加注詞)와 반음반의역어(半音譯半意譯詞)가 포함되며, 주변 외래어에는 의역어와 차형어(借形詞)가 포함된다.

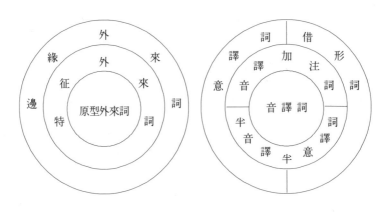

  그의 연구는 분류에 초점이 맞춰져 있기 때문에 그보다 먼저 선결되어야 하는 경계 획정의 문제를 회피한 측면이 있다. 즉 그가 주변 외래어로 분류한 의역어는 본질적으로 차용어에 속하는 것인지 아닌지는 아직 해결되지 않은 과제로 남는다. 이는 가장 주변적인 차용어일 수도 있고 차용어가 아닐 수도 있는 것이기 때문이다. 그는 이를 차용어의 한 범주로 간주한 셈이지만 그 근거가 무엇인지는 이 연구

에서 드러나지 않는다. 사실상 이 연구는 의역어까지를 차용어에 포함한다는 전제 하에 그것을 어떻게 분류할 것인가에만 천착하고 있다. 또 그는 의역어와 번역차용어를 구분하지 않고 있다. 따라서 그가 의역어라고 지칭한 범주가 주로 번역차용어를 고려한 것인지 순수한 의역어를 고려한 것인지 불분명하다. 양자를 분리하여 처리할 경우에는 다른 결론이 나올 수도 있는 것이다.

史有爲(2000: 114-119)는 '중국어의 한자 요소로 대표되는 고유 언어문화와 외국어로 대표되는 외래 언어문화가 외래어에 동시적으로 공존한다'면서 언어 문화적 이중성을 지적한다. 그는 외래어의 구성 요소를 어휘의미(詞義), 음운(詞音), 구성(構成), 어형(詞形), 자형(字形)의 다섯 가지 요소로 나누고 각각의 요소에 2점, 5점,[1] 1점, 1점, 1점의 점수를 할당한 다음, 의역어를 포함한 22종의 유형에 대해 점수를 부여하고 집계하였다. 의역어에서 '표음차형(拼音借形)'에 이르는 22종의 유형은 각각의 외래 요소 점수가 2점에서 9.7점까지 점증하는 분포를 보였다. 이 결과는 22 부류의 어휘 범주가 그 외래어성에 있어서 불균등하며, 그 차이가 엷은 데서 진한 데까지 일정한 스펙트럼을 이룬다는 사실을 잘 보여준다. 그는 맨 마지막의 순자모어(純字母詞)를 일종의 중간 유형으로 보고 '준외국어(準外語詞)' 혹은 '준외래어(準外來詞)'라 지칭했다.

---

1) 史有爲(2000: 114-119)는 '음운(詞音)'의 점수를 6점이라고 쓰고 있다. 그러나 다섯 요소의 합인 총점이 10점이고, 음운·구조·어형 3요소의 합인 형식 점수가 7점이며, 표에서 음운의 최고점이 5점인 사실 등을 근거로 볼 때 음운 점수가 6점이라고 한 것은 오식으로 판단되어 5점으로 바로잡는다.

序號 類型	例詞	文化 類別	詞義 (2)	詞音 (5)	構成 (1)	詞形 (1)	字形 (1)	總分 (10)
1. 純意譯	墨水 (英 ink)	外來 固有	2 1	0 5	0 1	0 0.5	0 1	2 8.5
2. 古漢日詞	革命 (日 kakume)	外來 固有	2 1	0 5	0 1	1 1	0 1	3 9
3. 仿譯	足球 (英 football)	外來 固有	2 1	0 5	1 1	0 0.5	0 1	3 8.5
4. 音讀日詞	積極 (日 sekkioku)	外來 固有	2 1	0 5	0.5 1	1 0.5	0 1	3.5 8.5
5. 訓讀日詞	手續 (日 tetsuzuki)	外來 固有	2 0.5	0 5	1 0.3	1 0	0 1	4 6.8
6. 諧意+意譯	霓虹燈 (英 neon lamp)	外來 固有	2 0.7	2 5	0.5 1	0.5 0.5	0 1	5 8.2
7. 音譯+意譯	摩托車 (英 motorcycle)	外來 固有	2 0.5	2.3 5	0.5 1	0.5 0.5	0 1	5.3 8
8. 音譯+義標	卡車 (英 car)	外來 固有	2 0.5	2.3 5	0.5 0.5	0.5 0.5	0 1	5.3 7.5
9. 借形+義標	阿sir (英 sir)	外來 固有	1.5 1	2.5 4.8	0.5 1	0.5 0.5	0.5 0.5	5.5 7.8
10. 諧意音譯	滴滴涕 (英 DDT)	外來 固有	2 0.2	4 5	1 0.5	1 0	0 1	6 6.7
11. 借形+意譯	T.D.K杯 (英 T.D.K. Cup)	外來 固有	2 0.5	2.5 4.7	1 0.5	0.5 0.5	0.5 0.5	6.5 6.7
12. 日字意譯	腺 (日 sen)	外來 固有	2 0.5	2 5	1 1	1 0	1 0.5	7 7
13. 日語音譯	瓦斯 (日 gasu)	外來 固有	2 0	3.5 5	1 0	1 0	0 1	7.5 6
14. 諧趣音譯	瓦夜壺 (英 wife)	外來 固有	2 0	4 5	1 1	1 0.5	0 1	8 7.5

15.	雷達	外來	2	4	1	1	0	8
諧意音譯	(英 radar)	固有	0.5	5	1	0	1	7.5
16.	奧倫	外來	2	4.3	1	1	0	8.3
部分諧意	(英 orlon)	固有	0.5	5	0.5	0.2	1	7.2
17.	雅克西	外來	2	4.5	1	1	0	8.5
純音譯	(維 yahxi)	固有	2	5	0	0	1	8
18.	噸	外來	2	3.5	1	1	1	8.5
日字音譯	(日 ton)	固有	0	5	0.5	0	0.5	6
19.	沙發	外來	2	4.5	1	1	0	8.5
純音譯	(英 sofa)	固有	0	5	0	0	1	6
20.	卡拉OK	外來	2	4.5	1	1	0.5	9
雙形音譯	(日 karaoke)	固有	0	5	0	0	0.5	5.5
21.	T恤	外來	2	4.5	1	1	0.5	9
借形+音譯	(英 T-shirt)	固有	0	4.5	0	0	0.5	5
22.	DNA	外來	2	4.7	1	1	1	9.7
拼音借形	(英 DNA)	固有	0	4	0	0	0	4

李彦潔(2006: 31-32)도 중국어 외래어가 매우 모호한 집합임을 지적한다. '외래어는 한 쪽 끝이 고유어와 맞닿아 있고, 다른 한 쪽 끝은 외국어와 맞닿아 있어, 외국어 – 외래어 – 고유어가 연속적인 스펙트럼을 형성하고 있는 것이므로 이 연속체를 분석하게 되면 서로 인접한 부분에서는 필연적으로 그 귀속을 판정하기 어려운 부분이 나오기 마련'이라는 것이다. 그는 의역어, 번역차용어, 일본산 한자어가 모두 '일정한 외래성을 지니고 있지만, 어형상으로는 외래 흔적이 뚜렷하지 않은' 모호 집합이라고 보았으며, 순자모어(純字母詞)는 외국어에서 외래어로 이행중인 과도 범주라고 보았다.

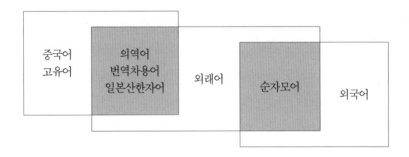

그는 史有爲(2000: 117-119)의 분류와 배점에 약간의 조정을 가하여 22
개 부류의 연속적 집합을 분석하고, 어휘의미(詞義), 음운(詞音), 구성(構
成), 자형(字形)에 각각 2점, 6점, 1점, 1점을 배점한 다음, 각 범주의 예
속도(隷屬度)를 계산하였다. 그 결과 예속도가 0.1보다 낮은 번역차용어
와 의역어 두 범주는 외래어의 범위에서 배제되었다.

類型	例詞	隷屬度
漢字純音譯	沙發(sofa), 巴士(bus)	1.00000
雙形純音譯	卡拉OK(カラオケ)	0.98000
半音譯半形譯	T恤(T-shirt)	0.76525
半形譯半意譯	X光(X-ray), IP電話(IP phone)	0.69296
不分諧意	朋客(punk), 梵啞鈴(violin)	0.46933
漢造英語縮寫詞	CCTV(CCTV), CBA(CBA)	0.43827
字母數字縮略	三K黨(K.K.K.), 3C認證(CCC)	0.26229
諧趣音譯	粉絲(fans), 愛美的(amateur)	0.23125
拼音借形詞	CD(CD), DNA(DNA)	0.21009
諧意音譯	黑客(hacker), 基因(gene)	0.20818
半純音譯半意譯	愛克斯光線(X-ray), 奶昔(milk shake)	0.20417
形譯加注	PC機(PC), BBS留言板(BBS)	0.20381
半諧音音譯半意譯	霓虹燈(neon lamp), 奇異果(kiwi fruit)	0.17940

純音譯加注	酒吧(bar), 沙丁魚(sardine)	0.17389
字形表意音譯	鈣(calcium), 檸檬(lemon)	0.15495
諧音音譯加注	拉力賽(rally), 康樂球(crown)	0.13909
不用漢字義的日構詞	壽司, 瓦斯	0.11884
日制漢字	腺, 腭	0.11663
使用漢字義的日構詞	手續, 人力車	0.10480
古漢日詞	革命, 經濟	0.10173
仿譯	熱狗(hot dog), 硬件(hard ware)	0.07782
意譯	水泥(cement), 電腦(computer)	0.07294

史有爲(2000)와 李彦潔(2006)는 외래어와 관련이 있는 연속 집합을 모두 22개의 부류로 세분하고, 어휘의미(詞義), 음운(詞音), 구성(構成), 어형(詞形), 자형(字形) 등의 외래 요소에 일정한 점수를 배점한 다음 그것을 합산하는 방식으로 예속도 등을 계산하여 각 부류들을 연속체 내에 배열하고 있다. 이러한 분석법은 계산 방법에 가장 큰 특징이 있지만, 배점의 기준이나 점수의 평가 등에 있어서 논쟁을 야기할 수밖에 없다. 예컨대 자형(字形)을 분석 범위에 포함하는 것이 옳은지, 구성은 1점으로 하고 음운은 5점이나 6점으로 하는 최고 점수 배점은 적절한 것인지, 더 나아가 '滴滴涕'와 'DDT', '愛克斯光'과 'X光' 등의 쌍은 하나의 단어인지 아닌지, 그리고 음성적으로 이들 사이에는 절대적인 혹은 상대적인 차이가 있는지, 있다면 점수 평가는 어떻게 해야 하는지, 의미를 분석 범위에 포함하는 것은 적절한지, 중국어에 본래 존재했던 '複製'를 대체한 음역어 '拷貝'의 의미는 과연 외국어에서 온 것인지 등등 무수한 질문과 반론이 있을 수 있는 것이다.

이와 같은 문제점에도 불구하고 그들의 연구는 吳傳飛(1999)보다 진전된 부분이 있다. 그 합리적 핵심은 범주의 구분에 있는 것이 아니라 어휘의 어원 체계 내부의 불균등성과 연속성에 있다. 그들은 의역어에서부터 전자모어(全字母詞)에 이르는 연속체를 22개의 부류로 세분하고 점수를 사용하여 각 부류 사이의 거리를 분석한 것이다. 그러므로 점수의 차이는 단지 정도의 차이가 양화된 것일 뿐 어떠한 질적 차이도 나타내주지 않는다.

3.1.2 차용어 범주 스펙트럼

의역어와 번역차용어를 포함하든 하지 않든, 그리고 외래한자어를 차용어로 인정하든 하지 않든, 차용어 범주 내부에 불균등성이 존재한다는 점에는 이론의 여지가 없다. 그것을 다중층위로 볼 수도 있고, 범주의 가장자리를 과도 지대라고 볼 수도 있다. 이 범주 전체의 경계를 분명하게 구분하려면 무엇보다도 '기준'을 분명하게 하는 수밖에 없다. 어휘와 관련된 모든 요소들을 고려의 범위에 포함하고, 그 등급이나 차이를 양화한다고 해도, 우리가 확인할 수 있는 것은 단지 숫자화된 양적 차이일 뿐이다. 질적인 차이를 설명하려면 모종의 단일한 표준을 설정할 수밖에 없다. 차용어 범주의 경계를 획정하는 것은 연속적인 부류들 사이의 어느 지점에 금을 그을 것인가의 문제이므로 기준을 무엇으로 하느냐가 관건인 것이다.

필자는 앞서 모르스부호의 예를 들어 기호 차용을 설명하면서 의미만으로는 어휘 차용을 판단하는 기준이 될 수 없음을 설명한 바 있다. 만약 모르스부호에서 3을 나타내는 '···--' 신호를 '홍색등과 청색등을 모두 점등'하는 방식으로 번역하였다면 이는 기호의 차용이 아니라 개념의 차용일 뿐이지만, '···--'라는 신호 자체를 모방하여

'등을 짧게 세 번 길게 두 번 점등'하는 방식으로 숫자 3을 표시했다면 이는 일정 수준에서 기호의 차용이 이루어진 것으로 볼 수 있을 것이다. 趙元任(1970/2002)이나 史有爲(2002: 19-24)는 언어 간의 차용에는 매우 다양한 경우들이 존재하므로 모든 차용을 기호의 차용으로 간주할 수는 없음을 지적한 바 있다. 예컨대 영어 'at least'의 용법을 모방하여 '至少我不知道' 같은 문장에서 '至少'를 사용하여 '적어도'의 의미를 나타낸다면 이는 기호의 차용이 아니라 용법의 차용일 뿐이며 어느 누구도 이런 경우 '至少'를 차용어라고 생각하지 않을 것이다. 언어의 형식 층위에서 차용이 일어나지 않았다면 그것은 차용어가 아니다. 내용과 형식의 두 층위에서 공히 일정 정도의 차용이 발생하여야 비로소 차용어라고 할 수 있다.

우선 필자의 기준에 따라 차용의 층위를 분석하면 아래와 같은 도식을 제시할 수 있다.

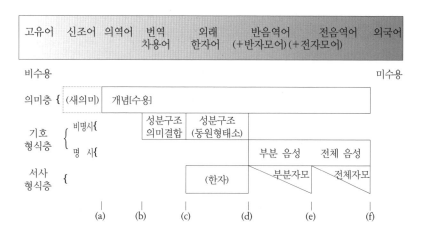

도식의 (a-f) 구간 내에 위치한 범주들은 모두 의미와 형식에 있어서

일정 정도의 차용 성분을 포함하고 있다. (a-b) 구간에 위치한 의역어는 의미 외에 어떠한 차용 성분도 가지고 있지 않으며, (b)의 오른쪽으로는 의미와 형식 두 층위에서 모두 일정한 차용 성분을 가지고 있다. 즉 (b)가 차용어 범주의 마지노선이다. (c-f) 구간에 속하는 범주에서는 서사 형식 층위의 차용이 발생한다. 서사 형식의 차용 여부는 언어 기호 차용의 본질과 무관하며, 따라서 각 차용어 범주의 성격에 미치는 영향은 그리 크지 않다. 한자어의 차용 과정에서 한자는 매개로서 기능할 뿐이며, 음역어 범주 안에서 한자든 알파벳 자모이든 서사 기호는 단지 중국어 발음을 표기하는 기능을 할 뿐이다. 그러므로 한자로 표기하느냐 알파벳 자모로 표기하느냐는 언어 기호의 본질이라는 측면에서 볼 때는 큰 차별성을 형성하지 않는다.

(b-f) 구간에 속하는 범주들은 차용하는 기호 형식이 명시적인 것인지 아닌지에 따라 양분할 수 있다. 張錦文(2003)은 인구어 어휘를 직접 차용한 것을 '명시적 외국어(顯性外語詞)'라 하고 일본산 한자어는 '비명시적 외국어(隱性外語詞)'라고 구분한 바 있다. 필자의 논의는 이를 약간 변형하여 차용한 것이다. 이 두 부류는 도식에 표시한 것처럼 언어 기호의 차용이라는 층위에 있어서 뚜렷한 차이가 있다. 번역차용어와 외래한자어는 모두 조어구조라는 비명시적 층위에서만 차용이 발생한 것이고, 음역어나 반음역어는 모두 음성이라는 명시적 층위에서 차용이 일어난 것이다. 이러한 양분법이 의미가 있는 것은 중국어를 사용하는 언중들의 인식과도 대체로 일치한다는 점 때문이다. 중국어 사용자들은 이 두 부류의 차이를 대체로 명확하게 인식하는 편이다. 이는 吳傳飛(1999)의 중층 분류와도 대체로 부합한다.

3.2 음역어의 범위와 종류

3.2.1 서사 형식과 음성 형식의 문제

앞서 제시한 필자의 도식에서 일반적인 차용어 분류법과 가장 큰 차이를 보이는 부분은 음역어 부분이다. 필자는 음역어를 전음역어와 반음역어로 양분하고, 전자모어와 반자모어도 음역어의 범주에 포함시켰다. 일반적인 중국어 차용어 분류는 우선 음역어와 자모어를 나누고, 그 하위 분류를 실시한다. 이와 같은 분류법을 제시하는 가장 큰 이유는 한자와 알파벳 자모라는 서사 기호의 차이 때문이다. 그러나 서사 기호의 문제는 2차적인 것일 뿐이다. 한자로 표기하든 알파벳 자모로 표기하든 이 유형에 속하는 어휘의 본질은 '음역'이라는 데 있다.

史有爲(2000: 119)와 李彦潔(2006: 32)는 공히 전자모어를 차용어와 외국어 사이의 과도 집합으로 간주하였다. 만약 전자모어가 과도 집합이라면 반자모어의 알파벳 자모 부분 역시 동일한 과도성을 띤다고 볼 수밖에 없다. 한 단어의 일부가 과도적 성분이라면 이 단어는 중국어로 간주할 수 있을까? 과도적이라는 말은 외국어적 성격이 다분하다는 뜻인데, 그렇다면 반자모어는 중국어적 성분과 외국어적 성분이 서로 결합된 것이므로 고유어-차용어-외국어의 연속체에서 어느 위치에 놓이는 것이 적합한지를 판단하기 어렵게 된다.

반음역어 (음역 + 고유)	—	전음역어 (음역)	—	전자모어 (외국어 과도)

↑(?)　　　　　　↑(?)
반자모어　　　　반자모어
(과도+고유)　　(과도+고유)

단지 서사에 외국 문자가 사용되었다는 이유로 자모어를 차용어와 외국어 사이의 과도 집합으로 간주하는 것은 적절치 않다. 어떤 문자를 서사 체계로 사용하든 이른바 '음역'에 속하는 부류는 모두 일정 정도의 과도성을 띤다. 다시 말해서 한자로 서사했더라도 음역어인 경우에는 저마다의 과도성이 있다는 것이다. 예컨대 '咖啡'가 중국어 단어로 정착되는 것은 'coffee'를 음역하여 한자로 '咖啡'라고 서사하는 그 순간에 완성되는 것이 아니다. 마치 'CD'라는 단어가 중국어 내에서 일정한 적응 기간을 거친 뒤에 비로소 중국어 단어로 자리를 잡는 것처럼 '咖啡'라는 서사가 막 시작되었던 그 시점에서는 외국어 명사의 중국어 전사(轉寫)에 불과했다. 우리가 참고할 만한 또 다른 예로는《해국도지(海國圖志)》에서 'House of Common'을 전사한 '甘文好司'나 'House of Lords'를 전사한 '律好司'를 들 수 있다. 이 단어들은 결과적으로 중국어 내에 뿌리를 내리지 못한 단어들이다. 즉 이 단어들은《해국도지》에 수록되는 시점에 이미 '甘文好司'나 '律好司'와 같은 한자 서사가 이루어졌지만, 이는 단지 외국어 단어의 전사에 불과했던 것이다. 비슷한 예로는 '德謨克拉西(democracy)', '賽因斯(science)', '卡拉(colour)' 등이 있다. 음역어는 범주 내부에도 이처럼 외국어의 전사에서부터 중국어로 정착한 단어에 이르는 불균등성의 스펙트럼이 존재한다. 그러므로 음역어와 자모어는 과도 집합이라는 점에서 사실상 차이가 없는 셈이다.

史有爲(2000: 119)는 전자모어는 화자에 따라 완전한 외국어 독음으로 발음하는 경우도 있고 중국어식 독음으로 발음하는 경우도 있으므로 이는 중간 유형이라고 주장한다. 그러나 그의 분석은 언어와 문자의 관계를 전도한 것이다. 사람들이 말을 할 때 글자의 독음을 사용하는 것이 아니라 글자가 사람들의 발음을 시각화하는 것이다. 그러므로 누군가가 [vi : si : di :]라고 말한다면 그것은 외국어이고 [weɪ⁵⁵seɪ⁵⁵ti ⁵¹]라고 말한다면 이는 중국어라고 할 수 있다. 하지만 이렇게 서로 다른 두 코드의 서사 형식은 모두 'VCD'이다. 이는 마치 [henrɪ]는 영국인이고 [ɑ̃Ri]는 프랑스인이지만 두 인명의 서사 형식은 'Henry'로 동일한 것과 마찬가지이다. 공교롭게도 프랑스 인명 'Henry'는 영어에서 [ɑ̃Ri]와 [henrɪ]의 두 가지 독법을 가진다. 하지만 이와 같이 한 언어 내에서 동일한 말이 독법 상의 차이를 가진다고 하여 'Henry'를 중간 유형이라고 할 수는 없다. 비록 [vi：si：di：]와 [weɪ⁵⁵seɪ⁵⁵ti ⁵¹] 사이에는 무한수의 변이형이 존재하지만, 음성·의미·용법이 [weɪ⁵⁵seɪ⁵⁵ti ⁵¹]와 가까운 집합은 중국어 단어이고, [vi：si：di：]와 가까운 집합은 외국어 단어인 것이다.

알파벳 자모의 중국식 독음 가운데 일부는 중국어 음운체계와 부합하지 않는다는 문제가 있다. 이 점에 대해서는 설명이 필요하다. 周一民(2000)은 알파벳 자모어의 독법에 베이징음을 사용할 것을 주장했지만, 'F(áif)', 'H(áich)', 'M(áim)', 'S(áis)', 'W(dábliu)', 'X(áiks)' 등의 독음은 중국어 음절구조와 맞지 않으며, 'C(sēi)', 'K(kèi)', 'Q(kiù)' 등은 음절 구조는 중국어의 그것에서 크게 벗어나지 않지만 현대중국어에는 실재하지 않는 음이다. 賈寶書(2000)는 周一民(2000)과는 다른 나름의 중국식 독음 체계를 제시하였다. 그의 독음 체계는 'F(aifu)', 'H(aichi)', 'I(a'ai)', 'L(ailo)', 'M(aimu)', 'S(aisi)', 'X(aikesi)'와 같이 다음절 독음을 사용하여 일부 자모의 독법을 해결한 것이 특징이다. 李小華(2002)의 자모어 독음에 대한 조사 결과에 따르면 베이징음을 따른 독법이나 중국식 독음 체계를 따른 독법 가운데 'G', 'J', 'Q', 'U', 'V' 등의 몇몇 자모만 실제 독음이 같거나 유사하게 조사되었을 뿐, 나머지는 모두 대중들에게 받아들여지지 않고 있었다. 예컨대 'F', 'L', 'X' 등은 조사에서 단 한 사람도 [aifu], [àilou], [aikesi]와 같이 발음하지 않았다.

사실 이는 자모어만의 문제가 아니다. 음역 성분의 독음은 일반적인 한자 형태소의 독음과 다르다. 비유하자면 감탄사나 의성어처럼 표기용 한자의 독음을 충실히 따르기보다는 상대적으로 폭넓은 변이형을 갖는다고 할 수 있다. 이와 관련하여 高名凱·劉正埮(1958: 3)은 이미 오래 전에 다음과 같이 지적한 바 있다.

> 중국어에는 운모(韻母)가 없는 음절이란 존재하지 않는다. 그러나 근래 들어 중국어가 유럽 각국의 언어와 접촉하게 되면서 유럽 언어 발음 습관의 영향을 받게 되었다. 베이징 신챠오(新僑) 호텔의 종업원은 '赫邁萊夫斯基'(Chmielewski)(호텔에 투숙한 폴란드 학자의 이름) 라는 여섯 개의 중국어 음절을 네 음절(赫-邁-萊夫-斯基)로 발음한다. 이와 비슷한 현상은 또 있다. 근래 꽤 많은 사람들이 '斯大林'(Sī-tà-lín)이라는 중국어의 세 음절을 이음절 'Stà-lín'으로 발음하고 있다.

한자는 일정하게 음운을 고정시키는 기능을 한다. 그러므로 한자 형식의 음역어에서 나타나는 음운 변이는 상대적으로 그 자유도가 높지 않은 편이다. 음역어의 서사에 사용된 한자는 단지 말소리를 표기하는 기능만을 가진다. 그러나 한자라는 서사 기호는 기본적으로 그 자체가 하나의 형태소를 표기하는 기호이기 때문에 성운조(聲韻調)의 독음을 준수하고자 하는 심리를 유발하는 측면이 있다. 일단 음역이 이루어진 구어 어휘가 한자로 고정되면 그 음운 변이의 폭은 크게 감소하는 것이다.

그러나 자모어는 다르다. 알파벳 자모 자체가 순수하게 음을 표기하는 기호이기 때문에 단지 정서적인 반응만을 표시하는 감탄사나 의성어처럼 사람들에게 규범적이고 통일된 독음을 준수하도록 하는 동기로 기능하지 않는다. 그러므로 자모어의 음운 변이의 폭은 상대적으로 클 수밖에 없고, 중국어 음운 규칙의 제약도 덜 받는 것이다. 李小華 (2002)가 열거하고 있는 독음 조사 결과는 온전히 중국어 음운도 영어 음운도 아닌 것들이 많다. 예컨대 'F(ef;efə;efu)', 'H(etʃ;eitʃə;eitʃI)', 'J(dʒei;tsei;t ʂei)', 'L(el;elɔ)', 'X(eks;es;ekes)' 등은 중국어식 독법도 영어식 독법도 아니다. 만약 규범이 대중의 실제 언어를 엄격하게 따라야 한다면 우리는 중국어식 독음을 규범으로 정할 수도 없고, 영어식 독음을 규범으로 정할 수도 없게 된다. 이런 독음의 규범은 감탄사나 의성어의 독음 규범과 비슷한 점이 있다. 감탄사나 의성어도 엄격하게 대중의 실제 언어를 따른다면 사전에는 무수히 많은 발음이 수록될 수밖에 없는 것이다. 이런 말들의 표준음을 결정하는 것은 어떤 의미에서는 단지 선택의 문제일 수 있다. 즉 언어의 실제가 가진 다양성을 곧이곧대로 따르기보다는 중국어 음운체계를 파괴하지 않는 범위 내에서 적절한 독음의 규범을 설정하면 되는 문제인 것이다.

3.2.2 전음역어

음역 성분을 포함하고 있는 차용어는 전음역어(全音譯詞)와 반음역어 (半音譯詞)의 두 가지가 있다. 전음역어의 전형적인 형태는 기점언어의 말소리만을 옮겨 온 '순음역어(純音譯詞)'이다. 차용어로 유입된 전자모 어(全字母詞)도 여기에 속한다.

(K) 순음역어

尼古丁	nicotine	니코틴
比基尼	bikini	비키니

拷貝	copy	카피
歐佩克	OPEC	OPEC(석유수출국기구)
迪斯科	disco	디스코
卡通	cartoon	카툰, 애니메이션
克隆	clone	복제하다, 클론
咖啡	coffee	피
巧克力	chocolate	초콜렛
色拉	salad	샐러드
吉他	guitar	기타
巴士	bus	버스
的士	taxi	택시
貼士	tips	팁
派對	party	파티
沙發	sofa	소파
三明治	sandwich	샌드위치
朋克	punk	펑크
多米諾	domino	도미노
ATM (自動櫃員機)		현금인출기
BBS (電子公告牌系統)		게시판
CD (光碟)		CD
CEO (首席執行官)		최고경영자
CPU (中央處理器)		중앙처리장치
CT (X射線電子計算機斷層掃描)		컴퓨터단층촬영
DVD (數字影碟)		DVD
GDP (國內生産總值)		국내총생산
IQ (智商)		지능지수
IT (信息技術)		정보통신기술
VCD (激光視盤)		VCD
WC (廁所)		화장실
WTO (世界貿易組織)		세계무역기구

전음역어 가운데 일부는 기점언어의 말소리를 표기할 한자를 선택할 때 의미까지도 고려한다. 즉 기점언어의 발음과 의미를 모두 나타낼 수 있는 글자를 골라 표기하는 방식이다. 이를 지칭하는 명칭으로는 일반적으로는 '음의겸역(音義/意兼譯)', '음의쌍관(音意雙關)', '음의겸고(音意兼顧)' 등이 사용되고 있다.

(L) 음의쌍관형

維他命	vitamin	비타민
可口可樂	Coca cola	코카콜라
百事可樂	Pepsi cola	펩시콜라
香波	shampoo	샴푸
幽默	humour	유머
俱樂部	club	클럽
聲納	sonar	소나
引擎	engine	엔진
席夢思	Simons	소파베드, 매트리스
托福	TOEFL	토플
托業	TOEIC	토익
的確良	dacron	다크론
黑客	hacker	해커
基因	gene	유전자
引得	index	색인, 인덱스
繃帶	bandage	붕대
烏托邦	Utopia	유토피아

순음역어 범주에 관해서는 의견의 차이가 별로 없다. 그러나 음의쌍관 유형에 대해서는 이를 음역어의 하위 범주로 보지 않고 음역어와 같은 수준의 독립된 범주로 보낸 건해가 있는가 하면, 이 유형을 반음

반의역(半音譯半意譯) 혹은 음역부가(音譯加注) 유형과 묶어서 음의겸역(音義兼譯)이라는 상위 범주로 보는 견해도 있다. 전자는 이 유형을 음역어와도 다르고 음역과 의역을 부분적으로 혼합한 유형과도 다르다고 보는 것이고, 후자는 음과 의미를 동시에 고려한다는 점에서 세 가지 유형을 하나로 보고, 그 하위 범주로 반음반의역, 음역부가형, 음의쌍관형을 구분하는 것이다. 우선 후자의 견해를 먼저 살펴보면, '음의겸역(音義兼譯)'이라는 범주의 명칭 자체로는 이 상위 범주 아래에 반음반의역, 음역부가형, 음의쌍관형을 포괄하는 것이 언뜻 보기에 큰 문제가 없어 보인다. 세 가지 하위 범주 모두 음역과 의역의 두 층위를 포함하고 있기 때문이다. 그러나 조어의 층위가 기점언어와 어떤 관계를 형성하는지를 중심으로 보면 이들의 차이는 뚜렷하다. 반음반의역과 음역부가형은 모두 혼종어(hybrid word, 混種詞)의 일종이다. 조어 구조로 볼 때 이 두 유형은 모두 외래형태소와 고유형태소의 결합이기 때문이다. 그러나 음의쌍관형은 다르다. 이 유형은 이질적인 성분의 혼합으로 이루어져 있지 않다.

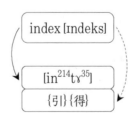

음의쌍관형 차용어와 기점언어의 대응 관계

도식을 통해 알 수 있듯이 이 유형을 음역과 의역의 성격을 동시에 가진 독립 범주로 보는 것은 오류이다. 만약 [ɪndeks]와 [in^{214}tɤ^{35}]의 사이에 음역의 관계가 성립한다면, 이는 다음절 단일어이므로 그와 동시에 이 단어가 '引'과 '得'라는 두 개의 형태소를 가질 수는 없는 일이며, 반대로 이 단어가 두 개의 형태소 결합이라면, 그와 동시에 이 단어가 [Indeks]와 음역의 관계를 가지는 것은 불가능하다. 다시 말해서 한 단어가 단일어이면서 동시에 복합어일 수는 없는 것이다. 만약 우리가 이 단어가 복합어임을 인정한다면 그 이후에는 단지 [Indeks]와 [in²¹⁴tɣ³⁵] 사이의 '해음(諧音)' 관계만을 인정할 수 있을 뿐, 그것을 음역이라고 할 수는 없다. 반대로 이 단어가 음역어임을 인정한다면 우리는 단지 한자라는 형태소문자가 모종의 의미적 연상을 가능케 한다고 말할 수 있을 뿐이다. 이 의미 연상은 때로는 기점언어의 의미와 높은 관련을 가지기도 하고, 또 때로는 그저 약간의 즐거움을 주는 데 그치기도 한다.

사실 음역어를 한자로 서사하게 되면 어떤 식으로든 약간의 표의적 효과가 발생하기 마련이다. 현대 한자 가운데 음역의 용도로 주로 쓰이는 한자로는 '吖', '粑', '唎', '噶', '咖', '喀', '伽', '耶' 등이 있지만 그 수가 많지는 않다. 따라서 음역어의 서사는 통상적으로 하나의 형태소를 대표하는 한자들을 사용할 수밖에 없다. 형태소를 대표하는 한자를 표음의 용도로 사용하게 되면 표의적 효과를 피하기 어렵게 된다. 이는 아래와 같은 글에서도 잘 드러난다.

예컨대 'Sandwich'를 '三名治'('名'은 w 순음의 영향에 의한 것)라고 할 때 이 '三'자는 온전히 음역일 뿐이다. 그러나 근래 빵을 세 겹으로 쌓는 'three-decker'를 '三名治'라고 부르게 되면서 혹자는 일반적인 두 겹짜리 빵으로 된 'sandwich'를 '二名治'라고 부르자고 제안한다. 그렇다면 덴마크식으로 한 겹짜리 빵에 채소를 올린 것은 '一名治'라고 불러야 할 것이다. 그렇지만 이런 생각들은 모두 재미로 하는 얘기일 뿐이다. 아직까지는 누군가가 '二名治'나 '一名治'를 말하거나 부르거나 먹거나 하는 경우를 본 적이 없다. (趙元任, 1970/2002)

 사람들이 곧잘 "'馬克思'(마르크스)가 오든 '牛克思'(소르크스)가 오든 마찬가지야"라고 말하는 것을 듣는다. 마오쩌둥도 일찍이 '鐵托'(티토)든 '泥巴托'(진흙토)든 간에…… 하는 식의 말을 한 적이 있다. 사실 '馬克思'(마르크스)나 '鐵托'(티토)는 음역어이다. 이를 중국어식 습관에 따라 몇 개의 형태소로 나누고, 그런 다음에 본래 음역 성분일 뿐인 '馬'(말)와 '鐵'(철)를 중국어 고유의 형태소로 생각해서 그와 상대되는 '牛'(소)나 '泥巴'(진흙) 같은 동류의 단어를 유추한 것이다. 이는 마치 연극 《차관(茶館)》에서 샤오류따마즈(小劉大麻子)가 '托拉斯'(트러스트)를 '拖了, 拉了, 撕了'(미뤘어, 당겼어, 찢었어)라고 해석하는 것과 비슷하다. 이런 것도 중국어의 입장에서 단어를 민간어원식으로 분석하는 사례라고 할 수 있다. (史有爲, 2000: 115)

중국어와 한자에는 이런 특징이 있기 때문에 외국어를 중국어로 음역할 때, 혹은 음역어에 서사용 한자를 매칭할 때, 글자의 의미 조합을 동시에 고려할 가능성이 생기는 것은 사실이지만, 이를 의역이라고 할 수는 없다. (14)에 열거한 음역쌍관형 차용어 가운데 몇 가지는 순수한 의역어형도 가지고 있다. 예컨대 '引得 - 索引', '引擎 - 發動機', '香波 - 洗髮液' 등이 그런 예이다. 두 번역어의 문면 의미의 거리를 비교해 보면 (14)의 예들을 '겸역(兼譯)'으로 보는 것이 무리임을 알 수 있다. 이 유형은 음역어의 일종이며, 단지 그 서사 형식이 표의적 연상 효과를 가지고 있는 것뿐이다.

3.2.3 반음역어

반음역어(半音譯詞)는 단어의 일부가 음역 성분으로 구성된 경우로서 반음반의역어(半音譯半意譯詞)와 음역부가어(音譯加注詞)의 두 가지를 포함 한다. 반자모어(半字母詞) 차용어도 여기에 속하며, 반자모어에도 반음 반의역형과 음역부가형이 모두 존재한다.

(M) 반음반의역

奶昔	milkshake	밀크셰이크
分貝	decibel	데시벨
冰淇淋	icecream	아이스크림
蛋撻	eggtart	에그타르트
綠卡	green card	영주권
超模	supermodel	수퍼모델
厘米	centimeter	센티미터
因特網	internet	인터넷
迷你裙	miniskirt	미니스커트
侏羅紀	Jurassic Period	주라기
登革熱	dengue fever	뎅기열
阿爾茨海默病	Alzheimer's disease	알츠하이머병
呼啦圈	hulahoop	훌라후프
α粒子 (阿爾法粒子)		알파 입자
β射線 (貝塔射線)		베타선
γ射線 (伽馬射線)		감마선
DINK家庭 (雙職工無子女家庭)		딩크 가정
HB鉛筆 (硬黑鉛筆)		HB 연필
IP地址 (互聯網協議地址)		IP 주소
IP電話 (網絡電話)		IP 전화
pH值 (氫離子濃度指數)		pH 값

X射線 (愛克斯射線；X光)		X선

(N) 음역부가형

啤酒	beer	맥주
芭蕾舞	ballet	발레
沙丁魚	sardine	정어리
卡車	car	트럭
雪茄煙	cigar	시가
來福槍	rifle	라이플
卡丁車	karting	미니경주차, 카트
比薩餠	pizza	피자
倫巴舞	rumba	룸바
艾滋病	AIDS	에이즈
卡通片	cartoon	카툰, 애니메이션
拉力賽	rally	랠리
嬉皮士	hippie	히피
保齡球	bowling	볼링
漢堡包	hamburger	햄버거
酒吧	bar	바, 술집
車胎	tyre	타이어
ATM機(自動櫃員機)		현금인출기
CCC認證(中國强制認證)		CCC인증
CAS警報系統(中國警報系統)		CAS경보시스템

이 두 부류의 어휘는 모두 혼종어(hybrid word)이지만 기점언어와의 관계라는 측면에서 보면 양자의 차이는 분명하다. 반음반의역어의 음역 성분은 기점언어의 일부에서 유래하는 반면, 음역부가어의 음역 성분은 기점언어 전체로부터 온 것이다. 그리고 미묘하지만 이 두 유형과는 구분되어야 하는 혼종어가 있다. 그것은 이미 중국어로 유입된

전음역어에 중국어 형태소를 더하여 새로운 단어를 조어하는 경우이다. 이를 편의상 혼종신조어(混種新造語)라고 부르기로 한다. 음역부가어는 차용어가 수용되는 과정에서 만들어지는 유형의 하나라면, 혼종신조어는 수용되어 정착된 음역어를 하나의 형태소로 활용하여 중국어 형태소와 결합을 통해 새로운 단어를 조어하는 것이다. 이 세 가지의 혼종어를 도식으로 비교하면 아래와 같다.

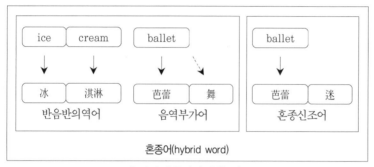

세 가지 혼종어의 유형 비교

혼종신조어와 음역부가어는 모두 음역 성분과 고유 성분의 조합으로 구성된다. 하지만 엄밀한 의미에서 혼종신조어는 차용어가 아니라 중국어 신조어이다. 위의 도식에서 예로 들고 있는 '芭蕾迷'(발레팬)와 '芭蕾舞'(발레)는 모두 'ballet'를 음역한 성분을 포함하고 있다. '芭蕾迷'의 '迷'는 'ballet'와 무관한 성분이지만, '芭蕾舞'는 전체 단어가 'ballet'의 번역어이므로 '芭蕾舞'의 '舞'는 'ballet'와 관련이 있는 것이다. '芭蕾班'(발레반), '撲克迷'(포커팬), '餐吧'(식당) 등의 단어가 모두 혼종신조어이다. 이 단어들은 '芭蕾舞'(발레), '撲克牌'(포커카드), '酒吧'(술집, 바)와 달리 단어의 일부만이 기점언어와 관계를 가진다. 음역부가어는 비록 단어의 일부가 기점언어와 음역의 관계를 형성하지 못하지만 그래도 일정 수준의 의미적 관련성은 가진다. 다시 말해서 '부가(加注)'의 과정은 음역어가 형태소로 활용되는 일반 복합어의 조어 과정과 다르다. 부가되는 성분도 기점언어의 의미에 대한 이해로부터 도출된 일종의 '번역'이기 때문이다. 음역된 부분과 부가된 부분이 모두 기점언어에서 비롯된다는 점에서 반음반의역어와 음역부가어는 낮은 수준의 공통점을 가지며, 이를 근거로 우리는 양자를 하나의 상위 범주로 묶을 수 있다. 필자는 이 상위 범주를 '반음역어(半音譯詞)'라 지칭한다. 여기에서 '반(半)'이라는 것은 기점언어의 절반을 의미하는 것이 아니라 번역어의 절반을 의미한다. 마찬가지로 '전음역어(全音譯詞)'의 '전(全)' 또한 번역어의 전체를 의미한다.

3.3 중국어 차용어 체계

劉正埮 외(1984: 2-3)는 중국어 차용어 가운데 일본어에서 유입된 한자어와 인구어에서 유입된 외래어들 사이에는 뚜렷한 성격의 차이가 있음을 지적한 바 있다.

덴마크 언어학자 예스페르센(Otto Jespersen)은 《언어의 본질, 발달 그리고 기원(Language, Its Nature, Development and Origin)》이라는 책의 제11장 1절 '차용어의 분류(Classes of Loanwords)'에서 다음과 같이 기술했다. "많은 언어들이 혼잡한 가운데에도 여러 가지 성분들은 여전히 매우 선명하며 구분이 가능하다. 이는 마치 포커 카드를 뒤섞은 뒤에도 하트나 클로버를 골라낼 수 있는 것과 같다. 그러나 영어와 스칸디나비아어에서 우리는 더 미묘하고 밀접한 혼잡을 발견할 수 있다. 그것은 마치 설탕이 물에 녹아있는 것에 비견할 만하다.
몇 분만 지나면 무엇이 설탕이고 무엇이 물인지 구분할 수 없게 된
다." 인구어 어원의 중국어 외래어를 처리할 때는 하트, 스페이드,
다이아몬드, 클로버를 탁자에 흩어놓은 것과 비슷한 상황이지만, 일
본어 어원의 중국어 외래어를 처리할 때는 마치 설탕과 찻물이 녹아
있는 상황과 비슷한 느낌을 갖게 된다.

차용어의 여러 부류들 사이에 존재하는 차이는 주로 기호 형식 층
위에서 결정된다. 기점언어로부터 유입된 성분의 성격에 따라 우리는
이를 명시적 형식 차용과 비명시적 형식 차용으로 나눌 수 있다. 이
두 유형의 처리는 Bussman(1996: 169, 287-288)을 참고할 수 있다. 그에
의하면 'foreign word'는 영어의 'Sushi'(壽司)처럼 도착언어에 완전히 동
화되지 않은 차용어이다. 'loan word'는 협의와 광의의 두 가지 용법으
로 나뉜다. 협의의 용법은 'foreign word'에 상대되는 개념으로 라틴어
'pictura'에서 영어로 유입된 'picture'처럼 도착언어에 동화되어 완전히
도착언어의 어휘가 된 차용어를 가리키며, 광의의 용법은 협의의 'loan
word²'와 'foreign word'를 모두 포괄하는 범주이다. 이를 도식으로 표현
하면 다음과 같다.

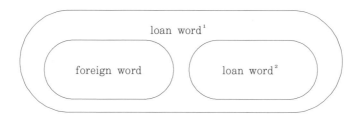

'foreign word'는 일반적으로 외국어를 가리키지만 이를 '외래어'라고

옮기는 경우도 있다. 즉 '(도착언어에) 적응되지 않았거나 약간 적응한 상태로 여전히 외국어적 표지들을 가지고 있어서 외국어임을 감각적으로 느낄 수 있는 단어'를 가리킨다. 이에 반해 'loan word'는 일반적으로 차용어 혹은 외래어라고 번역되며, '외래어임을 더 이상 느낄 수 없는 단어'로 '민족화된 외래어라 부를 수 있으며, 심지어 어원상으로만 외래어'라고 할 수 있다. '형식은 이미 완전히 도착언어에 적응되었고, 유래는 단지 어원학의 힘을 빌어야만 드러나는' 단어이다.(인용은 모두 Zgusta 1971)

중국어의 '甘文好司'(House of Common), '律好司'(House of Lords) 등은 영어의 'Sushi'와 마찬가지로 전형적인 'foreign word'라고 할 수 있고, '經濟', '手續' 등의 한자어는 중국어에서 전형적인 'loan word'라고 할 수 있을 것이다. 그렇다면 '比薩', '拷貝', '沙發'와 같은 단어들의 지위를 어떻게 판단할 것인지는 쉽지 않은 문제이다. Bussman(1996: 169)도 'foreign word'와 협의의 'loan word'를 가르는 것은 매우 어려운 문제임을 지적한 바 있다. 전음역어와 반음역어 가운데 상당수는 이미 중국어에 충분히 적응되었기 때문이다. 그러므로 이 논의에서 우리가 합리적 핵심을 취한다면 그것은 차용어를 동화 혹은 중화의 정도에 따라 구분할 수 있다는 아이디어이다.

일본어에는 이와 유사한 구분법이 이미 존재한다. 그것은 '借用語(しゃくようご)'와 '外來語(がいらいご)'의 구분이다. 일본어에서 차용어의 지칭 범위는 일반적으로 외래어보다 넓다. 이른바 '칸고(漢語, かんご)'까지 포괄하는 것이 차용어이고, 나머지만을 지칭하는 것이 외래어이다. 일본어 어휘체계 내에서 '칸고(漢語)'는 일본어로 충분히 동화된 어휘, 즉 중화된 차용어 집합이다.[2]

---

2) 한국어에서도 차용어를 동화의 정도에 따라 구분하는 범주 체계를 사용하는 경우가 있

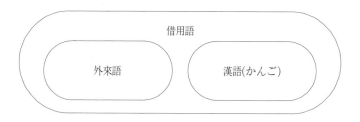

　동아시아 언어들의 차용어 체계에서 동화 정도나 중화 정도가 높은
대표적인 차용어는 한자어이다. 일본어 차용어 체계에서 차용어 범주
와 외래어 범주의 귀속 여부가 갈리는 어휘 범주가 '칸고(漢語)', 즉 한
자어인 것은 그런 까닭이다. 물론 동화 정도라는 것은 차용어 유입 이
후의 사용 시간과도 비례 관계를 갖는다. 음역어는 본래 동화 정도가
가장 낮은 유형이지만, 시간이 많이 경과하면 동화의 수준이 높아진
다. 예컨대 영어 'goods'에서 유래했다고 알려진 한국어 '구두'나 산스
크리트어 'mara'에서 유래했다고 알려진 중국어 '魔' 같은 말은 현재
시점에서 보면 차용어 여부를 인지하기 어려울 만큼 동화되어 있다.
이런 이유 때문에 동화 정도에 따라 범주를 나누는 것은 간단하지 않
은 문제가 된다. 여기에서는 차용어의 동화 정도 자체를 구분하는 데
목적이 있는 것이 아니라 상이한 차용어 범주들을 중층적 체계 혹은
차등적 체계로 구분하는 데 목적이 있으므로 시간의 경과에 의한 동
화는 고려하지 않고 하위 범주들 자체의 속성 차이, 즉 차용되는 언어
요소의 차이만을 주로 고려하기로 한다.
　이 차등적 범주 체계는 중국어 차용어 체계에 그대로 적용하여 차
용어와 외래어를 지칭 범위가 다른 범주 개념으로 사용할 수 있다. 앞

다. 그러나 김진환(2003)에 의하면 차용어를 포함하는 상위 개념으로 외래어를 사용하는
경우도 있고, 반대로 외래어를 포함하는 상위 개념으로 차용어를 사용하는 경우도 있다.

서 충분히 검토한 것처럼 중국어 차용어 범주 내에서 외래한자어와 번역차용어는 차용된 언어 형식이 비명시적이라는 공통점이 있고, 나머지 범주인 전음역어(전자모어 포함)와 반음역어(반자모어 포함)는 그에 반해 명시적 차용이라는 분명한 특징을 공유한다. 언중의 인지에 있어서도 전자가 후자에 비해 비명시적이라는 점도 이들의 속성에 차등적 평가를 내리는 한 근거가 된다. 이처럼 중국어 차용어를 외래 색채나 이질성을 기준으로 명시적 차용어와 비명시적 차용어로 구분하면 아래와 같다.

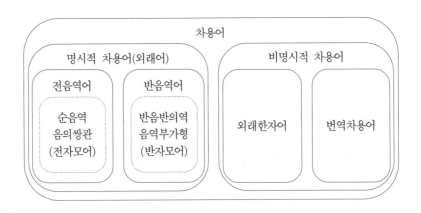

제 4 장

근대 이전의 중국어 어휘 차용

4.1 상고중국어 차용어

중국어는 한자라는 서사체계의 독특함으로 인해 차용의 흔적이 잘 드러나지 않는다. 최초의 유입 시점으로부터 경과한 시간이 오랠수록 그 정도가 더할 수밖에 없는 만큼 상고중국어 시기의 차용어 흔적을 찾는 작업은 쉽지 않다. 긴 시간이 흐른 데다 차용어의 형태도 처음부터 단음절어로 수용되거나 혹은 다음절어가 단음절어로 변모하는 등의 적응이 이루어졌기 때문에 문헌이라는 필드에서 일종의 고고학적 발굴 작업을 수행해야만 겨우 일부의 흔적을 찾아낼 수 있는 것이다.

중국어의 역사에서 상고(上古)중국어 시기에 대해서는 서한(西漢)까지로 보는 견해(Karlgren 1915-1926), 동한(東漢)까지로 보는 견해(太田辰夫 1988, 潘允中 1989), 오호십육국(五胡十六國)까지로 보는 견해(王力 1957) 등이 있다. 여기에서는 산스크리트어 불경 번역 등 어휘체계에 큰 영향을 미친 사건과 그로 인한 어휘체계 변화 등을 고려하여 선진 시기부터 서한(西漢)까지를 상고중국어로 간주하고, 이를 다시 선진 시기와 서한 시기로 나누어 해당 시기의 자료에 남아 있는 어휘 차용의 흔적을 다루기로 한다.

차용어는 문자로 정착한 것도 있지만, 그러지 못하고 구어로만 존재했던 것도 있을 수 있다. 중국어의 긴 역사에 비하면 4천 년 남짓인 기록의 역사는 지극히 짧은 것이며, 따라서 기록 이전의 중국어에서 이루어진 차용의 흔적을 남아 있는 기록을 통해서 찾는 작업은 더더욱 지난할 수밖에 없다. 하지만 언어도 일종의 퇴적물이고, 문헌의 기록에는 기록 시점 이전의 흔적들이 어떤 식으로든 퇴적되게 마련이므로 비교나 분석 등의 작업을 통해 우리는 그 흔적의 일단을 찾아볼 수 있다. 각 시대마다 수많은 새로운 요소들이 언어 속으로 계속해서 투입되고, 적지 않은 기존 구성 요소들이 도태되기도 하지만 어쨌든 후세에는 그 가운데 상당수가 전해진다. 그렇지 않다면 중국어는 오늘날과 같은 풍부한 표현력을 가진 언어로 발전할 수 없었을 것이다. 그래서 사람들은 다른 언어의 역사와 비교 혹은 대비를 통해 언어에 대한 고고학적 작업을 수행함으로써 언어 화석을 발굴한다. 그렇게 수행된 현재까지의 연구 결과를 보면, 충분하지는 않을지라도, 다른 언어와 관련이 있는 것으로 보이는 흔적들을 발견할 수 있다. 이 장에서는 그 발견의 결과들을 살펴본다.[1]

4.1.1 선진 시기

선진 시기 중원과 그 주변의 언어 현황이 어떠했는지를 정확하게

---

[1] 제4장과 제5장에서 차용어로 언급되는 예들은 별도의 표기가 없는 한 潘允中(1957), 劉正談 외(1984), 岑麒祥(1990), 史有爲(2000/2013), 徐文堪(2005), 趙明(2016) 등을 근거로 한 것이다.

재구성하는 것은 쉽지 않은 일이다. 일반적으로 먼 과거의 중원 일대
는 다양한 민족 집단이 잡거하면서 그들의 언어와 문화 교류가 복잡
하고 다양한 양상을 띠었을 것으로 추정한다. 중국어의 형성 과정 또
한 다양한 언어의 교용과 혼합의 결과였을 수 있다.

　Norman & Mei(1976)는 몇몇 차용어를 근거로 중국어와 남아어족
(Austro-Asiatic family)의 접촉에 주목하였다. 중국어에서 이빨을 가리키는
말은 '齒'였으며, '牙'는 그보다 늦게 나타났을 뿐 아니라 초기에는 '짐
승의 이빨'이나 '상아'를 가리키는 말이었다. '牙'의 상고음 *ngra가 상
아나 엄니를 뜻하는 베트남어(Vietnamese) ngá, 원시 머농어(Proto-Mnong)
(바나르어 Bahnar) *ngo'la, 원시 타이어(Proto-Tai) *nga와 같은 남아어와
상당한 연관성을 보이는 점이나 상아가 화남(華南)지역에서 공물로 유
입되었던 증거들로 미루어 볼 때, '牙'는 남아어로부터 차용된 단어일
것으로 추정된다. 이들에 따르면 '牙' 외에도 '札'(죽음), '獀'(개), '江'(강),
'蟹'(각다귀), '虎'(호랑이), '弩'(쇠뇌), '囝'(아들) 등의 어휘들도 베트남어
(Vietnamese), 몬어(Mon), 크메르어(Khmer), 카투어(Katu), 문다어(Munda), 원
시 머농어(Proto-Mnong) 등의 어원이 되는 남아어족 어휘로부터 차용되
었을 가능성이 있다.

　Egami(1974, 張永言 1989에서 재인용)는 갑골 복사에 이미 등장하는 '貝'
(조개)가 남아어족 또는 오스트로네시아어족(Austronesian)의 어휘로부터
유래했을 가능성을 제기하였다. 타이어(Thai)의 beer, 참어(Cham)와 크메
르어(Khmer)의 bier, 말레이어(Malay)의 bia, 자바어(Javanese)의 beya 등 어휘
와의 연관성을 고려할 때 '貝'가 차용어일 것이라는 주장이다. 고대 중
국에서 장식품이나 화폐로 사용되었던 조개껍질은 민물조개가 아니라
남중국해 바다 조개의 껍질이었으며, 심지어 아라비아 반도나 남아프
리카 지역으로부터 온 것도 있었던 사실이 이를 뒷받침한다.

聞宥(1980)의 고증에 의하면 '오리'를 가리키는 단어들의 출현 순서를 살펴보면 '鶩'이 가장 이르고 '鴨'이 가장 늦으며, '鳧'은 '鶩'보다는 늦고 '鴨'보다는 이른 것으로 확인된다. '鳧'은 원시 타이어(Proto-Tai)나 남아어족과 관련이 있는 것으로 추정된다. '鳧'과 동원(同源) 관계일 것으로 추정되는 말들은 아홈어(Ahom)의 pit, 라오어(Lao)의 pĕt, 타이어(Thai)의 pēt, 캄티어(Khamti)와 샨어(Shan)의 pet, 리앙어(Riang)의 pyit 등이다.

游汝杰(1980)는 장동어계(Kra-Dai languages, 壯侗語系) 언어의 '벼'(稻) 관련 어휘들의 지리적 분포, 장동어계 '밭'(田) 어휘 고대음의 지리적 분포, '밭'이나 '논'을 의미하는 [na](那)자 지명 분포 상황을 각각 등어선(等語線)으로 그리고, 세 등어선이 겹치는 지역인 중국 광시성(廣西省) 서남부와 윈난성(雲南省) 남부, 베트남 북부와 라오스 북부, 태국 북부와 미얀마 샨주(Shan State) 일대가 아시아 벼 재배의 발원지라고 추정하면서 중국어 '禾'(벼)와 '穀'(곡식)이 장동어계 언어들에서 차용된 단어일 가능성을 논한 바 있다. 그에 의하면 중국 서남부 지역 소수민족 언어에서 '벼'를 가리키는 단어들은 [khau]로 추정되는 말이 음성적인 변화를 거쳐 형성된 것이다. 이 말은 다시 [k]계열과 [h]계열로 분화되었는데, 중국 남방 방언의 '穀'은 [k]계열 음운을 차용한 것이고 '禾'는 [h]계열 음운을 차용한 결과라는 것이다. 이상의 분석에 의해 중국에서 벼재배는 서남부에서 화중(華中)과 화동북(華東北)을 경유하여 양자강 유역으로 진입한 경로와 윈난성과 쓰촨성으로부터 북상하여 황허 유역으로 진입한 경로의 두 갈래를 따라 발전한 것으로 추정된다.

郭沫若(1931)은 일찍이 고갑자(古甲子) 명칭과 십이진(十二辰)의 명칭이 고대 바빌로니아어에서 유래했을 가능성을 제기한 바 있다. 다만 전술한 연구들이 음운적 대응 외에도 고고학적 방증 자료나 어휘 출현 시기 또는 분포 등의 논리적 증거를 제시하고 있는 것과 달리 그의 연구는 주로 음운적 대응 관계만을 근거로 하고 있다. 고갑자는 고대 중국에서 사용했던 간지의 명칭이다. 고갑자가 사용된 예로 잘 알려진 문장 가운데 굴원(屈原)의 작품 <이소(離騷)>의 첫 머리가 있다.

> 帝高陽之苗裔兮, 朕皇考曰伯庸。
> 攝提貞於孟陬兮, 惟庚寅吾以降。
> 나는 고양제의 후손이며, 나의 아버지는 백용이라.
> 인년(寅年) 바로 정월 경인일에 나는 태어났다.

굴원이 자신의 출생 배경을 이야기하는 부분에서 태어난 해를 가리키는 말로 사용된 '攝提'[2]는 지지(地支)로는 '인(寅)'에 해당하는 고갑자이다. 고갑자는 12개의 체계로 이루어져 있으며, 전통적으로는 십이진(十二辰), 즉 십이지지(十二地支)로 명명한 해가 이와 상응한다. 고갑자의 체계나 십이지지의 체계는 바빌로니아에서 만들어진 서양의 황도12궁과 일치한다. 郭沫若(1931:244-276)의 고증에 의하면 이 황도12궁과 12개의 고갑자 명칭 사이에 상당한 음성적 유사성이 존재한다.

고갑자	십이진	별자리	관련어원
攝提(格)	寅	처녀	šupa (B) / svāti (Sa)
單閼/蟬焉/擅安	卯	사자	šarru (B)
執徐	辰	게	kaksidi / kakzizi (B)
大荒落	巳	쌍둥이	tuâmurabuti (A)
敦牂	午	황소	gu-an-na (B)
協恰	未	양	ekue (B)
涒灘/涒漢/芮漢	申	물고기	nunu(복수형 nune) (B)

---

2) '섭제(攝提)'는 '섭제격(攝提格)'이라고 쓰기도 한다. 세성(歲星)[목성, '太歲'라고도 함]이 인궁(寅宮)에 위치하는 해, 즉 인년(寅年)을 가리킨다.

作噩/作洛	酉	물병	gu-la (B)
閹茂	戌	염소	enzu (A)
大淵獻	亥	사수	pabilsag (B)
困敦	子	전갈	girtab (B)
赤奮若	丑	천칭	ziba-anna (Su) / zibanitu (A)

* A: 아카드어, B: 바빌로니아어, Sa: 산스크리트어, Su: 수메르어(표기: 인용자)

바빌로니아어 및 그 친족 언어들과 고갑자의 관계를 살펴보면 대부분 음운적 대응이 명확해 보인다. 한두 단어에 국한된 현상이 아닌 만큼 이를 우연으로 치부하기는 어렵다. 고갑자 명칭은 중국어 고유어와 달리 중국어 형태소 의미로 그 함의를 파악하기 어려운 특이한 조어 형태라는 점도 이러한 추론을 뒷받침한다. 바빌로니아는 고대 천문학이 가장 발달했던 지역이며, 고대 중국인과 서양의 관계가 역사적 기록 이전에 이미 시작되었다는 점 등을 종합적으로 고려하면, 천문 지식이 이 명칭들과 함께 중국에 유입되었을 가능성을 배제할 수 없다. 郭沫若(1931)의 연구에 대해서는 바빌로니아 문명의 세계 전파를 전제로 하고 있다는 점에서 그 진위를 떠나 범바빌론주의(Panbabylonism)의 영향 속에서 이루어진 연구라는 사실에 더 주목하는 견해도 있다.(王獻華 2016)

4.1.2 서한 시기

한(漢)은 육상의 실크로드와 해상의 교역로 등을 통해 중앙아시아, 서아시아, 남아시아, 유럽 및 동남아시아 각국과 활발히 교류하였을 뿐만 아니라 북방의 흉노(匈奴), 선비(鮮卑), 남방의 월(越) 및 서역의 여러 민족과도 다양한 관계를 유지하였다.

특히 흉노와는 한고조(漢高祖) 때 화친을 하였다가 한무제(漢武帝) 때
는 세 차례의 반격을 통해 약탈을 저지하기도 하는 등의 무력 충돌을
겪기도 하였으나 오랜 시간에 걸쳐 왕래가 지속되었다. 그 과정에서
민간에서는 경제와 문화 측면에서 활발한 교류가 있었고, 그 결과 중
국어에는 흉노어 차용어들이 흔적으로 남아 있다.

기록을 통해 확인할 수 있는 흉노어 차용어는 많지 않으며, 그 가운
데 오늘날까지 일반 명사로 남아 있는 것으로는 '胭脂'(연지)와 '駱駝'
(낙타)가 대표적이다. '胭脂'(煙支, 燕支, 焉支, 撚支)는 볼에 바르는 화장품
인 연지를 가리키는 말이다. 산 이름인 '焉支'를 가리키는 흉노어 yanči
혹은 yanši의 음역으로 이 산에서 연지가 많이 생산되어 산 이름이 곧
화장품인 연지를 가리키는 말로 쓰이게 된 것으로 여겨지고 있다. 이
말은 뒤에 서술할 '閼氏'와도 관련이 있다. 또 '駱駝'(橐駝, 馲駝 橐它)는 낙
타를 가리키는 흉노어 dada에서 온 것이다. '橐'(자루 탁)자를 사용한 것
은 표기 문자의 선택 과정에서 의미가 일정 부분 고려된 것으로 볼
수 있다.

기록으로 전하는 흉노어 차용어에서 양적으로 두드러지는 것은 종
족명, 군왕 칭호, 관직명, 기물명 등이다.

종족의 명칭과 관련된 것으로는 흉노족 스스로를 지칭하는 말을 음
역한 '胡'가 있다. 다른 언어로 남아 있는 기록과 중국 문헌의 기록을
두루 참고하면 이 말의 어원은 *ghua(n)(a)로 재구되며, 그 의미는 사람
혹은 천주(天主)이다. '匈(奴)'도 같은 말을 음역한 표기이다. 즉 '匈(奴)'와
'胡'는 동일한 기점언어의 서로 다른 음역 형식인 것이다. 《후한서(後漢
書)》 등의 문헌에는 '胡服'(흉노인의 복식), '胡床'(흉노인의 침상), '胡帳'(흉노
인의 집), '胡坐'(흉노의 의자), '胡笛'(흉노의 피리) 등의 어휘들이 기록으로
남아 있는 것을 확인할 수 있다. 여기의 '胡'가 모두 흉노를 지칭하는

말이다.

군왕이나 왕후, 왕족의 칭호로는 '單于'(善于),3) '閼氏'(煙支), '居次', '屠耆'(諸耆) 등이 있다. 《사기(史記)·유경숙손통열전(劉敬叔孫通列傳)》의 "當是時, 冒頓爲單于, 兵强, 控弦三十萬, 數苦北邊."(이때 모돈(묵돌)이 선우였으며, 군사가 강하고 활을 쓸 수 있는 자가 삼십만이었다. 여러 차례 북쪽 변방을 괴롭혔다.)이라는 기록 등 당시 흉노 군왕의 칭호였던 '單于'(善于)는 여러 기록에 등장한다. 이 말은 흉노어 sanok 또는 tsanak의 음역으로 추정된다. 《한서(漢書)·흉노전(匈奴傳)》에는 또 "單于姓攣鞮氏, 其國稱之曰撐犁孤塗單于"(선우는 성이 연제씨이다. 그 나라에서는 그를 탱리고도 선우라고 부른다.)는 기록이 있다. 이 문장은 앞서 언급된 모돈 선우의 아버지인 두만(頭曼) 선우에 관한 기록으로 '撐犁孤塗'는 두만 선우의 별칭이다. 여기에서 '撐犁'는 '하늘'을 뜻하는 tangara/tängri를, '孤塗'(孤屠)는 '아들'을 뜻하는 kutu, togh를 음역한 것으로 '天子'를 의미하는 말이다.

《사기(史記)·흉노열전(匈奴列傳)》에는 "單于有太子名冒頓。後有所愛閼氏, 生少子, 而單于欲廢冒頓, 而立少子。"(선우에게는 태자가 있었는데 이름이 모돈이었다. 후에 연지를 사랑하여 둘째 아들을 낳았다. 선우는 모돈을 폐하고 둘째 아들을 태자로 세우고자 하였다.)'는 기록이 전한다. '閼氏'에 대해 사마정(司馬貞)은 《사기색은(史記索隱)》에서 '흉노 황후의 호칭이다(匈奴皇后號也)'라고 하였다. '閼氏'는 흉노어로 결혼한 여자를 가리키는 말이다. 앞서 서술한 대로 산 이름인 '焉支'에서 비롯된 '煙支'(燕支, 焉支, 撚支)는 볼에 바르는 화장품인 연지를 가리키는 말이 되었고, 그것이 다시 인신되어 결혼한 여자를 가리키는 말로 쓰였을 것으로 추정하고 있다.

---

3) 차용어가 도착언어의 서사체계로 서사될 때, 초기에는 일반적으로 표기가 안정되지 않아 다양한 표기 형식이 등장하는 경우가 많다. 이런 경우에는 별개의 어휘로 기술하지 않고 다른 표기 형식을 괄호 안에 병기하기로 한다.

이 밖에 《한서(漢書)·흉노전(匈奴傳)》에는 "復株絫單于復妻王昭君, 生二
女, 長女云爲須卜居次, 小女爲當于居次."(복주류 선우는 다시 왕소군을 아내
로 삼아 두 딸을 낳았는데, 장녀를 수복거차라 부르고, 차녀를 당우거차라 했다.)
는 기록이 있다. 이 구절에 등장하는 '居次'는 흉노 왕족의 딸을 가리
키는 흉노어의 차용으로 알려져 있다. 《사기(史記)·흉노열전(匈奴列傳)》
의 "匈奴謂賢曰'屠耆', 故常以太子爲左屠耆王."(흉노에서는 현능한 자를 '도
기'라고 하였다. 따라서 곧잘 태자를 좌도기왕으로 삼았다.)라는 기록에 전하
는 '屠耆'(諸耆)는 흉노 왕족의 호칭이고 '屠耆王'은 귀족의 작호이다.
이 '屠耆'(諸耆) 역시 흉노어 tuki 혹은 šoki/čoki의 음역으로 추정된다.

기물명으로는 '師比'와 '郭落'이 대표적이다. '師比'(犀比, 犀毗, 胥紕, 私
紕, 鮮卑)는 허리띠 버클을 가리키는 말로 흉노어 *serbi에서 온 것이며,
허리띠를 가리키는 '郭落'(郭洛, 鉤絡, 廓落, 絡)은 흉노어 *qʷaɣlag, *qʷ
aɣrag에서 유래한 것으로 추정된다.

이 밖에도 앞서 인용한 '攣鞮'를 비롯하여 '呼延', '須卜', '丘林', '且
渠' 등의 흉노족 성씨가 여러 역사서의 기록에 남아 전하고 있는데, 이
들 또한 흉노어를 음차한 것으로 보인다.

한(漢)과 서역의 교류는 한무제 시기 장건(張騫)이 흉노 지역을 지나
서역의 월지(月氏)를 찾아 사신으로 갔다가 천신만고 끝에 대원(大宛),
강거(康居) 등에 닿았다가 돌아오면서부터 본격적으로 시작되었다고 할
수 있다. 장건의 원정 이후로 실크로드를 중심으로 한 서역과의 교류
가 활발히 일어났으며 이 과정에서 다양한 문물이 오가게 되었고, 그
결과로 서역의 여러 어휘들이 중국어에 차용되었다. 서역의 차용어들
가운데는 동식물명이나 기물명이 눈에 띈다.

이 시기에 서역으로부터 유입된 동물 이름 가운데 대표적인 것은
'獅子'(師, 師子)(사자)이다. 이는 대개 고대 이란어 계통의 언어들에서 사

자를 가리키는 단어가 각각 소그드어(Sogdian) šrɣ(ı), 호라즘어(Chorasmian) sary, 사카어(Saka) sarau, 파르티아어(Parthian) šarg인 점을 근거로 이를 음역한 '獅' 또는 '師'에 중국어 접미사 '子'가 덧붙여진 것으로 본다. 그러나 Pulleyblank(1962)는 카라샤르어(Karasahr) śisäk, 쿠차어(Kucha) secake 등과의 유사성 및 한대에 '子'가 접미사로 사용되지 않았던 점 등을 근거로 '獅子'(師子) 전체가 음역이라고 보았다. 같은 시기의 문헌에 등장하는 '狻猊'(尊耳)도 사자를 가리키는 말인데, 이는 산스크리트어 simha에서 유래한 것으로 보는 견해가 있다.

서역에서 유래한 식물명으로는 '葡萄'(포도)와 '苜蓿'(목숙)이 있다. 《사기 (史記)·대원열전(大宛列傳)》에는 "宛左右以蒲陶爲酒, 富人藏酒至萬餘石, 久者數十歲不敗。俗嗜酒, 馬嗜苜蓿。"(대원과 주변 나라들은 포도로 술을 만든다. 부자는 술을 만여 섬이나 저장하고, 오래된 것은 수십 년이나 되어도 부패하지 않는다. 이곳 풍속이 술을 좋아하고, 말은 목숙을 좋아한다.)이라는 기록이 있다. '蒲陶'나 '蒲桃'는 '葡萄'의 다른 표기이다. 흐미에레프스키(J. Chmielewski, 赫邁萊夫斯基 1957)에 의하면 이는 고대 대원어 *bādaga의 음역이다. 이어서 말이 먹는 풀로 언급된 '苜蓿'(目宿, 牧蓿, 木粟)은 일반적으로 대원어(大宛語) *buksuk, *buxsux 또는 *buxsuk으로 재구되는 단어에서 유래한 것으로 보고 있다.

'安息'과 '天竺'은 오늘날에도 곧잘 사용되는 고대 국가명이다. 이 둘은 모두 이 시기에 해당 지역 언어를 음역한 것이 한자어로 정착되어 오늘날까지 사용되고 있는 예이다. '安息'은 파르티아(Parthia) 제국을 가리킨다. 파르티아 제국은 창시자인 아르사케스(Arsakes)의 이름을 따서 아르사크 왕조라고도 부르며, 이 Arsak를 음역한 것이 '安息'이다. 오늘날 석류를 가리키는 한자어 '石榴'는 본래 '安石榴'로 표기하였는데, 이 표기의 '安石' 역시 Arsak의 음역이라고 보기도 한다. '天竺'은 고대 중국에서 인도를 지칭하는 말이었으며, 이 말의 다른 표기로는 '身毒'이 있다. 《사기(史記) · 대원열전(大宛列傳)》에는 "身毒在大夏東南可數千里"(신독국은 박트리아(大夏, Bactria) 동남쪽으로 몇 천 리 떨어진 곳에 있다)라는 구절을 비롯하여 '身毒'이라는 나라에 대한 언급이 여럿 등장한다. 이 '身毒'은 '天竺'과 마찬가지로 인도를 가리킨다. '身毒'의 발음이 산스크리트어 Sindhu와 매우 유사하기 때문에 산스크리트어에서 직접 차용된 것으로 보는 견해가 있다. 그러나 徐文堪(2005: 15-16)에 의하면 앞서 《사기 · 대원열전》에 언급된 '身毒'의 이야기가 장건이 박트리아에 이르렀을 때 그곳 사람들에게 들은 것이므로 고대 이란어로 접했을 가능성이 높은 점, 고대 이란어로 인도를 가리켜 hinduka라고 하였던 점, '身'의 고음이 *hen 또는 *hīn에 가까웠고 '天' 또한 한대에는 hen과 tʻan 두 가지 독음을 가졌던 점 등으로 볼 때 '身毒'과 '天竺' 모두 고대 이란어의 차용일 가능성이 높다.

4.2 불교 유입과 중고중국어 차용어

불교의 유입 이후로 전개되는 중고(中古) 시기는 동한(東漢)에서 위진남북조(魏晉南北朝), 수(隋), 당(唐)에 이르는 시기를 가리킨다. 이 시기에는 불교 관련 어휘, 실크로드로부터 유입된 일상 어휘, 이민족과의 교류 혹은 침략으로 인해 유입된 기타 어휘 등이 주로 차용되었다. 이 시기는 중국어 어휘사에서 차용어 유입의 첫 번째 절정기라 할 만큼 차용어의 유입량이 전에 비해 크게 늘어났다. 이 시기 불교의 유입으로 인한 산스크리트어와의 접촉이 중국어에 있어서는 가장 큰 충격이었던 만큼 차용어를 크게 불교 어휘와 외래 사물을 지칭하는 어휘로 나누어 서술한다.

4.2.1 불교 어휘

불교가 동한 시기에 중국에 전래되어 위진남북조 시기에 본격적으로 흥성하게 되면서 이 시기에는 불경 번역이 활발히 이루어졌다. 불경의 번역은 동한 때부터 시작되어 한 세기에 걸쳐 진행되었으며, 이 과정에서 산스크리트어(Sanskrit), 팔리어(Pali) 및 기타 중앙아시아 언어와의 본격적인 접촉이 발생하였다. 불경의 번역은 인도 승려와 중국 승려의 공동 작업에 의해 이루어지는 경우가 많았고 동한 시기에만 수백 권에 이르는 경전이 번역되었다.

그 결과 중국어에는 불교 관련 차용어가 대량으로 유입되었다. 불교 어휘에 관해서는 梁曉虹(1994) 등의 전문 저술이 따로 있을 만큼 그 예가 방대하다. 아래에서는 그 가운데 일부의 사례를 몇 가지 부류로 나누어 간략하게 살펴보겠다.

우선 부처나 보살 혹은 저승의 신 등을 가리키는 불교 용어는 음역어로 유입되는 경우가 많다. '佛陀'(불타), '閻羅'(염라), '菩薩'(보살), '羅漢'(나한) 등이 여기에 속한다.

'佛陀'(佛, 母馱, 母陀, 沒度, 沒馱, 浮頭, 浮圖, 浮塔, 浮屠, 佛圖, 勃塔, 勃陀, 勃馱, 勃塔耶, 步他)는 깨달음을 얻는 자를 뜻하는 산스크리트어 Buddha의 음역어이다. '佛'은 서사 형식 때문에 '佛陀'의 축약형이라고 보기 쉽다. 그러나 史有爲(2000/2013: 44)는 '佛'이 '佛陀'보다 먼저 유입된 말이며 어원이 다르다고 보았다. 그에 의하면 가장 먼저 유입된 것은 동한 시기의 '浮屠'인데 이는 산스크리트어 Buddho의 음역이며, 이어서 토카라어

(Tocharian) pat(카라샤르어), pud(쿠차어)를 음역한 '佛'이 등장했고, 그 뒤에 산스크리트어 Buddha를 음역한 '佛陀'가 등장했다.

'阿彌陀佛'(아미타불), '盧舍那佛'(노사나불), '彌勒佛'(미륵불) 등의 용어도 모두 음역어이다. '阿彌陀佛'은 대승불교 부처 중 서방정토 극락세계의 주인이 되는 부처로 무량광(無量光) 즉 무한한 빛을 뜻하는 산스크리트어 Amitābha나 무량수(無量壽) 즉 무한한 생명을 뜻하는 Amitāyus에서 온 말이며, '盧舍那佛'은 대승불교 삼신불(三身佛) 중 하나로 빛을 두루 비춘다는 뜻의 산스크리트어 Vairocana에서 왔으며 '毘盧遮那佛'(비로자나불) 또한 같은 말에서 유래한 것이다. '彌勒佛'은 석가모니를 이어 중생을 구제할 미래의 부처로 브라만 집안의 성씨인 Maitreya에서 온 말이다.

'閻羅'(閻摩羅闍, 閻摩羅)는 한국어에서도 '염라대왕'으로 잘 알려져 있으며, 지옥을 관장하는 신이다. 명계(冥界)의 왕, 저승의 왕을 뜻하는 산스크리트어 Yama Rāja를 음역한 것이 '閻摩羅闍'이고, '閻羅'나 '閻摩羅'는 그것의 축약형이다.

'菩薩'(菩提薩埵, 薩埵, 休牒薩督呀, 扶薩, 扶薛)은 위로는 깨달음을 구하고 아래로는 중생을 구제하는 성인을 가리키는 말이다. 깨달음으로 나아갈 중생을 뜻하는 산스크리트어 Bodhisattva를 음역한 것이 '菩提薩埵'이고, '菩薩'은 그것의 축약형이다.

'羅漢'(阿羅漢)은 깨달음을 얻어 중생의 공양을 받을 만한 자격을 가진 성자를 가리키는 말이다. 팔리어 arahant 또는 산스크리트어 arhat을 음역한 것이 '阿羅漢'이며 '羅漢'은 그 준말이다. 팔리어 arahant와 산스크리트어 arhat의 의미에 대해서는 정설이 없으며, '죽지 않는 자'를 의미한다는 설, '(존경/공양 받을) 자격이 있는 자'를 의미한다는 설 등이 있다.

불가의 승려나 수행자를 지칭하는 어휘들 가운데에도 산스크리트어를 음역한 것들이 있다. 대표적인 몇 가지를 예로 들면 '僧伽'(승가), '比丘'(비구), '和尙'(화상, 승려), '闍黎'(사리), '沙門'(사문) 등이다.

'僧伽'는 불교의 출가 수행자를 가리키는 말이다. 집단이나 공동체를 의미하는 산스크리트어 Saṃgha를 음역한 것이며, 후에 '僧'으로 줄여 쓰게 되었다.

'比丘'(苾芻, 苾礭, 礭芻, 備芻, 比呼, 比庫)는 불교의 구족계(具足戒)를 받은 남자 출가 수행자를 가리킨다. 어원은 산스크리트어 bhikṣu이다. 산스크리트어에서 본래는 걸식하는 사람을 의미하는 말이었다고 한다. '比丘尼'(苾芻尼, 比呼尼)는 구족계를 받은 여자 출가 수행자를 가리키며, 산스크리트어 bhikṣunī의 음역어이다.

'和尙'(和上, 和闍, 和社, 鶻社, 鶻社, 烏社)은 불교 수행자로 법력이 높아 승려들의 스승이 되는 사람을 가리킨다. 이 말은 제자들이 가까이 따라 배우는 스승을 뜻하는 산스크리트어 upādhyāya와 관련이 있다. 이 말을 음역한 것이 '搗波地耶'(鄔波馱耶, 優婆陀訶, 郁波第耶夜)이고, upādhyāya의 인도 방언형인 khosha를 음역한 것이 '和社'이며, 그것이 변형된 것이 '和尙'이다.

'闍黎'(阿闍黎, 闍梨, 阿闍梨, 阿奢梨, 阿舍梨, 阿祇利, 阿遮利, 阿遮梨夜, 阿遮梨耶, 阿查里亞)도 승려들의 스승이 되는 자, 모범이 되는 자를 가리키는 말이다. 지휘하고 가르치는 자를 의미하는 산스크리트어 ācārya를 음역한 것이 '阿闍黎'이고 '闍黎'는 그것의 축약형이다.

'沙門'(桑門, 喪門, 娑門, 沙門那, 沙迦懣曩, 室摩那弩, 舍羅摩弩)은 출가 수행자를 가리키는 말이다. 탁발하는 출가인들을 가리키는 산스크리트어 śramaṇa의 음역어이다.

불교 교리의 개념이나 기타 추상적인 관념을 가리키는 말들 중에도 음역어나 그 축약형이 많다. 여기에는 '般若'(반야), '菩提'(보리), '涅槃'

(열반), '刹那'(찰나), '泥犁'(이리) 등이 있다.

'般若'(般羅若, 般賴, 鉢若, 鉢刺若, 鉢羅枳孃, 鉢羅賢孃, 鉢賢孃, 鉢羅孃, 波, 波若, 波賴, 班若)는 근원적인 지혜를 뜻하는 말로 산스크리트어 prajñā에서 유래하였다.

'菩提'는 깨달음을 의미한다. 깨달음을 가리키는 산스크리트어 bodhi의 음역어이다. '佛陀'(Buddha)와 '菩提'는 모두 '깨어나다, 알다, 이해하다'의 의미를 가진 산스크리트어 어근 budh에서 파생된 말이다.

'涅槃'(泥洹, 般泥洹, 般涅槃, 涅槃那, 涅盤那, 泥盤那, 波利昵縛男)은 일체의 번뇌를 해탈한 최고의 경지, 세상의 모든 법이 소멸된 상태를 의미한다. 산스크리트어 Nirvāṇa를 음역한 것이 '涅槃那'이고, '涅槃'은 그것의 축약형이다.

불교와 관련된 여러 가지 시설이나 기물의 명칭에도 음역의 방식으로 유입된 것들이 있다. '伽藍'(절, 가람), '蘭若'(난야), '招提'(초제), '袈裟'(가사), '塔'(탑) 등이 그것이다.

'伽藍'(僧伽藍, 僧伽藍摩)은 불교 사원, 즉 절을 가리킨다. 산스크리트어 Saṃghārāma에서 온 말이다. Saṃgha는 '僧伽', 즉 승려를 가리키는 말이고 ārāma는 뜰, 정원을 의미한다. 이를 온전히 음역한 것이 '僧伽藍摩'이며, '伽藍'은 그것의 축약형이다. '蘭若'(阿蘭若, 阿蘭那, 阿蘭攘, 阿蘭若迦, 阿練若, 阿爛拏, 阿練茹, 曷剌㝹)도 절을 가리키는 말이다. 숲을 뜻하는 산스크리트어 araṇya를 음역한 것이 '阿蘭若' 등이며, 그것의 축약형이 '蘭若'이다. 절을 가리키는 불교 용어로는 '招提'라는 말도 있다. 이 말은 사방을 뜻하는 산스크리트어 Caturdeśa를 음역한 '招斗提舍'(佳拓斗提奢, 柘斗提奢)의 축약형이다. 본래 사방의 수행승을 가리키는 말이었는데, 위태무(魏太武)가 절을 짓고 '招提'라고 명명하면서부터 절을 가리키는 말로 쓰이게 되었다.

'袈裟'(毠毠, 迦沙, 迦沙野, 迦沙曳, 袈沙野, 沙野異, 迦羅沙曳)는 승려가 입는 법의를 가리키는 말로 산스크리트어 kāṣāya의 음역어이다.

'塔'(塔婆, 兜婆, 偸婆, 鍮婆)은 본래 불교 특유의 건축물인 탑을 가리켰으나 지금은 일반화되어 모든 탑을 가리키는 말이 되었다. 산스크리트어 stūpa에서 온 것으로 알려져 있으며, 프라크리트어(Prakrit) thūba/thūpa에서 유래하였다는 설도 있다.

여러 가지 측면에서 중국어와는 이질적인 산스크리트어와의 접촉은 중국어를 사용하던 언중들에게는 충격이었다. 실제로 산스크리트어와의 접촉은 중국인의 중국어 인식에 큰 변화를 가져온 것으로 여겨지고 있다. 평상거입(平上去入) 네 성조에 대한 기술이 문헌에 등장하는 것은 불교 유입 이후이며, 중국어에 대한 최초의 분석적 표음 방법인 반절(反切)이 등장하는 것도 불교의 유입으로부터 2세기가량이 지난 뒤이다. Hsu(1995)에 의하면 반절은 카로슈티(Kharoṣṭhī) 문자의 영향을 받았을 것으로 추정된다.

어휘의 측면에서도 산스크리트어 차용어가 중국어에 미친 영향은 작지 않았을 것이다. 고대중국어는 단음절어의 성격이 뚜렷한 데 반해 전술한 사례 및 그와 유사한 음역어들은 물론이고 대다수의 의역어를 포함하더라도 불교 용어 대부분은 다음절어이다. 이 가운데 상당수가 현재까지 어형 변화 없이 사용되고 있고, 그 중 일부는 일상어로까지 침투해 있다는 데서 이 시기에 등장한 불교 용어의 영향을 짐작할 수 있다. 실제로 동한(東漢) 이후를 중고중국어 시기로 보는 견해의 근거 중 하나가 이 시기부터 어휘 측면에서 다음절화의 경향 혹은 파생식 다음절어의 증가가 뚜렷하다는 점인데(方一新 2004), 여기에는 산스크리트어 차용어를 비롯한 불교 용어들의 영향도 상당했을 것이다.

4.2.2 외래 사물 및 기타

중고 시기에는 활발한 대외 교류를 통해 사방의 여러 지역으로부터 동식물, 채소, 과일, 약재, 악기 등의 다양한 사물들이 중원으로 유입되었으며, 외래 사물의 유입은 자연스럽게 그것을 지칭하는 말도 함께 차용어로 가져왔다. 또 이 시기에는 이민족과의 활발한 접촉이 일어나면서 이민족 사회의 호칭들이 일부 기록에 남아 전하거나 중국어에 유입되기도 하였다. 이를 크게 위진남북조 시기와 수당 시기로 나누어 그 흔적을 살펴본다.

4.2.2.1 위진남북조 시기

위진남북조 시기는 분열과 혼란의 시대였으며, 중원은 유연(柔然), 고차(高車), 돌궐(突厥) 등의 이민족과 활발한 접촉을 가졌다. 비단을 중심으로 한 대외 교역도 활발하여 중국산 비단과 외국의 사물들이 서로 오가는 거래가 이루어졌다. 대월지(大月氏), 페르시아(Persia), 소그디아(Sogdia) 및 자바(Java)섬의 국가들과도 왕래와 교류가 있었으며, 양(梁)의 수도였던 건강(建康)은 티베트에서 동남아시아 및 남아시아까지 연결하는 교역의 중심지가 되었다. 이러한 대외교류의 과정에서 이역의 다양한 사물들이 중국에 전래되었고, 그러한 사물을 지칭하는 말들도 차용어의 형태로 중국어에 흔적을 남겼다.

예컨대 소형화(素馨花) 혹은 화이트 자스민으로 불리는 '耶悉茗'(野悉蜜)은 고대 페르시아어 혹은 아라비어어 yāsamīn에서 유래한 것이며, 혈액순환을 촉진하고 부종을 없애주는 것으로 알려져 있는 '沒藥'(末藥)(몰약)은 페르시아어 mor 혹은 아라비어어 murr로부터 유래한 단어이다. 이 밖에 선비나 돌궐에서 최고통치자를 가리키는 칭호인 '可汗', 선비어에서 형(兄)을 가리키는 말인 '阿干', 모마(毛麻)를 혼합한 직물인 '氍毹'(구유) 등의 어휘도 이 시기에 이민족의 언어나 서역의 언어로부터 유래한 차용어이다.

4.2.2.2 수당 시기

수(隋)는 중국을 통일하기 전부터 고구려, 백제 등과 교류하였고, 통일 후에는 신라 및 일본과도 교류를 가졌다. 수 왕조가 가장 경계한 이민족은 북방의 돌궐이었고, 돌궐과의 관계 때문에 고구려와도 상당한 긴장 관계를 형성하였다. 남중국해 지역이나 서역과는 꾸준히 왕래가 이어졌으며, 그 결과로 이들 지역에서 유래한 사물들의 명칭이 중국어에 차용되었다.

당(唐)은 대외 정복을 바탕으로 제국을 건설하고 동아시아의 주변 지역 및 서역과의 교류를 활발히 하였으며, 개방 정책을 전개함으로써 사절, 학자, 승려, 상인 등의 외국인이 자유롭게 왕래하였다. 특히 소그디아(Sogdia)의 상인들이 많이 왕래하였으며, 당에서는 승려들이 불법을 구하기 위해 서역으로 많이 나아갔다. 소그드인들은 미지의 서역 문화를 당에 소개하였으며, 이 과정에서 서역의 음악, 곡예, 운동 경기 등이 유입되었다. 또 조로아스터교, 경교(景敎), 마니교 등의 종교도 중국에 전래되어 유행하기도 하였다. 당대는 페르시아나 인도 문화를 비롯한 서역과의 교류가 활발하였던 시기이자, 그와 같은 교류를 통해 문화적 생동감이 충만했던 시기였다.

수당 시기의 활발한 대외 교류의 결과로 다양한 지역의 사물들이 중국에 유입되었고, 이 시기 중국어에 흔적을 남긴 차용어 또한 다양한 언어로부터 비롯되었다. 몇 가지 예를 살펴보면, 우선 페르시아어로부터 유래한 차용어로 '沒食子'(몰식자), '琺瑯'(법랑)이 있다. '沒食子'(無食子, 沒石)는 너도밤나무과 식물의 잎에 어리상수리혹벌의 알이 부화할 때 생기는 혹으로 탄닌 함유량이 높아 약재로 쓰인다. 페르시아어 maxzak/muzak에서 유래하였다. '琺瑯'(法藍, 藍)도 페르시아어 fárang에서 온 말이다. 금속 표면에 유리질 유약을 고온으로 처리하여 내식성을 갖게 한 것으로 당대에 서역으로부터 유입되었다. 이 밖에 바나르어(Bahnar) köpaih 혹은 산스크리트어 karpāsa에서 유래한 '古貝'(吉貝, 劫貝)(면화, 초면), 아라비아어 takur에서 유래한 '豆蔲'(육두구), 산스크리트어 Vimbara에서 유래한 '蘋果'(頻婆羅, 頻婆, 頻螺, 頻果)(사과), 당대 네팔 지역 국가명이었던 Palíṅga에서 유래한 '菠菜'(波棱菜)(시금치), 당대에 서역에서 유입되면서 토카라어 aṅkwa를 음차한 '阿魏'(央匱)[4](아위) 등이 수당 시기에 유입된 차용어들이다. 수여언어가 이처럼 다양하다는 데에서도 당시 대외 교류의 현황을 짐작해 볼 수 있다.

4.3 이민족 왕조 시기의 차용어

송대부터 청대 전기에 이르는 이른바 근고(近古) 시기는 도시의 발달과 상업의 번성을 큰 특징으로 하는 시기이다. 이러한 시대의 특징은 차용어 유입에 유리한 환경을 조성한 측면이 있다. 또 송에서 청에 이르는 동안 군사적으로는 북방의 유목민족을 압도하지 못하였고, 그 결과 이 시기는 주변 민족이 몇 차례 중국의 전부 혹은 일부를 지배했던

---

4) 아위를 가리키는 말에는 이 밖에도 산스크리트어 hiṅgu를 음차한 표기인 '形虞', '興瞿', '興渠'가 있다.

시기이다. 이는 자연히 민족 간의 빈번한 교류와 접촉을 가져왔고, 때로는 긴장과 충돌을 촉발하기도 하였다. 대외적으로는 여러 차례 과감한 외교적 개척 활동이 있었으며, 민간의 대내외적인 상업 무역활동 또한 활발했다.

송(宋)은 여러 차례 외국에 사신을 파견한 바 있고, 원(元)은 정복 활동을 통해 서양의 여러 지역과 상당한 접촉을 가졌으며, 처음으로 정부에서 역관을 설치하기도 했다. 명(明)은 유명한 정화(鄭和)의 원정이 있었다. 정화의 원정 이후로 남대양 여러 나라와의 교류가 정식으로 시작되었으며, 동시에 서양 선교사가 중국에 이르게 되면서 서양 과학기술 저작 번역이 시작되었다. 청(淸) 전기와 중기는 대체로 국내 민족 간의 교류에 주력하면서 동시에 제한적이나마 서구와의 교류가 이루어졌다.

이 시기에는 요(遼), 금(金), 원(元), 청(淸)이라는 이민족 왕조가 중국 혹은 주변에 수립되면서 자연스럽게 거란족, 여진족, 몽골족, 만주족 어휘가 중국어에 유입되었다. 문화적으로는 중원의 수준이 더 높았기 때문에 언어접촉에서도 중국어가 우세를 점하는 편이었으며, 따라서 이들 민족의 언어로부터 유입된 차용어는 수량이나 영역에 있어서 다소 제한적인 경향을 보인다.

4.3.1 송대

송은 문치주의 정책을 펼침으로써 문화의 발달은 이루었으나 무신의 지위와 군사력이 약화되는 부작용이 발생하였으며, 그 결과로 북방의 유목민족에게는 열세에 놓이게 되었다.

가장 먼저 송과 남북 대치의 형세를 이룬 것은 거란족에 의해 수립된 요(遼)이다. 송과 요는 초기에 줄곧 군사적 대치 상태에 있었으나 '전연의 맹(澶淵之盟)'이라 일컬어지는 강화조약을 체결하고 송이 매년 요에 비단 20만 필과 은 10만 냥의 세공(歲貢)을 보내기로 하면서 평화적인 관계가 형성되었으며, 국경에 무역장이 설치되어 활발한 교역이 이루어졌다. 이 과정에서 자연히 언어접촉이 발생했을 것으로 추정되는데, 문헌을 통해 확인되는 거란어 차용어는 양적으로 그리 두드러지는 편은 아니다.

徐文堪(2005: 26)에 의하면 《요사(遼史)·국어해(國語解)》에 200여 개의 거란어 어휘가 전해진다. 이 가운데 인명, 지명, 관직명 등을 제외한 통용 어휘는 약 40여 개라고 한다. 금(金)을 뜻하는 '女古', 옥(玉)을 뜻하는 '孤穩', 크다는 뜻의 '阿斯', 흥성하다는 뜻의 '耶魯碗', 개(犬)를 뜻하는 '捏褐', 토끼를 뜻하는 '陶里' 등이 그 일부이다. 군주의 숙영지를 가리키는 '斡魯朶'(斡耳朶)(오르도), 오르도를 보위하는 조직인 '撻馬'(달마) 등도 모두 거란어에서 유래한 어휘로 추정된다.

11세기 중반 이후 요의 지배층이 타락하면서 강인한 기풍을 잃어가고 있을 때 만주 지역을 근거로 여진족이 점차 흥기하였다. 이들은 1115년 금(金)을 건국하고 요에 반기를 들었으며, 요의 본거지를 점차 점령해 나간 끝에 1125년 요를 멸망시켰고, 이듬해 변경(汴京)을 점령하였다. 송은 금을 피해 강남으로 내려가게 되는데, 이를 남송이라고 한다. 금은 1234년까지 존속하였다.

여진어 차용어도 수량이 그리 많은 편은 아니며, 기본적으로 임시적인 것이 많다. 여진어 차용어로 가장 많이 알려진 것은 금 왕조 특유의 제도인 '猛安'(밍간)과 '謀克'(무케)이다. 맹안모극제라고 불리는 이 제도는 금이 급속한 발전을 이룰 수 있었던 동력으로 많이 알려져 있다.

300호를 하나의 '謀克'으로, 10개의 '謀克'을 하나의 '猛安'으로 조직하는 제도이다. 즉 이들은 모두 일종의 부락 단위이며, 군사, 생산, 행정이 하나로 융합된 조직이었다. '猛安'(明安, 閔阿)은 mingan, '謀克'(穆昆)은 möke/mukön의 음역어이다.

중앙의 황제 아래에 두었던 대신을 가리키는 '勃極烈'(보길레)도 많이 알려져 있는 여진어 차용어이다. 이 말의 어원은 begile이다. 보길레는 다시 두목을 뜻하는 '都'(du)를 덧붙여 부락 연맹 최고통치자를 가리키는 '都勃極烈'라고 하고, 그보다 한 등급 아래는 대신을 뜻하는 '諳版'(amban)을 덧붙여 '諳版勃極烈'라고 하며, 국가의 재상에 해당되는 관직에는 나라를 뜻하는 '國論'(gurun)을 덧붙여 '國論勃極烈', 군대의 통솔자에게는 총독을 의미하는 '忽魯'(gurun)(胡魯)를 덧붙여 '忽魯勃極烈'라고 한다.

4.3.2 원대

12세기 후반 몽골을 통일한 칭키츠칸은 호레즘왕국에 보낸 사절단이 학살된 것을 계기로 대원정을 전개하여 서쪽으로 볼가강에 이르는 지역을 정복하였고, 오고타이칸 때에 금을 멸망시켰으며, 쿠빌라이칸에 이르러 남송마저 멸망시키고 중국을 통일하여 원(元) 제국을 수립하였다. 원이 중국을 통치한 것은 약 100년에 이르며, 몽골지상주의 정책으로 중국을 통치하였으므로 이들의 문화가 중국어에 미친 영향도 상당하였다. 원대의 중국어에는 영역마다 정도를 달리하며 몽골어가 차용되었고, 특히 원잡극(元雜劇)에 몽골어의 흔적이 많이 남아 있다.

우선 몽골어에서 유래한 어휘들 중에는 '-赤'이 붙는 말들이 여럿 있는 것을 발견하게 된다. 이는 어떤 직책을 담당하는 사람을 가리키는 몽골어 -či에서 유래한 것이다. 예컨대 몽골어 ulagači의 음역어인 '兀剌赤'는 마부를 의미하며 역참을 담당하는 관리를 가리키는 말로 쓰였다. '兀剌'(ula'a)은 마필을 의미한다. 문서 담당관인 '必者赤'(bičigeči), 통역 담당관 '怯裏馬赤'(kelemürči), 활과 화살을 관리하는 '火魯赤'(xoruči), 창고 관리자 '倉赤'(sangči) 등도 모두 비슷한 구조를 가진 말들이다.

역참을 뜻하는 '站'도 몽골어 jam의 음역이다. 초기에는 '蘸'으로 표기하기도 하였다. '站赤'는 길을 관장하는 사람을 뜻하는 말인데, 역참 제도 자체를 가리키는 말로 쓰였다. 몽골어 jamči의 음역어이다.

징기스칸의 몽골은 천호제(千戶制)라는 사회 조직 제도를 실시하였다. 이는 가구를 10호 단위로 묶고, 열 개의 십호를 묶어 백호로 하며, 다시 열 개의 백호를 묶어 천호로 삼는 방식이었다. 전국은 95개의 천호로 개편되었다. 천호의 우두머리가 되는 천호장(千戶長)을 '那顔'이라고 하는데, 이는 몽골어 noyan을 음역한 것이다. 또 이 노얀의 친위병을 '那可兒'라고 하는데, 이는 친구나 동료를 의미하는 몽골어 nökür의 음역어이다.

몽골어에서 유래한 어휘 가운데 널리 알려져 있는 것으로는 베이징의 골목길을 가리키는 '胡同'이 있다. '衚衕'으로 표기되기도 했다. 이 말에 대해서는 몽골어에서 우물을 가리키는 gudum에서 유래하였다는 설이 가장 많이 알려져 있다. 또 '고비사막'이라는 명칭으로 우리에게도 친숙한 gobi는 몽골어로 거친 땅, 사막 등을 의미한다. '戈壁'는 이 말의 음역어이다.

이 밖에 원대 각급 행정 장관이자 군대 사령관인 darugači를 음역한 '達魯花赤'(答剌火赤), 칸의 친위대 kešig 혹은 kešigten의 음역어 '怯薛'(怯薛丹), 선봉대를 가리키는 tamači의 음역인 '探馬赤', 후방 지원 부대를 가리키는 oro의 음역어 '奧魯' 등 또한 몽골어에서 유래한 차용어들이다.

4.3.3 명대

이민족 왕조인 원(元)을 몰아내고 한족의 왕조를 수복한 명(明)은 영락제(永樂帝)에 이르러 적극적인 대외정책을 전개하였다. 다섯 차례에 걸쳐 직접 몽골 정벌을 전개하였고, 만주 지역을 정비하였을 뿐만 아니라 안남(安南)을 복속시켰다. 그러나 대외 관계의 측면에서 이 시기 가장 특기할 만한 사건은 역시 정화(鄭和)의 원정이다. 정화는 길이 120미터가 넘는 배를 포함한 62척의 보선(寶船)과 225척의 소형 선박으로 이루어진 대규모 선단을 이끌고 원정을 실시하였다. 이는 당시까지 세계사에 유례가 없던 일이었다. 정화는 1405년부터 1433년까지 일곱 차례의 원정을 실시하였으며, 동남아시아에서 아라비아 반도와 아프리카 케냐의 스와힐리 해안에까지 이르렀다. 이 과정에서 중국의 비단이나 도자기는 물론이고 의복, 서책 등이 여러 나라에 전해졌고, 열대지방의 보석이나 광물은 물론 얼룩말이나 기린과 같은 희귀 동물이 중국에 전래되었다.

이와 같은 교류의 과정에서 명대의 중국어에는 아랍어, 페르시아어, 말레이어, 인도네시아어 등으로부터 어휘들이 차용되었다. 예컨대 기린을 가리키는 아랍어 zurafa/zarāfa로부터 유래한 '徂蠟', 얼룩말을 가리키는 소말리어 faro에서 유래한 '福祿', 진적색 천을 가리키는 페르시아어 saqalāt/saqallāt에서 유래한 '撒哈剌', 열대과일 두리안을 뜻하는 말레이어 doerian에서 유래한 '賭爾焉'(都爾烏, 賭兒焉), 인도네시아의 중량 단위인 kubana에서 유래한 '姑邦' 등이 이 시기의 차용어들이다.

또 16세기에는 포르투갈 상인들이 마카오를 거점으로 삼아 중국과의 교역을 시작하였고, 뒤이어 에스파냐나 네덜란드인들도 나름의 경로를 통해 중국에 진출하였다. 상인들뿐만 아니라 예수회 선교사들도 이 시기에 중국으로 진출하였다. 그 가운데 대표적인 인물이 마테오 리치(Matteo Ricci)이다. 선교사들을 통해 서양의 수학, 천문학, 과학 지식이 중국에 소개되었으며, 선교사들이 구술하면 이지조(李之藻), 서광계(徐光啓) 같은 중국 지식인들이 그것을 기술 및 윤색하는 방식으로 《명리탐(名理探)》, 《기하원본(幾何原本)》과 같은 번역서들을 출판하였다.

서양의 학문이 선교사를 통해 전해지는 과정에서 '地球'(지구), '經度'(경도), '緯度'(위도), '熱帶'(열대), '推論'(추론), '直角'(직각), '體積'(체적), '容積'(용적), '等邊'(등변)과 같은 근대 학술 용어들이 중국어로 번역되었다. 그러나 일부 용어들은 음역어로 기록되기도 하였다. 《명리탐》, 《서학범(西學凡)》, 《직방외기(職方外紀)》 등에 남아 전하는 라틴어 차용어를 예로 들면, 철학을 의미하는 philosophia를 음역한 '斐錄瑣費亞'(斐錄所費亞), 경제학을 의미하는 oeconomica를 음역한 '額各諾靡加', 정치를 뜻하는 politica를 음역한 '薄利第加', 문법을 가리키는 grammatica를 음역한 '額勒瑪第加', 수사학을 뜻하는 rhetorica의 음역어 '勒讀理加', 논리학을 가리키는 logica를 음역한 '絡日伽', 물리학을 뜻하는 physica를 음역한 '斐西加', 형이상학을 뜻하는 metaphysica의 음역어 '默達費西加', 음악을 가리키는 musica를 음역한 '慕細加', 점성학을 가리키는 astrologia를 음역한 '亞斯多落日亞' 등이 있다.

또 이 시기에 선교사들에 의해 세계 지리에 관한 지식이 전해지면서 중국어로 전사된 외국 지명들이 마테오 리치의 《곤여만국전도(坤輿萬國全圖)》 등에 많이 남아 전하고 있다. 그 가운데 일부를 예로 들면 '亞細亞'(아시아), '歐羅巴'(유럽), '利未亞洲'(아프리카), '亞墨利加洲'(아메리카), '墨是可'(멕시코), '臥蘭的亞'(그린란드), '百而謨達'(버뮤다), '加拿大'(캐나다), '阿拉斯加'(알라스카) 등이다.

4.3.4 청대

명대의 동북 지역에서는 여진족 계통의 만주족이 명과 관계를 유지하면서 발전해 왔다. 이들 가운데 건주(建州)여진 출신의 누르하치(努爾哈赤)는 만주족을 통일하여 후금(後金)을 세우고 명과 대립하기 시작하였으며, 여진의 이름도 만주(滿洲)로 바꾸었다. '滿洲' 혹은 '滿珠'라는 명칭의 유래에 대해서는 산스크리트어 Manjusri를 음역한 '曼殊(師利)菩薩'(문수보살)과 관계가 있다고 보는 것이 일반적이다. 누르하치는 1618년 첫 번째 공격을 시작으로 여러 차례 명에 대한 공격을 감행하였다. 그의 뒤를 이어 2대 칸이 된 홍타이지(皇太極)는 국호를 후금에서 청(淸)으로 바꾸고 요동 지배의 안정을 확보하였다. 농민반란군을 궤멸시키고 중국 정복을 완성한 것은 홍타이지의 뒤를 이은 순치제(順治帝)를 보좌하던 도르곤(多爾袞)이었다. 이들은 마침내 1644년 베이징을 장악하고 중국을 지배하게 되었다.

청 황실의 모어는 만주어였으나 한족 문화의 수준이 여전히 높았기 때문에 만주어가 우세언어가 되지는 못했고 점차 소멸의 길을 걷기 시작했다. 어휘 측면에서도 중국어에 미친 만주어의 영향이 압도적인 것은 아니었지만 청이 3백 년 가량 지속되면서 적지 않은 차용어가 이 시기에 흔적을 남겼다. 청이 멸망한 뒤로는 만주어 차용어의 다수도 쓰임을 다하고 사라져간 경우가 많다.

이 시기의 만주어 차용어는 제도, 습속, 호칭, 지명 등에 많은 흔적을 남기고 있다. 우선 팔기(八旗) 조직의 단위를 지칭하는 말로 '牛錄'(니루)가 있다. 이 말은 만주어 niru에서 온 것으로 군사, 생산, 행정이 결합된 기층 단위이다. 이것이 다섯 개가 모이면 '甲喇'(札欄)(잘란)이 된다. '甲喇'의 어원은 jalan이다. '甲喇'이 다시 다섯 개가 모이면 '固山'(구사)가

된다. '固山'은 만주어 gusai에서 유래한 것이며, '旗'를 가리킨다. 각 '旗'의 수령, 즉 '固山'의 통솔자를 가리키는 관직명은 '固山額眞'이다. 이는 만주어 gusai ejen에서 왔다. ejen의 음역어 '額眞'은 군대의 지휘관을 가리킨다. '固山額眞'을 가리키는 다른 말로 '固山昂邦'이 있다. '昂邦'(諳班, 按班)은 amban의 음역어로 장군, 대신을 가리키는 말이다.

만주어의 다양한 호칭도 이 시기 중국어에 기록되어 있다. '阿哥'는 만주어 age의 음역어로 동년배 사이의 호칭이나 부모가 아들을 부르는 호칭으로 쓰이는 말이다. '大阿哥'는 황태자의 호칭으로 쓰였다. '馬法'(瑪法)는 mafa의 음역어로 연장자에 대한 호칭이며, 왕릉이나 제단을 관리하는 관직이기도 하다. 만주어 gege에서 유래한 '格格'는 본래 아가씨 혹은 누이를 뜻하는 말인데, 여성에 대한 일반적인 호칭으로 사용되었다. ama를 음역한 '阿瑪'는 아버지를 가리키며, eniye의 음역인 '額娘'은 어머니를 가리키는 호칭이었다. 또 '貝勒'는 beile에서 유래한 말로 만주족 귀족의 호칭이고, '貝子'는 beise에서 온 말로 '貝勒'보다 등급이 낮은 작위를 가리킨다.

만주족 특유의 풍속이나 사물과 관련된 차용어도 여럿 남아 있다. 대표적인 것이 우리나라의 강정과 비슷한 모양의 만주족 간식인 '薩其馬'(薩奇馬)이다. 만주어 sacima를 음역한 것으로 지금도 중국 마트의 식품이나 과자류 코너에서 쉽게 찾아볼 수 있다. 만주어 식품명을 차용한 말로는 또 산사열매와 설탕을 볶아 만든 식품 umpu를 음역한 '溫樸', 치즈나 우유를 설탕과 버무려서 굳힌 '烏他' 등이 있다. 만주족 복식에서 겨울에 보온을 위해 모피 등으로 손등을 덮을 수 있도록 위쪽을 길게 만든 소매를 '挖杬'(挖杬)이라고 한다. 이는 만주어 wahan에서 온 것이다. 만주족 혼례에서 행하는 의례를 가리키는 '阿察布密'는 만주어 acabumbi의 음역어이다. '阿察布密'는 중국식 전통혼례에서 교배

주를 마시는 것과 비슷한 의례이다. 만주족 춤의 일종인 '莽式'(莽勢)는 만주어 maksi를 음역한 말이다.

만주어의 흔적은 지명에도 여럿 남아 있다. 대표적인 예가 '吉林', '塘沽', '圖們江', '鴨綠江' 등이다. '吉林'은 강 언저리를 뜻하는 girin ula를 음역한 '吉林烏拉'를 줄여서 부른 말이다. girin은 지역, 지대, 언저리를, ula는 강을 의미한다. '塘沽'는 오늘날 톈진(天津) 동쪽의 지명으로 숫자 100을 의미하는 tanggu의 음역이다. '圖們江'은 만주어 tumen ula를 부분 음역과 부분 의역의 방식으로 차용한 말이다. 온 물줄기의 근원이 되는 강이라는 뜻이다. '鴨綠江'도 yalu ula를 부분 음역과 부분 의역의 방식으로 차용한 말이다. yalu는 벌판의 가장자리(경계)를 뜻한다.

만주족 왕조였던 청에서는 만주어가 상당한 영향력을 가지고 있었다. 물론 한족 문화와 만주족 문화의 접촉과 교융 과정에서 점차 중국어가 우세를 점하기는 했지만 이 시기에 만주어가 중국어에 미친 영향은 결코 무시할 수 없는 것이었다. 특히 만주족이 주로 거주하였던 동북지역은 한족이 점차 이주해 옴에 따라 문화적인 충돌과 융합이 일어났고, 언어적으로는 중국어와 만주어가 계층어(stratum)를 이루게 된다. 이 과정에서 만주어는 기층어(substratum)로서 중국어에 일정한 영향을 미쳤으며, 어휘 층위에서도 오늘날까지 흔적을 남기고 있다.

제 5 장

근현대 시기 중국어의 어휘 차용

5.1 아편전쟁과 근대의 유입

5.1.1 근대 시기의 서구어 차용

아편전쟁은 청말의 폐쇄적인 중국에 가해진 거대한 충격이었다. 결국 중국은 그 충격으로 인해 문호를 열 수밖에 없었고, 서구 열강의 제국주의적 침략이 본격적으로 시작되었다. 이런 과정에서 중국은 피동적으로 서구와 근대의 문화를 받아들이게 된다. 외국에서는 외교관, 선교사, 상인들이 중국으로 들어오고, 중국에서는 지식인들이 외국에 나가 근대적인 학문을 익히기 시작했다. 또 다양한 서적들이 중국어로 번역되었고, 정부나 단체 혹은 개인들이 서구의 문물을 소개하는 책이나 잡지를 출판하였으며, 자연히 다양한 서양의 신문물이나 개념들을 가리키는 신어들이 다량으로 등장하게 되었다. 이는 중국어 어휘체계에 변화를 불러일으켰으며, 그 가운데에는 차용어의 대량 증가도 분명한 한 축을 차지한다.

명대에 이미 선교사의 번역 등을 통해 언어적 대외 교류가 시작되었으나, 청대 들어 한동안 외부와의 교류가 정체되었다. 그러다가 청말에 이르러 다시 번역이 급속하게 증가한다. 관의 주도로 번역 기구가 설립되었고, 또 다양한 외국어 학당들이 번역에 참여하였으며, 유학 등을 통해 번역가들이 배출되었다. 이 시기에 번역 활동으로 이름을 남긴 주요 인물로는 임칙서(林則徐, 1785-1850), 이선란(李善蘭, 1810-1882), 서수(徐壽, 1818-1884), 왕도(王韜, 1828-1897), 화형방(華蘅芳, 1833- 1902), 서건인(徐建寅, 1845-1901), 주집신(朱執信, 1885-1920) 등이 있다.

이 시기의 번역 기구로는 베이징의 동문관(同文館)과 상하이 강남제조국(江南製造局)의 번역관(翻譯館)이 대표적이다. 동문관은 외국어와 국제정세를 교육할 목적으로 1862년에 설립한 중국 최초의 관립 외국어 학교이다. 동문관에서는 서양 서적들을 중국어로 번역하여 국제법, 화학, 물리학, 정치학, 자연철학 등의 서양 지식을 보급하는 역할을 하였다. 이곳에서 영어와 국제법을 가르치면서 번역 사업에도 큰 기여를 했던 인물로는 윌리엄 마틴(William A. P. Martin, 丁韙良)이 있다. 그는 동문관의 총교습(總敎習)을 역임하였으며, 헨리 휘튼(Henry Wheaton)의 《국제법 원리(Elements of International Law)》를 번역하여 1864년에 《만국공법(萬國公法)》이라는 제목으로 출판하였다. 이 책에는 '特權'(특권), '主權'(주권), '民主'(민주), '自主'(자주), '自治'(자치), '國會'(국회) 등의 번역어가 사용되었다.

상하이의 강남제조국은 1865년에 무기 제조에 필요한 기계, 함선, 총포 등을 제조하기 위해 상하이 기기국(機器局)을 모체로 하여 설립된 기관이다. 함선이나 총포를 제조하기 위해서는 대량의 외국어 자료 번역이 요구됨에 따라 1868년에 번역관을 설립하였다. 번역관을 이끈 사람은 화형방(華蘅芳), 서수(徐壽), 서건인(徐建寅)이었으며, 총 9명의 외국

학자와 50명의 중국 학자가 서적의 번역에 참여하였다. 외국인 가운데 가장 두드러진 업적을 남긴 인물은 존 프라이어(John Fryer, 傅蘭雅)이다. 그는 1876년부터 1892년까지 발행된 중국 최초의 과학 보급 잡지《격치휘편(格物彙編)》을 창간하였으며, 중국 학자와의 협력을 통해 혹은 독자적인 작업을 통해 중국어로 번역 소개한 서적이 무려 129권에 달한다. 양계초(梁啓超)는 <論譯書>(1897)에서 "프라이어가 화학 서적을 번역할 때 각 원소의 본명에서 그 첫 소리를 택하여 중국어로 옮기고 거기에 편방을 덧붙였다. 금속류에는 '金'부, 암석류에는 '石'부를 더하였다.(傅蘭雅譯化學書, 取各原質之本名, 擇其第一音譯成華文, 而附益以偏旁, 屬金類者加金旁, 屬石類者加石旁。)"고 기술한 바 있다. 프라이어가 번역한 화학 원소 명칭(1872,《化學鑑原》) 가운데 오늘날까지 그대로 사용되는 용어들을 예로 들면 아래와 같다.

鋁(lǚ)	Alumimium	알루미늄(Al)
砷(shén)	Arsenic	비소(As)
鎘(gé)	Cadmium	카드뮴(Cd)
鈣(gài)	Calcium	칼슘(Ca)
鈷(gǔ)	Cobalt	코발트(Co)
鉻(gè)	Cromium	크롬(Cr)
鏑(dī)	Dysprosium	디스프로슘(Dy)
銦(yīn)	Indium	인듐(In)
鉬(mù)	Molybdenum	몰리브덴(Mo)
鎳(niè)	Nickel	니켈(Nl)
鈮(ní)	Niobium	니오브(Nb)
鈀(bǎ)	Palladium	팔라듐(Pd)
鉀(jiǎ)	Potassium	칼륨(K)
銣(rú)	Rubidium	루비듐(Rb)

釕(liǎo)	Ruthenium	루테늄(Ru)
鈉(nà)	Sodium	나트륨(Na)
鋱(tè)	Terbium	테르븀(Tb)
釷(tǔ)	Thorium	토륨(Th)
鈾(yóu)	Uranium	우라늄(U)
釩(fán)	Vanadium	바나듐(V)
鋅(xīn)	Zinc	아연(Zn)
鋯(gào)	Zirconium	지르코늄(Zr)

이 시기에 활약했던 중국 번역가 중에서 단연 손꼽히는 인물은 옌푸(嚴復, 1854-1921)이다. 그는 외국어 능력 외에도 번역 대상이 되는 주제에 관한 지식과 중국의 학문 전통에 따른 문필적 소양을 두루 갖춘 번역가였다. 그는 '信達雅'라는 번역의 원칙을 제창한 것으로도 널리 알려져 있다. 신(信)이란 원문의 뜻과 어긋남이 없게 하는 것, 달(達)은 뜻이 충분히 전달되게 하는 것, 아(雅)는 도착언어의 수사에 있어서도 매끄럽고 아름다운 것을 의미한다. 그가 남긴 번역서 가운데 대표적인 것으로는 토머스 헉슬리(Thomas Henry Huxley)의 《진화와 윤리(Evolution and Ethics)》를 번역한 《천연론(天演論)》(1898), 아담 스미스(Adam Smith)의 《국부론(The Wealth of Nations)》을 번역한 《원부(原富)》(1902), 스펜서(Herbert Spencer)의 《사회학 연구(The Study Of Sociology)》를 번역한 《군학이언(群學肄言)》(1903), 존 스튜어트 밀(John Stuart Mill)의 《자유론(On Liberty)》을 번역한 《군기권계론(群己權界論)》(1903), 몽테스키외(Baron de Montesquieu)의 《법의 정신(De l'esprit des lois)》을 번역한 《법의(法意)》(1913) 등이 있다.

이처럼 많은 번역서를 남기는 과정에서 그의 번역어에는 상당수의 차용어가 사용되었다. 그 가운데 오늘날까지 사용되고 있는 유명한 사례로 아래의 어휘들이 있다.

烏托邦	utopia	유토피아	
邏輯	logic	논리(학)	
圖騰	totem	토템	

또 일부는 오늘날 다른 번역어로 대체되었지만, 그 과정에서 그의
번역어가 일정 정도 영향을 미쳤을 것으로 추정되는 것도 있다. 그러
한 예는 아래와 같다.

[옌푸 번역어]   [현대어]

沙	tsar(царь)	차르(러시아 황제)	沙皇
加非	coffee	커피	咖啡
啤兒	beer	맥주	啤酒
勺克力	chocolate	초코렛	巧克力

하지만 현대어에도 영향력이 남아 있는 이상의 예들을 제외하면 옌
푸가 사용했던 대다수의 차용어는 언중들의 선택을 받지 못하고 도태
된다. 그 가운데 많은 어휘가 의역어나 일본산 한자어로 대체되었다.
이런 현상은 일반적으로 단음절 형태소 중심의 투명한 조어구조를 선
호하는 중국어의 특징 때문으로 이해된다.

[옌푸 번역어]   [현대어]

斐洛蘇菲	philosophy	철학	哲學
亞摩尼亞	ammonia	암모니아	氨
芝不拉	zebra	기린	長頸鹿
戈栗拉	gorilla	고릴라	大猩猩
靑明子	chimpanzee	침팬지	黑猩猩
邏各斯	logos	이성	理性

斐輯	physics	물리학	物理學
林肥	lymph	임파(액)	淋巴(液)
板克	bank	은행	銀行
伯理璽天德	president	대통령	總統
甲必丹	captain	선장, 캡틴	船長, 首領
斯旦稅	stamp duty	인지세	印花稅
畢協	bishop	주교	主教
樸柏	pope	교황	教皇

이 시기는 서양의 학문과 문물이 대거 유입되던 시기였고, 번역서나 잡지 등을 통해 정치, 경제, 과학, 종교, 법률, 지리 등의 서양에 관한 지식이 광범위하게 소개되었기 때문에 차용어도 서양 언어에서 유래한 것이 대부분이었다. 그 가운데 가장 많은 비중을 차지하는 것은 영어에서 유입된 차용어이다.

白蘭地	brandy	브랜디	
安培	ampere	암페어	
布丁	pudding	푸딩	
沙發	sofa	소파	
繃帶	bandage	붕대	
密斯特	mister(Mr.)	씨(남자 호칭)	先生
巴力門	parliament	의회	議會
德律風	telephone	전화	電話
漢倍克	hamburger	햄버거	漢堡包
司的克	stick	지팡이	手杖
塞門德士	cement	시멘트	水泥

5.1.2 일본산 한자어의 유입

근대 시기 중국과 일본은 서로 영향을 주고받으며 서양의 문물과 개념을 받아들였다. 周振鶴(2008: 75-76)가 소개한 아래 사례는 이를 잘 보여준다.

볼타 전지가 발명되자 사람들은 전지가 전기를 발생시키는 과정에서 한쪽 극판은 무거워지고 다른 한쪽 극판은 가벼워지는 현상을 발견하였다. 그리하여 네덜란드어에서는 두 극판의 명칭을 각각 증가하는 극판이라는 의미의 stellende pool과 감소하는 극판이라는 뜻의 ontkennende pool로 쓰게 되었다. 초기 일본인들의 서양 학문 지식은 주로 네덜란드를 통해 유입되었으므로 1826년에 출판된 《기해관란(氣海觀瀾)》에서는 이 말의 네덜란드어 원의에 따라 전지의 양극을 각각 '增極'과 '減極'이라고 명명하였다. 10여 년이 흐른 뒤 일본의 또 다른 저술인 《사밀개종(舍密開宗)》(舍密은 화학을 가리킴)에서는 이 두 번역어에 다소간의 품위를 더하여 각각 '積極'과 '消極'이라 하였다.

중국에서는 그와 다른 번역어가 탄생하였다. 1851년 미국인 홉슨(Benjamin Hobson, 合信)의 《박물신편(博物新編)》이 광저우에서 출판되었는데, 이 책에서 이를 각각 '陽極'과 '陰極'으로 번역한 것이다. 이는 중국인의 전통적인 음양 관념에 매우 부합하는 것이었다. 대략 1870년경 이 번역어들이 일본에 전해졌고, 한동안은 일본인들의 번역어와 공존하였으나 얼마 지나지 않아 '陽極'과 '陰極'이 주로 쓰이게 되었다. '積極'과 '消極'은 전극을 가리키는 본래의 의미를 상실하고 오늘날 흔히 쓰이는 것처럼 '적극적', '소극적'이라는 은유적 의미가 되었으며, 이 말이 또 중국에까지 유입되었다. 이렇게 해서 오늘날 '積極'과 '消極'의 본래 의미는 아무도 알지 못하게 된 것이다. 필자도 네덜란드 학자의 글을 읽기 전까지는 상상조차 하지 못했다.

중국은 19~20세기 무렵 일본으로부터 대량의 신어를 받아들였다.

이 신어들은 중국어에 본래 있던 말이거나 한자로 조어된 것이었다. 많은 사람들은 이 신어들을 두고 서양 언어를 직접 번역한 일본 학자의 번역어가 중국에 유입된 것이라고 생각했지만, 실은 꼭 그런 것만은 아니다. 어떤 말들은 중국에서 생성되어(중국인이나 서양 선교사의 번역 혹은 이들의 공동 번역) 일본으로 전해졌다가 다시 중국으로 들어왔다. 위에 언급한 '陽極'과 '陰極'이 그런 경우인데, 이를 일본에서 생성된 것으로 많이들 오해하는 것이다. 중국, 일본, 서구의 언어접촉을 연구할 때는 서구-일본-중국의 경로('積極'과 '消極')뿐만 아니라 서구-중국-일본-중국을 거치는 경로('陽極'과 '陰極')에도 주의를 기울여야 한다.

아편전쟁 전후로 중국에 대한 일본의 무력 위협이 잦아짐에 따라 청 조정에서는 일본의 동정을 살피기 위해 사신을 보낸다. 그렇게 파견된 사신들은 일본에 다녀오는 과정에서 견문록을 남겼다. 견문록에는 일본의 여러 가지 풍물을 소개하는 과정에서 일본산 한자어가 다수 언급되었다. 물론 이때까지는 이국의 풍물을 기록하는 차원에서 언급된 것들이었고, 차용어라고 할 만큼 중국어 어휘로 정착한 것은 아니었다.

1877년 초대 주일공사로 일본에 파견되었던 하여장(何如璋)은 3년간 재임하면서 자신이 겪고 본 것을 《사동술략(使東述略)》이라는 책으로 저술하였다. 책을 통해 그는 청과 일본이 수교하고 서로 사신을 파견하게 된 과정 및 일본에 이르는 여정 중에 경험한 여러 가지 풍물에 대한 기록을 남겼다. 이 책은 나가사키, 오사카, 도쿄, 교토 등 지역의 풍속이나 신문물, 그리고 메이지유신의 원인과 경과 등에 대한 평가를 남긴 책으로도 널리 알려져 있다. 이러한 내용적 특성상 자연히 이 책에는 다수의 일본산 한자어들이 언급된다. 그 일부를 살펴보면 다음과 같다.

元老院(원로원), 大政院(대정원), 大審院(대심원), 外務省(외무성), 大
藏省(재정부), 裁判所(법원), 警視廳(경시청), 議員(의원), 出張所(출장
소), 常備兵(상비군), 少佐(소령), 市場(시장), 公園(공원), 師範(사범), 幼
稚園(유치원), 鐵道(철도), 郵便(우편), 經費(경비), 意匠(구상, 고안), 淡
巴菰(담배), 神社(신사)

초대 주일참찬(駐日參贊)으로 임명된 황준헌(黃遵憲)은 1877년부터
1882년까지 일본에 머무르는 동안 조사와 연구를 바탕으로 《일본국지
(日本國志)》(1895)의 편찬에 착수하여 8년에 걸친 작업 끝에 50여만 자에
달하는 방대한 분량의 원고를 완성하였다. 이 책은 국통지(國統志), 인
교지(鄰交志), 천문지(天文志), 지리지(地理志), 직관지(職官志), 식화지(食貨志),
병지(兵志), 형법지(刑法志), 학술지(學術志), 예속지(禮俗志), 물산지(物産志),
공예지(工藝志)의 12지(志)로 구성되어 있다. 이 가운데 국통지, 인교지,
직관지, 학술지가 고대를 다루고 있는 것을 제외하면 나머지 대부분의
내용은 메이지유신 이후 일본의 변화에 대한 포괄적인 기록이다. 이
시기에 간행된 서적 가운데 일본에 관한 가장 대표적인 기록으로 평
가 받는 이 책에도 다수의 일본산 한자어가 언급되어 있다. 그 일부를
살펴보면 다음과 같다.

社會(사회), 國體(국체), 立憲政體(입헌정치체), 國旗(국기), 共和(공
화), 封建制(봉건제), 國會(국회), 議院(의원), 政黨(정당), 共和黨(공화
당), 自由黨(자유당), 民主黨(민주당), 立憲黨(입헌당), 主義(주의), 憲法
(헌법), 內閣(내각), 總理(총리), 議長(의장), 議員(의원), 總裁(총재), 投票
(투표), 解放(해방), 進步(진보), 權限(권한), 民權(민권), 法律(법률), 民法

(민법), 刑法(형법), 法庭(법정), 預審(예심), 公判(공판), 保釋(보석), 國民軍(국민군), 中將(중장), 常備(상비), 後備(후비), 士官(사관), 學校(학교), 操練場(연병장), 徵兵令(징집령), 警部(경부), 警察(경찰), 交番(교통망), 巡査(순사), 消防(소방), 銀行(은행), 證券(증권), 會社(회사), 製造所(공장), 紡績所(방직공장), 造幣場(조폐창), 紙幣(지폐), 綿織物(면직물), 市場(시장), 統計(통계), 會計(회계), 建築(건축), 經費(경비), 金額(금액), 規模(규모), 印紙(인지), 料理屋(음식점), 知識(지식), 博物館(박물관), 學科(학과), 生物學(생물학), 政治學(정치학), 藝術(예술), 小說(소설), 課目(과목), 訓導(훈육), 教員(교원), 公立(공립), 私立(사립), 師範學校(사범학교), 幼稚園(유치원), 公園(공원), 郵便局(우편국), 印刷局(인쇄국), 記者(기자), 雅樂(아악), 和歌(일본노래), 三味線(샤미센), 能(노), 猿樂(사루가쿠), 落語(만담), 體操(체조), 相撲(씨름), 衛生(위생), 洋服(양복), 鏡餠(가가미모치), 雜煮(오조니), 昆布(다시마), 淡巴菰(담배), 疊(다다미), 蒲團(부들방석), 寫眞(사진), 參觀(참관), 祇園祭(기온마츠리), 稻荷祭(이나리사이), 宗敎(종교), 神道(신도), 競馬(경마), 廣場(광장)

부운룡(傅雲龍)은 1887년부터 1889년까지 외교특사로 일본, 미국, 캐나다, 벨기에, 쿠바, 브라질 등의 국가에 파견되어 풍물을 시찰하고 이들 나라의 역사, 제도, 정치, 경제, 외교, 문물 등에 관한 내용을 기록하여 보고한 바 있다. 일본에 관한 내용은 1889년에 간행한《유력일본도경(遊歷日本圖經)》과 《유력일본도경여기(遊歷日本圖經餘記)》에 기록되었다. 여기에도 상당수의 일본산 한자어가 포함되어 있다.

大審院(대심원), 裁判所(재판소), 內閣(내각), 銀行(은행), 金庫(금고), 國債(국채), 議員(의원), 協會(협회), 主任(주임), 幹事(간사), 技師(기사), 課長(처장), 定員(정원), 卷揚機(기중기), 中將(중장), 大尉(대위), 大佐(대령), 憲兵(헌병), 工兵(공병), 軍曹(중사), 警察(경찰), 圖書館(도서관), 幼

稚園(유치원), 運動會(운동회), 體操(체조), 物理(물리), 衛生(위생), 公園(공원), 學科(학과), 解剖(해부), 統計(통계), 寫眞(사진), 博士(박사), 敎授(교수), 敎諭(중학교 교사), 反射(반사), 風琴(풍금), 淸酒(청주), 麥酒(맥주), 手洗所(화장실), 化妝(화장), 郵船(우편선), 保險(보험), 電燈(전등), 電話機(전화기), 人力車(인력거), 曹達(소다), 瓦斯(가스)

그러던 중 1895년 청일전쟁에서 청이 일본에 크게 패하면서 일본에 대한 중국의 태도에 변화가 일어나기 시작한다. 1896년 13명의 중국 유학생이 처음으로 일본에 파견되었고, 그 수는 점차 늘어나 1903년에는 1천여 명, 1906년에 8천여 명에 이르렀으며, 1915년에는 1만 명을 넘어서게 되었다. 또 1896년부터 1911년 사이에 중국에서 958권의 일본 서적이 번역 출간된다. 이 가운데 3분의 1이 정치와 사회에 관한 것이었다.(崔崟·丁文博 2013: 11)

일본의 문물과 학문을 경험하고 돌아오는 유학생이 늘어나고 일본 서적의 번역이 계속되면서 자연히 일본산 한자어도 중국어로 유입되기 시작했다. 이들 차용어는 대부분이 일본에서 서구어를 번역하여 만들어낸 근대 번역어들이었다. 그 가운데에는 한자어로 새롭게 조어한 것도 있고 고대 중국어의 어구를 차용한 것도 있었다. 이 번역어들은 일본어에서 사용되면서 충분히 성숙한 상태에 있었으므로 중국어로도 쉽게 차용되었다.

양계초(梁啓超)는 1896년《시무보(時務報)》를 창간하여 일본의 신문물을 소개하는 글을 발표하고 일본어 학습을 통해 일본이 서구의 학문을 학습하여 이룬 성과를 섭취할 것을 주장하였으며, 강유위(康有爲)는 1897년《일본서목지(日本書目志)》를 편찬하여 일본 서적을 소개하면서 일본어 학습의 중요성을 강조하였다.

이 시기에 나온 책 가운데 일본산 한자어와 관련하여 빼놓을 수 없는 책이 왕영보(汪榮寶)와 섭란(葉瀾)이 1903년 공동으로 집필 출판한 《신이아(新爾雅)》이다. 이 책은 《이아(爾雅)》의 체례를 모방하여 의미 범주에 따라 어휘를 분류하고 설명한 공구서로 14개의 범주에 따라 신문물과 풍속을 소개하고 있다. '釋政', '釋法', '釋計', '釋敎育', '釋群', '釋名'은 사회 인문 분야의 어휘를, '釋幾何', '釋天', '釋地', '釋格致', '釋化', '釋生理', '釋動物', '釋植物'은 자연과학 분야의 어휘를 설명하였다. 이 책에 수록된 일본산 한자어를 일부 살펴보면 아래와 같다.

國民(국민), 國籍(국적), 權限(권한), 參政權(참정권), 選擧法(선거법), 立法權(입법권), 司法權(사법권), 行政權(행정권), 國際法(국제법), 公法(공법), 動産(동산), 治外法權(치외법권), 後見人(후견인), 不文法(불문법), 公債(공채)), 資本(자본), 財政(재정), 保險(보험), 敎材(교재), 訓育(훈육), 一元論(일원론), 宇宙論(우주론), 共産主義(공산주의), 階級(계급), 國際(국제), 人道主義(인도주의), 命題(명제), 槪念(개념), 三段論法(삼단논법), 主詞(주어), 多邊形(다변형), 切線(절선), 圓柱體(원주체), 平行線(평행선), 太陽系(태양계), 海王星(해왕성), 天文學(천문학), 高氣壓(고기압), 回歸線(회귀선), 古生代(고생대), 火成巖(화성암), 加速度(가속도), 氣壓(기압), 引力(인력), 電話(전화), 化合(화합), 鹽基(염기), 硬水(센물), 電離(전리), 汗腺(땀샘), 淋巴管(임파관), 動脈(동맥), 迷走神經(미주신경), 屬(속), 綱(강), 目(목), 哺乳類(포유류), 球莖(구경), 花序(화서), 細胞膜(세포막), 互生葉(호생엽)

여기에 열거된 어휘 가운데에는 '公法'(공법)이나 '保險'(보험)처럼 중국에서 간행된 선교사 저작이나 중국인의 번역에 먼저 사용되었던 말이 일본어로 유입되었다가 다시 중국어로 되돌아온 회귀차용어(回歸借

詞)도 일부 포함되어 있다. 그러나 대다수는 일본에서 처음 만들어졌거나 일본어에서 고대중국어를 원용하여 서양 개념어를 번역한 것들이다.

이 시기 일본산 한자어가 중국어에 유입되는 과정에는 문학 작품이 기여한 바도 적지 않다. 루쉰(魯迅), 궈모뤄(郭沫若), 위다푸(郁達夫), 저우쭈어런(周作人) 등 일본에 유학했던 작가들은 자신들의 작품 안에 일본산 한자어를 곧잘 사용하곤 했다. 이는 결과적으로 이 어휘들이 중국어에 정착하는 데 상당한 동력이 되었을 것이다. 常曉宏(2014)은 이 가운데 루쉰의 작품에 사용된 일본어 차용어를 분석한 바 있다. 그 일부를 소개하면 아래와 같다.

> 版畫(판화), 悲劇(비극), 背景(배경), 本能(본능), 抽象(추상), 催眠(최면), 定義(정의), 概念(개념), 公益(공익), 構想(구상), 固體(고체), 積極(적극), 間接(간접), 競技(경기), 立場(입장), 麻醉(마취), 燃料(연료), 色盲(색맹), 失戀(실연), 聽覺(청각), 消極(소극), 演奏(연주), 液體(액체), 右傾(우경), 政策(정책), 重量(중량), 辯證法(변증법), 副作用(부작용), 目的地(목적지), 所得稅(소득세), 有機體(유기체), 展覽會(전람회), 殖民地(식민지), 自然界(자연계)

20세기 이후 일본산 한자어는 각종 경로를 통해서 끊임없이 중국어로 유입된다. 일본으로부터 귀국한 유학생들이 사용하고 소개하는 방식으로 혹은 그들의 문필을 통해서 유입되기도 하고, 일본 저작을 번역하면서 혹은 각종 언어사전을 편찬하면서 유입되기도 한다. 이 가운데에는 일본이 서양의 근대를 수용하는 과정에서 만들어낸 개념어들이 다수를 차지했기 때문에 전문용어가 상대적으로 큰 비중을 차지했다.

顧江萍(2011: 79-85)은 직접 구축한 일본어 차용어 코퍼스에서 만청(晩淸)과 민국초(民國初) 시기에 해당되는 1763개 항목을 추출하여 영역 분

석을 실시하였다. 이들 어휘를 일상생활, 사회과학, 자연과학의 세 영
역으로 크게 구분하여 집계한 결과 일상생활 552항목, 사회과학 873항
목, 자연과학 338항목이었다. 사회과학 영역에서는 철학, 정치, 법률,
경제 관련 어휘가 큰 비중을 차지하였으며, 자연과학 영역에서는 물
리, 의학이 상대적으로 많은 편이었다. 이 가운데 법률 관련 어휘와 의
학 관련 어휘의 일부를 예시하면 아래와 같다.

법률

保證(보증), 辯護師(변호사), 財産權(재산권), 裁判(재판), 成文法(성문
법), 法律(법률), 公法(공법), 公民權(공민권), 公判(공판), 國事犯(국사
범), 後見人(후견인), 檢事(검사), 解任狀(해임장), 覺書(각서), 看守(간
수), 可決(가결), 免許(면허), 民法(민법), 母法(모법), 判決(판결), 平等權
(평등권), 權限(권한), 商法(상법), 審査(심사), 時效(시효), 司法(사법), 條
約(조약), 未決(미결), 憲法(헌법), 憲章(헌장), 相續權(상속권), 刑法(형
법), 行政裁判(행정재판), 議案(의안), 子法(자법)

의학

繃帶(붕대), 傳染病(전염병), 動脈(동맥), 汗腺(땀샘), 間歇遺傳(간헐유
전, 격세유전), 解剖學(해부학), 靜脈(정맥), 淋巴腺(임파선), 流行病(유
행병), 卵巢(난소), 腦神經(뇌신경), 粘膜(점막), 粘液質(점액질), 犬齒(송
곳니), 乳癌(유방암), 乳腺(유선), 神經系統(신경계통), 生殖器(생식기),
手術(수술), 輸精管(수정관), 輸卵管(수란관), 體溫(체온), 無性生殖(무성
생식), 消化器(소화기), 小兒科(소아과), 血漿(혈장), 血液循環(혈액순환),
優生學(우생학), 有性生殖(유성생식), 職業病(직업병)

현대중국어에서 일본어로부터 유래한 한자어가 차지하는 비중은 작
지 않다. 특히 근대 번역어는 고대중국어의 어구를 원용하거나 고대중

국어의 규칙에 맞게 조어한 것이 많기 때문에 중국어에 쉽게 정착할 수 있었을 것이다. 물론 중국어에 유입된 일본산 한자어의 수량이 어느 정도이며, 그것이 현대중국어 어휘체계의 형성에 얼마나 큰 기여를 했는지에 대해서는 평가가 엇갈리는 부분이 있다. 曹煒(2010: 49-61)는 19세기의 차용어가 현대중국어 어휘체계 형성에 미친 영향이 작지 않다고 보는 Masini(1993)의 관점을 반박하기 위해 현대중국어 3000개 상용어휘를 대상으로 해당 어휘가 최초로 출현한 연대별 비율을 계산하여 제시한 바 있다. 그의 계량의 결과에 따르면 70% 이상의 어휘가 청대 이전에 형성되었으며, 5·4 이후에 출현한 단어는 23.26%였다. 그는 이러한 분석 결과를 근거로 현대중국어 어휘체계는 선진 양한 시기에 기초를 갖추었고 위진~원에 이르는 시기에 끊임없이 내실을 기하였으며 명청 시기에 대략을 기틀을 거의 갖추었다고 보았다.

그러나 이 계산법에서는 고대중국어의 어구가 근대 시기에 서양 개념의 번역어로 재활용된 경우는 일본어 차용으로 보지 않고 고대 시기에 출현한 어휘로 집계하고 있기 때문에 실제로 서양의 근대를 수용하는 과정으로서의 일본산 신조어의 기여도는 실제보다 낮게 계산된 측면이 있다. 또 텍스트 점유율(text coverage)이 90%에 못 미치는 3000 단어를 대상으로 한 것도 현대중국어 어휘체계의 형성을 논하는 방법으로는 아쉬운 부분이다. 현대중국어에서 3000 단어는 漢語水平詞彙(1992)에 의하면 86%의 점유율을 차지한다고 알려져 있고 曹煒(2010)도 이를 근거로 하였지만, 최근의 코퍼스 연구 성과를 바탕으로 한 Xiao et al.(2009)에 의하면 80.53%에 불과하며 5000 단어가 86.17%, 8000 단어 수준에서 비로소 90.47%에 도달한다. Hu & Nation(2000)에 의하면 텍스트 점유율 80% 수준은 최소한의 기본 어휘량[5]이므로 상대적으로 큰 변동 없이 안정적으로 유지되어 왔던 어휘가 많을 수 있으며, 어휘체계 전모를 논하기에는 편향적인 데이터일 수 있다. 앞서 언급된 많은 일본산 한자어들은 근대 이전에는 중국어 어휘체계 내에 없던 성원들이지만 3000어 데이터에도 포함되지 않는 어휘가 대부분이다. 이들이 현대중국어에서 차지하는 비중은 제대로 계산되지 않은 셈이다.

그리고 무엇보다도 曹煒(2010)의 논리에서 문제인 부분은 현대중국어의 형성을 중국어사의 시기를 구분하는 하나의 분기점으로 전제하느냐이다. 현대중국어 어휘체계가 명청 시기에 이미 기틀을 갖추었다는 그의 주장대로라면 5·4시기를 전후하여 이전과는 다른 중국어, 즉 현대중국어의 시대가 전개된다는 논리 자체가 부정되기 때문이다. 그가 현대중국어라는 새로운 시대적 실체 자체를 부정하는 것이 아니라면 계량은 현대중국어를 그 이전의 중국어와 구분해주는 요소들, 다시 말해서 명청 이후에 새롭게 등장하는 요소들에 초점이 맞춰졌어야 한다. 이 요소들의 등장이 바로 이전과는 다른 중국어, 즉 현대중국어의 등장을 의미하는 것이며, 그 가운데 일본산 한자어가 차지하는 비중이 곧 현대중국어의 형성에 일본산 한자어가 기여한 정도를 정확하게 말해주는 것이기 때문이다.

어휘체계 전체에서 일본산 어휘가 차지하는 비중이 압도적인 수준은 아닐 수 있다. 그러나 근대 세계의 형성이라는 측면에서 볼 때 근대적 개념과 사고를 담는 도구로서의 근대어 상당 부분이 일본산 한자어로 채워져 있다는 사실도 부인할 수 없는 것이 사실이다. 현대중국어 어휘체계에 미친 영향을 계량하고자 한다면 안정성과 지속성이 높은 어휘로 구성된 기초 어휘만이 아니라 사고와 관념의 충분한 표

---

5) Read(2004)는 현실적 텍스트 점유율을 95%로 보았다.

현이 가능한 어휘 범위를 대상으로 현대중국어의 현대성을 형성하는 어휘 집합에 초점을 맞춘 분석이 이루어져야 할 것이다.

5.2 20세기의 중국어 차용어

5.2.1 5·4 시기 전후의 서구어 접촉

중국의 문호가 열리고 서양의 근대가 유입되면서 5·4운동 시기를 전후로 중국은 서양의 문물과 과학기술은 물론이고 서구 사상도 본격적으로 함께 받아들이게 되었다. 이는 자연히 또 한 번의 차용어 유입 고조기를 가져왔다. 이 시기에 유입된 차용어들은 그 면면을 훑어보기만 해도 중국이 서구와의 본격적인 접촉 과정에서 어떤 영향을 받았는지를 어렵지 않게 느낄 수 있다.

당시 유행하던 최신의 것에는 '摩登'이라는 수식어가 곧잘 사용되었다. 이 말은 '현대적'이라는 의미의 'modern'을 음역한 것이다. 이는 당시 서구와의 문화적 접촉을 통해 유입되는 문물과 관념이 어떻게 받아들여졌는지를 단적으로 보여준다. 또 '白脫(油)'(버터, butter), '布丁'(푸딩, pudding), '沙拉/色拉'(샐러드, salad), '吐司'(토스트, toast)와 같은 어휘가 서구의 음식과 함께 유입되었으며, '香檳酒'(샴페인, champagne), '白蘭地/勃蘭地'(브랜디, brandy) 같은 주류도 '酒吧(間)'(바, 술집, bar)과 함께 중국에 상륙하였다. 이 밖에도 의복과 관련된 어휘로는 '法蘭絨'(플란넬, flannel), '開司米'(캐시미어, cashmere), '夾克'(자켓, jacket), '卡其'(카키, khaki) 등이 있고, 주거와 관련된 어휘로는 '水汀'(스팀, steam), '沙發'(소파, sofa) 등이 나타났다. 의식주 전반에 걸쳐 새로운 사물과 함께 그와 관련된 차용어가 중국어 어휘의 새로운 성원으로 유입되고 있었던 것이다.

여가 생활이나 문화 예술 쪽으로 눈을 돌리면 이 시기에 중국에 새롭게 소개된 것들이 다양하게 눈에 띈다. 여기에는 '撲克(牌)'(포커, poker), '卡通'(카툰, 만화, cartoon), '馬拉松'(마라톤, marathon), '高爾夫(球)'(골프, golf)와 같은 놀이나 스포츠도 있고, 국제대회인 '奧林匹克(運動會)'(올림픽, Olympic Games)도 있으며, '吉他'(기타, guitar), '巴松(管)'(바순, [피] basson)과 같은 악기, '探戈(舞)'(탱고, tango), '華爾茲(舞)'(왈츠, waltz), '桑巴(舞)'(삼바, samba) 같은 춤과 음악도 있다.

北京師範學院(1959: 105)에 따르면 5·4 이후로 접어들면서 일부 지식인들 사이에서는 과도하게 영어 음역어를 남용하는 경향이 나타나기도 했다. 예컨대 지팡이를 '手杖' 대신 '斯狄克'(stick)라고 하거나, 성인 남자에게는 '先生'이라는 중국식 호칭이 있음에도 '密司脫'(mister)라고 하고, 미혼 여성에게 '小姐' 대신 '蜜絲'(miss)를 쓰거나 기혼 여성에게 '夫人' 대신 '密昔司'(missus)를 사용하는 풍조가 나타났다는 것이다. 그만큼 이 시기에는 서구어의 음역어를 사용하는 것이 근대성을 상징하는 코드였음을 의미하는 현상이다.

당시 서구어 차용어의 유입은 서구 문물의 유입에 따른 결과였던 만큼 사상 혁명의 기치를 내걸고 신문화 운동을 주도했던 잡지《신청년(新靑年)》을 주목할 필요가 있다. 《신청년》은 1915년 천두슈(陳獨秀)에 의해 《청년잡지(靑年雜誌)》라는 이름으로 창간하여 1926년에 폐간되기까지 10여 년 동안 중국 현대문학과 문화사상사에 큰 족적을 남겼다.6) 신문화 운동의 진지였던 만큼 여기에는 학설이나 이념 혹은 신문물이 많이 등장하며, 자연히 상당량의 차용어가 사용되었다. 그 가운데 '주

---

6) 이 시기는 백화문 운동의 흥기와 함께 근대 중국어와 현대 중국어를 가르는 분기점이 된다는 점에서도 중요하다.

의(-主義)'류에 속하는 예를 몇 가지 들어 보면 '安那其主義'(무정부주의, anarchism), '拉馬克主義'(라마르크설, Lamarckism), '門羅主義'(먼로주의, Monroe Doctrine), '斯拉夫主義'(슬라브주의, Славянофильство, Slavophilism), '邊沁主義'(공리주의, Benthamism) 등이 있다.

《신청년》을 중심으로 한 신문화운동은 무엇보다도 이른바 '賽先生'과 '德先生'[7]을 전면에 내세우며 '과학'과 '민주'를 주창한 운동이었다. '賽先生'과 '德先生'이라는 표현에서 드러나는 것처럼 5·4운동 시기에 중국이 접촉한 서구는 과학기술과 정치경제 분야가 큰 비중을 차지하고 있었다. 먼저 이 시기에 유입된 과학기술 관련 차용어들을 살펴보면 근대 과학기술의 다양한 분야가 중국에 소개되었다는 사실이 잘 드러난다.

阿摩尼亞	암모니아	ammonia
阿司匹林	아스피린	aspirin
安培	암페어	ampère
安知必林	안티피린	antipyrin
百布聖	펩신	pepsin
幫浦	펌프	pump
德律風	전화	telephone
荷爾蒙	호르몬	hormone
卡路里	칼로리	calorie
可提因	코데인	codeine
奎寧	퀴닌	quinine
馬達	모터	motor

---

7) '賽先生'과 '德先生'은 각각 영어 science와 democracy를 음역한 '賽因斯'와 '德謨克拉西'의 첫 글자에 중국식 호칭 '先生'을 덧붙여 의인화한 표현이며, 당시 과학과 민주를 이렇게 지칭하곤 하였다.

麥克風	마이크	microphone
尼龍	나일론	nylon
盤尼西林	페니실린	penicillin
賽璐珞	셀룰로이드	celluloid
珊篤寧	산토닌	santonin
聲吶	소나	sonar
維他命	비타민	vitamin
伊洪	이온	ion
以太	에테르	ether
陰丹士林	인단트렌	indanthrene

정치나 경제 분야에서도 중국이 가지고 있지 않았던 개념이나 사물이 유입되면서 그에 상응하는 차용어가 다수 나타났다. 먼저 경제 분야의 차용어로는 '杯葛'(보이콧, boycott), '托拉斯'(트러스트, 기업합동, trust) 같은 말이 있다. '乞克'(수표, cheque) 같은 단어도 한동안 사용되었다. 정치와 관련된 용어들도 서구의 정치 사상이나 이론이 유입되면서 함께 전해졌다. 그 가운데 일부를 예로 들면 아래와 같다.

布爾喬亞	부르주아	[프] bourgeois
普羅列塔利亞	프롤레타리아	[독] Proletariat
哀的美頓書	최후통첩	[영] ultimatum
沙文主義	쇼비니즘	[프] Chauvinisme
苦迭打	쿠데타	[프] coup d'Etat
納粹	나치	[독] Nazi (Nationalsozialist)
法西斯	파시스트	[이] fascismo
布爾什維克	볼셰비키	[러] большевик (bol'shevik)[8]

---

8) 열독의 편의를 위해 러시아어는 키릴문자 표기와 함께 그에 대한 로마자 전사 표기를 함께 제시한다. 표기법은 영미권 대중매체에서 널리 쓰이는 BGN/PCGN을 따른다.

蘇維埃　　　　소비에트　　　　[러] COBéT (sovét)

이들 어휘 가운데 마지막의 두 사례는 러시아어에서 유입된 차용어들이다. 중국어 차용어에서 러시아어를 어원으로 하는 어휘의 비중은 20세기 중반을 지나면서 더욱 커지게 된다. 이는 소련이 중국과 지리적으로 인접해 있는 데다 20세기에는 정치적으로도 상당한 영향을 주고받았던 것과도 관련이 있다.

5.2.2 중화인민공화국 초기의 차용어

1949년 중화인민공화국이 수립되면서 중국과 국제사회 간에는 이른바 '죽의 장막'으로 상징되는 단절의 시대가 전개된다. 냉전 시대의 국제질서와 맞물리면서 사회주의 체제의 중국은 불가리아, 루마니아, 헝가리, 체코슬로바키아, 폴란드, 알바니아, 베트남 등 주로 사회주의 진영과 외교 관계를 수립하였다. 자본주의 진영 서방 국가와의 교류가 사실상 단절됨에 따라 중국어도 자연히 영어나 일본어 혹은 여타 서유럽 언어로부터 차용어를 받아들일 기회를 상실하였다. 이와 같은 상황에서 20세기 중반 이후 한동안은 불가피하게 중국어에 차용어를 공급하는 수여언어에 변화가 나타났다.

1949년 10월 1일 중화인민공화국 수립 선포 다음 날 소련은 가장 먼저 중화인민공화국을 국가로 인정하고, 10월 3일 정식 국교 관계를 수립하였다. 이후 중국은 소련과 동맹을 맺고 다양한 측면에서 소련과 교류하며 지원을 받게 된다. 이러한 협력 관계는 1960년대 초 양국 관계가 악화되기 전까지 지속되었다. 교류의 규모나 양상은 인적 교류 측면에서 우선 쉽게 확인할 수 있다. 1950년~1960년 사이에 중국에서 소련으로 가서 교육을 받은 인력은 노동자 2만 명, 기술인력 8,000명, 학생 7,500명, 과학자 1,300명, 교사 1,200명 등 모두 38,000명에 달하며, 소련에서 중국에 파견된 인력은 공업 분야 5,400명, 교통·통신 분야 2,000명, 농업·수리·임업 분야 1,000명, 과학 연구 분야 750명, 교육 분야 700명 등 총 11,000명에 달한다.(Cheng, 1965, 姜振寰·謝詠梅, 2009: 251에서 재인용) 소련에서 파견된 전문인력이 중국에 남긴 영향은 교육 분야의 일부 자료만으로도 쉽게 짐작할 수 있다. 중국 교육부의 문서에 의하면 이 시기에 소련의 전문가들에 의해 양성된 교사와 대학원생이 14,132명이었으며, 소련 전문가가 직접 개설한 교과 과정이 1,327 과목, 편찬한 강의 자료와 교재가 1,158종에 달했다.(毛禮銳·沈灌群, 1989: 105-106)

또 이 시기에는 소련의 서적과 자료에 대한 번역도 대량으로 이루어졌다. 중화인민공화국 수립 후 1953년까지 소련 서적의 번역서는 모두 5,183종으로 전체 번역서의 87.1%에 달하며, 1954년~1957년 사이에 출판된 서적 가운데 소련 서적 번역은 38~45%에 이르는 것으로 알려져 있다.(沈志華, 2009: 316)

소련의 인력에 중국에 들어오기 시작할 때부터 중국공산당 지도부는 '전면적으로 소련을 배우자(全面學習蘇聯)'는 방침을 지속적으로 하달하였고, 그에 따라 민간에서도 소련과 관련된 것에 대한 긍정적인 태도가 형성되었다. 이런 분위기는 자연히 언어에 대한 태도에도 반영되어 러시아어 열풍을 불러일으켰다. 당시 중국에서는 러시아어가 외국어로 교수되는 유일한 외국어였다. 러시아어 열풍은 다양한 러시아어 교습 프로그램과 관련 학과의 개설, 다양한 수요에 맞춘 교재의 출판, 러시아어 학습 방법에 관한 의견 개진 등의 형태로 나타났다.

이러한 시대적 상황에서 새로운 문물이나 개념이 중국으로 유입되

는 언어적 경로는 주로 러시아어일 수밖에 없었다. 당시에 유입된 차
용어를 살펴보면 정치, 경제, 군사, 산업, 과학기술, 문화 등 다방면에
걸쳐 있음을 어렵지 않게 확인할 수 있다.

契卡	체카(공안 기구)9)	ЧК (ck)
杜馬	두마(러시아 의회)	дума (duma)
高士潑林	고스플란(국가계획위원회)	Госплáн (Gosplán)
喀秋莎	카튜샤(다연장 로켓)10)	Катюша (Katyúsha)
烏拉	우라(감탄사, 돌격 함성)	ypa (ura)
康拜因	콤바인(농기계)	комбайн (kombayn)
拖拉機	트랙터	трактор (traktor)
杜洛克	두라크(카드 게임)	дурак (durak)
巴揚	바얀(악기)	баян (bayán)
達恰	다차(별장)	дáча (dácha)
布拉吉	원피스	плáты (pláty)
習明納爾	세미나	семинар (seminar)
斯普特尼克	인공위성	спутник (spytnik)
普特	푸드(pood, 단위)	пуд (pud)

이 시기에는 무수히 많은 소련의 사물과 개념이 중국에 소개되었고,
그 가운데 상당수가 차용어의 형태로 중국어 속에 등장하였으나 중국
어 어휘체계에 정착한 사례는 많지 않다. 위의 예시를 통해서도 쉽게
짐작할 수 있는 것처럼 이 시기에 유입된 사물이나 개념들이 중국인

---

9) '반혁명 방해공작 대처를 위한 국가특수위원회'의 약칭. 1917년 레닌의 명령으로 설립된
  공안 기구로 1922년 국가정치부(GPU)로 승계되었다.
10) 카튜샤는 1938년에 작곡된 러시아 대중가요이며, 군가로 많이 불리었다. 2차 대전 때
  소련에서 개발한 다연장 로켓 BM-13에 새겨진 약자가 K였던 까닭으로 카튜샤는 이
  다연장 로켓의 별명으로 사용되었다. 중국어 '喀秋莎'는 두 가지 모두를 가리키나 중화
  인민공화국 건국 초기 문헌에서는 노래보다는 다연장 로켓을 가리키는 경우가 많았다.

의 일상에 큰 영향을 미치지 못했던 것이 가장 큰 이유이다. 또 당시의 열풍이 10년 정도에 그쳤다는 사실도 러시아어 차용어의 생존력을 약화시키는 이유가 되었다. 소련과의 협력 관계와 그에 따른 러시아어 열풍은 1950년대에 잠깐의 유행처럼 지나갔고, 1960년대 들어 소련과의 대립이 본격화되고 대약진 운동과 문화대혁명이 전개되면서 열풍은 금세 사그라들고 말았다.

당시 국제사회에서 중국의 고립성과 폐쇄적인 대외 교류 환경이 이 시기에 러시아어를 거의 유일한 외국어의 지위로 이끌었다면, 대내적으로는 중화인민공화국 초기의 소수민족 포용과 융합 정책이 활발한 언어적 교류로 이어진 측면이 있다.

중국공산당의 소수민족 정책은 1930년대 연방제 참여 혹은 독립과 자결권을 인정하겠다는 선언에서 항일구국을 위한 협력 하에서 자치를 허용하는 수준으로의 변화를 거쳐 중화인민공화국 수립 이후에는 민족간의 대단결을 강조하는 쪽으로 변화해 왔다. 중화인민공화국 초기에는 헌법에 민족 평등, 민족 단결과 국가 통합을 지향하는 정책 원칙을 규정하고, 정무원(政務院)의 지시를 통해 멸시의 성격을 띤 소수민족 명칭을 수정하였으며, 민족 자치 제도를 정비하는 등 소수민족에 대한 호의적인 입장에서 사회 안정을 위한 노력을 전개하였다.(정재남, 2007; 2008)

중화인민공화국 수립을 전후한 이런 노력의 결과로 민족 간의 관계에 일정 수준의 변화가 일어났다. 실질적인 소수민족 우대인가에 관한 논란이 없지는 않으나 법적으로 소수민족에 대해서는 우대와 사회 통합을 지향하는 대우가 이루어졌고, 거기에 사회주의 정부 수립 초기의 평등주의적 관념까지 영향을 미치면서 중국 내의 민족 관계는 그 전에 비해 상당한 수준의 평등에 다가서게 된 것이다.

 이러한 분위기 속에서 소수민족은 스스로 자치 지역에서 자신들의 언어와 문화를 보존하고 누릴 수 있게 되었고, 중국인들의 관념 속에는 소수민족의 문화도 존중하고 계승해야 할 가치로 자리를 잡게 되었다. 그 결과 소수민족 지역에서는 소수민족과 한족 사이의 언어적 교류와 접촉이 곧잘 일어났으며, 어휘 수준에서 상대방의 언어를 차용하는 현상도 빈번히 일어났다.

 1950년대 이후의 중국 내 소수민족 언어 차용어를 살펴보면 소수민족의 민속이나 풍습에 관한 것이 대부분이다. 과거 언어접촉의 사례에서도 확인할 수 있는 것처럼 차용어는 도착언어에 없는 새로운 사물이나 개념을 가리키는 어휘의 유입에 의해 만들어진다. 경제적·문화적 영향력으로 보면 소수민족으로부터 한족으로의 영향력보다는 반대 방향의 영향력이 컸을 것이고, 따라서 소수민족 언어로부터 중국어로 유입되는 차용어는 소수민족 고유의 것에 국한되었을 것이다.

 소수민족 고유의 것으로 가장 먼저 꼽을 수 있는 것은 음식이다. 소수민족의 음식을 가리키는 차용어에는 아래와 같은 것들이 있다.

糌粑	참파/잠바(음식)	$tsam^{55}pa^{54}$ [티베트어]
馕	난(납작빵)	nan [위구르어]
納仁	나렌(고기면)	narən [키르기스어]

 소수민족 문화를 대표하는 것으로는 종교를 꼽지 않을 수 없다. 대표적인 것으로는 회족(回族), 위구르족(維吾爾族), 카자흐족(哈薩克族), 키르기스족(柯爾克孜族)의 이슬람교, 티베트족(藏族)의 라마교, 나시족(納西族)의 동파교 등이 있다. 이들 종교와 관련된 차용어를 몇 가지 예시하면 다음과 같다.

喇嘛	라마(스승, 승려의 존칭)	la^{55}ma^{54} [티베트어]
堪布	켄포(상급 라마)	khẽ:^{55}po^{54} [티베트어]
唐卡	탕카(불화)	thã:^{55}ka^{54} [티베트어]
乃瑪孜	나마즈(이슬람교 일상 기도)	namāz [위구르어]
東巴	동파(무당)	to^{33}mha^{21} [나시어]

이 밖에 소수민족 지역 특유의 지형지물에 관한 어휘도 일부 중국어에 차용되어 흔적을 남겼다. 아래는 그 가운데 몇 가지 예이다.

坎兒井	카레즈(지하 저수 운하)	kariz [위구르어]
敖包	오부가(흙/돌더미 지리 표지)	obuga [몽골어]
浩特	호트(도시, 부락)	xota [몽골어]

이 시기의 소수민족 언어에서 유래한 차용어 가운데 가장 많은 것은 역시 음악이나 예술과 관련된 어휘들이다. 특히 악기 이름이 많고, 공연 예술 또는 축제 명칭도 있다.

達瓦孜	다와즈(줄타기 곡예)	dawaz [위구르어]
那達慕	나담(전통 축제)	naadam [몽골어]
獨他爾	두타르(현악기)	dutar [위구르어]
熱瓦甫	라왑(현악기)	rawap [위구르어]
達甫	따푸(북)	dap [위구르어]
冬不拉	돔브라(현악기)	dombra [카자흐어]
柯布斯	코비즈(현악기)	kobez [카자흐어]
庫木孜	코무즈(현악기)	qhomuz [키르기스어]

중국 내의 소수민족 중에는 한국어를 사용하는 조선족(朝鮮族)도 있다. 이 시기의 민족어 차용어 중에는 한국어에서 유래한 것들도 일부

있다. 흥미롭게도 이들은 대부분 공연 예술이나 악기 이름이다.[11]

鼓打鈴(북타령), 判索裏(판소리), 才談(재담), 三老人(삼노인), 伽椰琴(가야금)

이상으로 개혁개방 시기에 돌입하기 전까지의 중국어 차용어 수용
사를 간략하게 살펴보았다. 차용어는 언어접촉의 대표적인 결과물인
만큼 민족, 사회, 공동체 집단이 과거에 어떤 교류와 접촉을 가졌는지
가 잘 반영된다고 할 수 있다. 대체로 대외 교류가 고조되던 시기에
차용어의 증가 추세도 고조되는 경향을 보였고, 중국어를 사용하는 언
어 공동체가 처한 상황과 환경에 따라 차용어를 공급하는 수여언어도
달라지는 양상을 보였다. 그런 의미에서 개혁개방 시기는 또 어떤 의
미를 가지는 시기인지 이어서 살펴보기로 하자.

---

11) 중국에서는 이들 어휘를 조선족 언어에서 유래한 것으로 간주하여 민족어 차용어로 분
류한다. 그러나 한국어는 남한과 북한에서 사용하는 외국어이기도 하므로 이를 외국어
차용어가 아닌 소수민족 언어 차용어로 간주하는 것은 다분히 중국 중심적인 것이다.
독립 국가의 언어이면서 동시에 중국 내 소수민족의 언어이기도 한 경우는 모두 같은
상황이다. 그런 점에서 중국 경내 민족어 차용어를 다른 외국어 차용어와 구분하여 다
루는 것 자체가 개별 언어에 대한 공정한 처사가 아닐 수 있다. 다만 여기에서는 중화
인민공화국 건국 초기 중국 내부에서 활발하게 일어난 언어접촉 상황의 특수성이 있는
만큼 이를 파악하기 위해 중국의 구분을 따랐다.

제 6 장

개혁개방과 신시기 차용어

6.1 개혁개방과 신조어의 출현

6.1.1 개혁개방 시대의 언어

개혁개방(改革開放)은 오늘날의 중국을 지배하는 키워드이다. 문자 그대로 중국은 1978년 12월을 기점으로 대내적인 체제 개혁과 대외적인 개방 정책을 시작했다. 이는 과거의 중국과는 질적으로 다른 중국 사회의 등장을 의미한다. 그런 의미로 중국에서는 이 시기를 두고 '신시기(新時期)'라 부른다. 1949년 중화인민공화국 수립 이후의 중국을 '신중국(新中國)'이라 하는 것과 마찬가지로 이 시기를 가리키는 명칭에 붙은 '신(新)-'이라는 접두어는 중국 사회가 이 시기에 그만큼 큰 변화를 겪었음을 잘 보여준다.

이는 자연히 언어생활에도 큰 변화를 일으켰다. 대내적인 체제 개혁은 주로 '중국 특색의 사회주의'라 불리는 시장경제 체제의 도입이었다. 경제 체제의 개혁은 인민 생활의 많은 부분을 바꿔놓는 것이었기 때문에 인민의 언어에는 과거에 쓰지 않던, 혹은 과거에는 알지 못했던 어휘들이 무수하게 등장했고, 인민의 관념에 변화를 일으키면서 사회주의적 사회 문화를 상징하던 어휘들이 퇴조하고 시장주의적 관념을 반영하는 어휘들이 밀려들기 시작했다. 대외적인 개방은 과거 '죽의 장막'이라 불리던 폐쇄적 체제의 종언을 의미한다. 장막이 걷히면서 중국 밖의 세계에 넘쳐나던 사물과 관념과 어휘들이 중국으로 밀려들었다. 중국어 차용어의 역사에서 이 시기가 또 한 차례의 고조기로 기억될 수 있는 것은 바로 이 때문이다.

따라서 이 시기에 중국어 어휘에 일어난 커다란 변화는 대량의 신조어 출현으로 요약할 수 있다. 현대중국어의 역사 속에서 중국어 어휘는 5·4 신문화 운동 시기, 중화인민공화국 수립 시기, 그리고 개혁개방 이후 시기까지 세 차례 큰 변동을 겪었다고 볼 수 있다. 이 가운데 특히 개혁개방 이후의 어휘 변화는 그 폭과 속도에 있어서 앞의 두 시기를 능가한다는 평가가 나올 만큼 새로운 스타일과 새로운 격조에 대한 추구, 신조어의 창출과 차용어의 수용에 대한 창의와 열정이 넘치는 모습을 보여준다.

6.1.2 신조어의 폭발적 증가

이 시기의 어휘 변화는 앞서 서술한 것처럼 신조어의 대량 출현을 특징으로 한다. 개혁개방의 중국에는 새로운 사물과 새로운 관념이 끊임없이 쏟아져 나왔고, 이런 변화가 어휘체계에 반영되면서 새로운 단어들이 대거 등장하였다. 개혁개방 시기 신조어의 출현이 보여준 속도감과 광범성은 과거의 중국어 어휘사에서 찾아보기 힘들 만큼 높은

수준이었다. 이는 단적으로 관련 사전의 출판 현황으로 살펴볼 수 있
다. 1978년 이후로 현재까지 출판된 중국어 신조어 사전으로는 다음과
같은 것들이 있다.

《常用新詞例解》(王自强, 浙江人民出版社, 1981)

《新詞新語新義》(沈孟瓔, 福建敎育出版社, 1987)

《現代漢語新詞詞典》(王均熙, 齊魯書社, 1987)

《漢語新詞詞典》(閔家驥, 劉慶隆, 韓敬體, 晁繼周, 上海辭書出版社, 1987)

《新詞新語詞典》(李行健, 語文出版社, 1989)

《現代漢語新詞新語新義詞典》(諸丞亮, 中國工人出版社, 1990)

《新詞新義辭典》(唐超群, 武漢工業大學出版社, 1990)

《當代漢語新詞詞典》(劉繼超等, 陝西人民出版社, 1990)

《常用新詞語詞典》(張壽康, 經濟日報出版社, 1991)

《新詞新義詞典》(雷良啓, 王瑋, 湖南敎育出版社, 1991)

《漢語新詞新義詞典》(閔家驥等, 中國社會科學出版社, 1991)

《漢語新詞新義》(劉配書, 遼寧大學出版社, 1991)

《新詞語詞典》(北京市語言學會《新詞語詞典》編寫組, 人民郵電出版社, 1993)

《新詞新語詞典 1993年增訂本》(李行健, 語文出版社, 1993)

《漢語新詞語詞典》(李達仁, 商務印書館, 1993)

《漢語新詞詞典》(王均熙, 漢語大詞典出版社, 1993)

《新詞新語辭典》(林康義, 大連理工大學社, 1994)

《現代漢語新詞詞典》(于根元, 北京語言學院出版社, 1994)

《現代漢語新詞語詞典》(于根元, 中國靑年出版社, 1994)

《精選漢語新詞語詞典》(周洪波, 四川人民出版社, 1997)

《簡明漢語新詞詞典》(王均熙, 上海世界圖書出版公司, 1997)

《大陸新詞新語8000則》(李行健, 曹聰孫, 云景魁, 五南圖書出版社, 1998)

《新詞新語詞典》(姚漢銘, 未來出版社, 2000)

《現代漢語新詞語詞典 1978-2000》(林倫倫等, 花城出版社, 2000)

《港臺用語與普通話新詞手冊》(朱廣祁等, 上海辭書出版社, 2000)

《漢語新詞語詞典》(李振杰, 淩志韞, 新世界出版社, 2000)

《現代漢語規范詞·難詞·新詞》(倪文杰, 陳孟勤, 中央民族大學出版社, 2002)

《新華新詞語詞典》(周洪波, 商務印書館, 2003)

《當代漢語新詞詞典》(王均熙, 漢語大詞典出版社, 2003)

《當代漢語新詞詞典》(曲偉, 韓明安, 中國大百科全書出版社, 2004)

《新詞新語詞典》(沈孟瓔, 四川辭書出版社, 2005)

《現代漢語新詞語詞典》(《現代漢語新詞語詞典》編委會, 商務印書館國際
　　　　　　有限公司, 2005)

《新詞流行詞辭典》(鄒宏儀, 鄒彥, 河海大學出版社, 2005)

《學生新詞語詞典》(亢世勇, 上海辭書出版社, 2006)

《新世紀漢語新詞詞典》(王均熙, 漢語大詞典出版社, 2006)

《21世紀華語新詞語詞典》(鄒嘉彥, 游汝杰, 復旦大學出版社, 2007)

《新詞語速查手冊》(劉燕華, 周誼, 林菁, 湖南科學技術出版社, 2009)

《新中國60年新詞新語詞典》(沈孟瓔, 四川辭書出版社, 2009)

《現代漢語新詞語詞典》(亢世勇, 上海辭書出版社, 2009)

《誓說新語：網絡邊緣用語詞典》(李筱雪, 新星出版社, 2009)

《全球華語新詞語詞典》(鄒嘉彥, 游汝杰, 商務印書館, 2010)

《漢語新詞詞典 2005-2010》(王均熙, 學林出版社, 2011)

《中學生新詞新語詞典》(亢世勇, 上海辭書出版社, 2013)

《100年漢語新詞新語大辭典 1912年-2011年》(宋子然, 上海辭書出版社, 2014)

《現代漢語新詞語詞典》(劉海潤, 亢世勇, 上海辭書出版社, 2016)

　　이 외에도 중국어-외국어 대역어 사전의 형태로 간행된 신조어 사
전들이 다수 출판되었다. 여기에 해당되는 사전은 아래와 같은 것들이
있다.

《漢英新詞語詞典》(洪小玲, 江蘇敎育出版社, 1989)

《漢英新詞語彙編》(李振傑等, 北京語言學院出版社, 1990)

《漢英新詞語詞典》(戎林海, 機械工業出版社, 1992)

《漢英新詞語辭典》(胡志勇, 旅游敎育出版社, 1994)

《簡明漢英新詞語詞典》(張健, 唐見端, 金盾出版社, 1995)

《漢英新詞新義詞典》(劉希彦, 吉林大學出版社, 1996)

《漢日新詞詞典》(李振杰等, 遼寧人民出版社, 1997)

《漢英專業新詞語詞典》(路玉坤等, 山東科學技術出版社, 1999)

《漢英新詞語詞典》(李灝文, 文匯出版社, 2000)

《漢英新詞語詞典》(王耀華, 陸水英, 遼寧師範大學出版社, 2000)

《報刊新詞英譯詞典》(張健, 上海科技敎育出版社, 2001)

《報刊新詞英譯縱橫》(張健, 上海科技敎育出版社, 2001)

《中國時尙熱點新詞速譯》(朱詩向, 對外經濟貿易大學出版社, 2002)

《漢英新詞語詞典》(施曉菁, 吳嘉水, 外語敎學與硏究出版社, 2002)

《最新漢英新詞詞典》(田世才, 四川人民出版社, 2004)

《漢英新詞新語辭典》(胡志勇, 上海交通大學出版社, 2004)

《漢日新詞詞典》(林曉, 林坡, 張鍵, 化學工業出版社, 2005)

《中韓新詞語詞典》(朴文峰等, 民族出版社, 2005)

《漢法新詞語彙編》(侯貴信, 謝燮禾, 外語敎學與硏究出版社, 2007)

《漢英新詞新語精編》(胡志勇, 學林出版社, 2011)

《漢英新詞新語詞典》(吳光華, 上海譯文出版社, 2015)

주기적으로 출판되는 신조어 목록도 있다. 1991년부터 2016년까지 매년 혹은 2~4년 주기로 《漢語新詞語》와 《漢語新詞新語年編》[1]이 출판

---

[1] 《漢語新詞語》는 1991년부터 1994년까지, 그리고 2006년부터 2016년까지 매년 그 해의 신조어를 수록하여 출판되었으며, 1995년부터 2013년까지는 2~4년 주기로 《漢語新詞新語年編》이 출판되었다. 중도에 약 10년간 발행 주기가 2~4년으로 늘어났던 적이 있을 뿐 사실상 1991년부터 2016년까지 꾸준히 신조어를 수집하여 출판한 셈이다. 2016년 이후로는 아직까지 출판 소식이 없다.

되었고, 2005년부터는 매년 간행되는 《中國語言生活狀況報告》에 당해 연도의 신조어 목록이 수록되고 있다. 이상의 사전과 목록의 발행 빈도와 볼륨은 개혁개방 이후에 등장한 신조어의 규모를 충분히 짐작케 한다. 이들 자료에 수록된 신조어 가운데 1990년대 이후의 신조어 일부를 시간 순서에 따라 살펴보면 다음과 같다.

打假	위조품 제조 판매 단속 (1991)
大耳朵	위성방송 수신 안테나 (1992)
手機	핸드폰 (1993)
雙休日	(주5일근무제의) 이틀 연휴 (1994)
二手煙	간접흡연 (1995-1996)
空嫂	기혼 스튜어디스 (1995-1996)
下崗	이직하다 (1995-1996)
爆炒	매스컴이 크게 다루다 (1997-2000)
哈韓	한국의 유행을 좇다 (1997-2000)
割肉	손절매 (2001-2002)
博客	블로그 (2003-2005)
地溝油	폐식용유 (2003-2005)
車奴	카푸어 (2006)
去核化	(주로 북한의) 비핵화 (2007)
山寨	모조품, 가짜 (2008)
貧二代	흙수저 (2009)
給力	대박, 짱 (2010)
雲電視	클라우드 TV (2011)
房哥	권력으로 집을 불법 소유하는 관리 (2012)
光盤族	(접시를 다 비우며) 절약하는 사람 (2013)
陽光族	적극적이고 활기찬 태도로 사는 사람 (2014)

| 創業島 | 창업자용 서비스 클라우드 플랫폼 (2015) |
| 禁韓令 | 중국 내 한국 연예인 활동 제한 조치 (2016) |

신조어들은 시대와 사회의 변화를 반영하면서 대중 미디어를 통해 널리 유통된다. 극히 일부임에도 불구하고 위의 예시를 훑어보면 시대의 변화를 발견할 수 있는 것은 신조어의 시대성 때문이다.

그러나 모든 신조어가 새롭기만 한 것은 아니다. 중화인민공화국의 수립과 함께 계획경제 체제가 되면서 사회에서 사라졌던 과거의 어휘들이 시장경제 체제의 부활과 함께 재등장하는 것도 이 시기 어휘 변화의 양상 가운데 하나이다. 시장경제 사회와 문화의 일면을 반영하는 어휘, 시장경제 체제에서만 사용될 수 있는 어휘는 계획경제 시기에 구시대의 유산으로 취급되며 언어생활에서 사라졌으나 개혁개방 시기 시장경제 체제의 부활과 함께 다시 사회에 등장했다. 이를 몇 가지로 나누어 살펴보면 아래와 같다.(陳光磊 2008: 4)

시장경제 체제 관련 어휘

股份	주(주식)
股東	주주
典當	전당포
股票	주식
證券交易	증권거래
炒買炒賣	투기매매하다
通貨膨脹	통화팽창

시장경제 사회 일상어

| 老闆 | 사장, 주인장 |

經理	관리책임자, 매니저
董事長	대표이사
經紀人	중개인, 브로커
太太	마누라
小姐	아가씨
保鏢	보디가드

시장경제 사회 문화 어휘

招標	입찰공고하다
回扣	리베이트
小費	팁
拍賣	경매
選美	미인선발(대회)
賣淫	매음
紅燈區	홍등가
夜總會	나이트클럽

이들 어휘의 재등장을 두고 한편에서는 반감을 드러내기도 하고 신중한 사용을 촉구하는 견해를 제기하기도 했다. 그러나 언어생활이란 그렇게 당위를 앞세워 통제할 수 있는 것이 아니다. 이들 어휘를 사용하여 지칭할 수밖에 없는 현상, 사물, 개념이 엄존하는 현실이라면 이들 어휘의 부활은 막을 수 없는 일이다.

중국어는 단음절 형태소 위주의 조어 특성으로 인해 준말이 매우 발달해 있으며, 축약의 방식도 꽤 다양한 편이다. 널리 알려져 있는 중국어의 축약 방식은 '環(境)保(護)'(환경보호)처럼 각 어절의 앞글자를 추출하는 방식, '師(範學)院'(사범대학)처럼 앞 어절의 앞글자와 뒷어절의 뒷글자를 추출하는 방식, '(香)港臺(灣)'(홍콩 타이완)처럼 앞 어절의 뒷글자

와 뒷어절의 앞글자를 추출하는 방식, '(電)影(明)星'(무비스타)처럼 각 어
절의 뒷글자를 추출하는 방식, '奧(林匹克)運(動)會'(올림픽)처럼 앞 어절의
앞글자와 뒷어절의 앞뒤 글자를 추출하는 방식, '復旦(大學)'(푸단대학)처
럼 두 어절 중 앞 어절만 남기거나 '(北京)晚報'(베이징석간신문)처럼 뒷어
절만 남기는 방식, '中(學)小(學)'(초중등학교)처럼 일부 형태소를 삭제하여
앞뒤 어절이 하나의 형태소를 공유하도록 하는 방식, '五金(金ㆍ銀ㆍ銅ㆍ
鐵ㆍ錫)'(오금, 금속류)처럼 숫자를 사용하여 개괄하는 방식 등이 있다.

　축약에 의한 조어, 즉 준말은 경제성을 추구하는 언어의 속성에 잘
부합하는 조어 방식이다. 과거에도 준말이 없었던 것은 아니지만, 현
대 사회에 와서는 이런 조어 방식이 더욱 보편화되었다. 이는 개혁개
방 시기의 중국도 마찬가지이다. 아래는 개혁개방 시기에 등장한 준말
의 일부를 유형별로 살펴본 것이다.

어절 앞글자 추출

世貿	(世界貿易組織)	WTO
博導	(博士生導師)	박사 지도교수
建材	(建筑材料)	건축재료
公關	(公共關系)	공공관계
公交	(公共交通)	공공교통
家教	(家庭教師)	가정교사
車檢	(車輛檢查)	차량검사
節能	(節約能源)	에너지절약

어절 앞글자 뒷글자 추출

衛視	(衛星電視)	위성TV
案源	(案件來源)	사건 단서

迪廳	(迪斯科舞廳)	디스코텍
通脹	(通貨膨脹)	통화팽창
展銷	(展覽銷售)	전시판매
評估	(評議估價)	평가
翻番	(翻一番)	갑절(이 되다)

어절 뒷글자 앞글자 추출
車展	(汽車展覽)	모터쇼
帶寬	(頻帶寬度)	대역폭
書展	(圖書展覽會)	도서전

어절 뒷글자 추출
績效	(成績成效)	업적과 성과
防長	(國防部長)	국방부장관
影視	(電影電視)	영상물(영화와 TV)

어절 앞글자 앞뒤글자 추출
| 特困戶 | (特別困難戶) | 생활보호대상자 |

숫자 개괄
| 三包 | (包退, 包修, 包換) | 환불·수리·교환 보장 |
| 兩個文明 | (社會主義物質文明和社會主義精神文明) | 두 개 문명 |

이 밖에도 '核禁試(全面禁止核試驗)'(핵실험 전면 금지)처럼 축약의 과정에서 형태소의 위치가 바뀌는 특이한 경우도 있다.

이상의 예에서 파악할 수 있는 경향은 단순히 음절수나 글자수를 줄여 경제성을 추구하는 것 외에도 그것이 이음절어를 지향하는 경향이 있다는 사실이다. 주지하다시피 이음절어는 현대중국어 단어의 8할을 차지한다. 따라서 축약의 결과가 이음절일 때 가장 중국어적인 운율 형태가 되며, 신시기의 축약어도 그러한 경향성을 보여준 것이다.

6.2 신시기 차용어의 양상

6.2.1 영어 차용어 위주의 어휘 유입

중국은 개혁개방 이전까지 서방 세계와 단절되어 있었기 때문에 앞서 살펴본 것처럼 러시아어 차용어와 중국 내 민족어 차용어를 제외하면 다른 언어와의 접촉이 거의 없었다. 대외 교류라는 측면에서는 언어적 활기가 매우 낮았다고 할 수 있다. 중화인민공화국 수립 이후부터 1980년대 이전까지의 시기에 등장한 신조어들을 살펴보면 대체로 중국 내에서 출현한 정치, 경제, 사회 관련 어휘들이 대부분이다. 당시의 어휘체계만 살펴보아도 문화적 폐쇄성이 잘 드러난다.

그러한 단절과 폐쇄의 끝에 맞이한 개혁개방 시기는 신문물과 신개념의 유입이 급격히 고조될 수밖에 없었다. 이러한 시대의 특징이 언어에 남긴 커다란 흔적 가운데 하나가 바로 차용어이다. 개혁개방이라는 명칭 그대로 이 시기의 사회적 특징은 대내 개혁과 대외 개방의 추진으로 요약된다. 이 과정에서 자연히 외부의 사물과 개념들이 중국으로 밀려들게 되었고, 직전의 긴 단절로 인해 이 시기 어휘 유입의 강도와 속도는 그 어느 때보다도 강렬할 수밖에 없었다. 이역의 사물과 개념은 기본적으로 그것을 지칭하는 언어와 함께 유입되며, 이 가운데 상당수는 차용어의 형태로 중국어 안에 수용된다. 특히 이른바 '80後'

와 '90後'로 대표되는 개혁개방 세대들은 외래의 문물과 언어에 대한 심리적 선호의 경향을 뚜렷하게 지니고 있어 차용어 유행을 앞장서 이끄는 힘으로 작용하기도 하였다.

먼저 전음역어(全音譯詞)부터 살펴보면, 과학기술이나 문화예술 분야뿐 아니라 일상어의 범위에 속하는 말들 가운데에도 차용어가 스며드는 양상을 보이는 것이 눈에 띤다. 일반적으로 음역어가 중국어에서는 이질적인 어휘로 여겨지기 때문에 일상어나 상용어 범위에서 생존하는 경우가 많지 않다는 사실을 생각하면, '拜拜'(바이바이, 안녕)처럼 일상어인 '再見'(안녕)의 자리를 잠식하는 음역어의 출현은 어쩌면 신시기 차용어가 중국어에 가한 충격의 크기를 가늠하게 해주는 것인지도 모른다.

拜拜	바이바이, 안녕	bye-bye
酷	훌륭하자, 멋지다	cool
拷貝	카피(하다)	copy
扎	피처(맥주 단위)	jar
的士	택시	taxi
巴士	버스	bus
伊妹兒	전자우편	e-mail
比基尼	비키니 수영복	bikini
香波	샴푸	shampoo
摩絲	무스	mousse [프랑스어]
托福	토플	TOEFL
迪斯科	디스코	disco
嘻哈	힙합	hip-hop
脫口秀	토크쇼	talk show
克隆	클론(복제, 복제품)	clone

納米	나노미터	nanometer
聲吶	소나(음파탐지기)	sonar
歐佩克	석유수출국기구	OPEC
披頭士	비틀즈	The Beatles

　신시기의 차용어 중에는 이른바 '자모어(字母詞)'의 비율이 상당하다. 이는 이전의 차용어에는 없던 표기형식이다. 이 문제가 차용 유형의 문제가 아니라 표기형식의 문제인 것은 '伊妹兒'과 'e-mail'이 두 개의 단어가 아니라 동일한 단어의 두 표기방식이라는 점으로 설명할 수 있다.[2] 아래는 자모어로 표기되는 전음역어의 예이다.

OA	사무자동화	office automation
IT	정보기술	information technology
LED	발광다이오드	light-emitting diode
MTV	음악방송	music television
CD	콤팩트 디스크	compact disk
CPU	중앙처리장치	central processing unit
APEC	아시아태평양 경제협력체	Asia-Pacific Economic Cooperation
GRE	대학원 입학 자격 시험	Graduate Record Examination

　기점언어의 절반은 음역하고 절반은 의역한 반음반의역 유형은 대부분 '음역＋의역'의 조합이지만, '信用卡'(신용카드), '超模'(슈퍼모델)처럼 '의역＋음역' 조합인 것도 있다. 반음반의역의 경우도 한자로만 표

---

2) 이에 대해서는 8.3.2를 참고할 것.

기하는 것과 한자와 자모 표기가 섞인 것의 두 가지 유형이 존재한다.

迷你裙	미니스커트	miniskirt
呼拉圈	훌라후프	hula hoop
霹靂舞	브레이크댄스	break dance
因特網	인터넷	internet
超模	슈퍼모델	supermodel
蛋撻	에그타르트	egg tart
信用卡	신용카드	credit card
VCD影視機	VCD플레이어	VCD player
MP3[3)	엠피 쓰리	MPEG Audio Layer 3
IP地址	IP 주소	IP address

기점언어의 음역 형식에 중국어 형태소를 부가한 음역부가형은 대부분 음역어가 선행 어근이 되고, 중국어 형태소가 그 뒤에 부가되는 형식이 된다. 여기에도 한자 표기만 사용한 경우와 한자와 자모 표기를 함께 사용한 경우가 함께 나타난다.

艾滋病	에이즈(후천성 면역결핍증)	AIDS
拉力賽	랠리	rally
雅皮士	여피	yuppie
嬉皮士	히피	hippie
BP機	삐삐	beeper

음역부가형은 기점언어를 온전히 음역한 어형에 범주나 유형을 나

---

3) 'MP3'이 반음반의역인 이유는 표기형식이 알파벳 자모와 숫자로 이루어져 있지만, 언어적 실체는 'MP三'이기 때문이다. 이에 대해서는 8.2.1을 참고할 것.

타내는 중국어 형태소를 부가하는 것이기 때문에 어떤 말에서는 부가
형태소가 붙기도 하고 떨어지기도 하는 경우가 나타난다.

厄爾尼諾(現象)	엘니뇨(현상)	El Niño [스페인어]
漢堡(包)	햄버거	hamburger
比薩(餠)	피자	pizza [이탈리아어]
丁克(族)	딩크족	DINK
CT(機)	컴퓨터 단층촬영	computed tomography
ATM(機)	현금인출기	automated teller machine
T恤(衫)	티셔츠	T-shirt

기점언어를 형태소 혹은 그 이상의 의미 단위로 나눈 다음 각각을
직역한 번역차용어도 다수 등장하였다.

代溝	세대차이	generation gap
白領	화이트칼라	white-collar
空難	항공사고	air disaster
快餐	패스트푸드	fast food
熱狗	핫도그	hot-dog
藍牙	블루투스	blue tooth
寬帶	광대역	wide band
槪念車	콘셉트카	concept car
超級市場	슈퍼마켓	super market

본 소절에 제시된 예시만으로도 충분히 짐작할 수 있는 것처럼 이
시기의 차용어는 영어로부터 유래한 것이 대부분이다. '摩絲'(mousse),
'厄爾尼諾'(El Niño), '比薩'(pizza) 등의 일부 차용어는 프랑스어, 스페인어,

이탈리아어 어원을 가지고 있으나, 이들 또한 영어를 통해 유입되었을 가능성을 배제할 수 없다. 영어가 주요 수여언어의 자리를 차지하고, 영어의 서사 기호인 로마자 알파벳이 중국어의 서사체계 내에 정착하면서 이른바 자모어가 등장할 정도로 언어적 측면에서 이 시기의 개방이란 영어를 향한 개방이었다는 점이 가장 두드러진 특징으로 꼽힌다.

6.2.2 일본산 한자어의 재유입

이 시기 차용어 유입 양상 가운데 주목할 만한 현상으로 일본산 한자어의 재유입을 들 수 있다. 일본산 한자어는 근대 시기 서양의 개념어를 번역하는 과정에서 대량으로 중국어에 유입된 바 있다. 그러나 중일전쟁, 국공내전, 중화인민공화국 수립을 거치면서 중일 관계가 사실상 단절의 시간을 갖게 되었고, 중국어에 대한 일본어의 영향력도 함께 사라졌다. 1972년의 중일공동성명에 이르러서야 공식적으로 양국의 전쟁상태가 종결되고[4] 1978년 중일평화우호조약의 체결로 국교가 정상화되면서 언어접촉의 양상도 회복의 전기를 마련하게 되었다.

같은 해 말에는 중국공산당 11기 3중전회에서 개혁개방 정책의 추진을 결의하면서 1980년부터 주요 지역에 경제특구가 설치되고 연해 도시들이 개방되었으며, 일본과의 경제 교류도 활발해졌다. 외부와의 오랜 단절 속에 있었던 중국인들에게는 개혁개방과 함께 밀려드는 많은 것들이 선진적이고 참신한 이미지로 다가올 수밖에 없었다. 특히

---

4) 1952년 중화민국(타이완)과 일본 사이에 전쟁상태 종결을 위한 화일(華日)평화조약이 체결되었으나 중화인민공화국 정부는 이를 인정하지 않았으며, 중일공동성명(1972)에서 '전쟁상태 종결과 중일 국교 정상화라는 양국 인민의 요구를 실현하는 것은 양국 관계사의 새 페이지를 열어줄 것(戰爭狀態的結束, 中日邦交的正常化, 兩國人民這種願望的實現, 將揭開兩國關系史上新的一頁)'이라는 표현으로 중일전쟁의 종결을 확인하였다.

일본 상품과 문화는 세계 2위의 경제력에 걸맞은 높은 현대화 수준과 지리적 인접성을 무기로 중국 사회에 스며들었고, 이 과정에서 한자문화권이라는 언어적 배경이 주는 친숙함까지 더해지면서 다수의 일본산 한자어들이 중국어에 유입되었다.

譙燕 등(2011)은 개혁개방 이후에 중국어에 유입된 일본산 한자어 문제를 열 편의 논문을 통해 다루고, 후반부에 75개의 예에 대한 설명 자료를 제시하고 있다. 75개의 어휘 가운데 음역의 방식으로 중국어에 유입된 예5)를 제외하면 일본어의 한자어형이 중국어에 거의 그대로 유입된 예는 아래의 74개이다.

> 必殺(필살), 敗因(패인), 超一流(초일류), 充電(충전), 達人(달인), 大賞(대상), 耽美(탐미), 單品(단품), 登校(등교), 低迷(침체되다), 定番(유행을 타지 않는 상품), 毒舌(독설), 惡評(악평), 風呂(목욕), 封殺(봉쇄, 금지), 好調(호조), 幻聽(환청), 就學生(연수 유학생), 居酒屋(이자카야), 絶贊(절찬), 空巢(독거가정), 空港(공항), 苦手(서투르다), 樂勝(낙승), 連霸(연패), 料理(요리), 量販店(양판점), 買春(매춘), 賣春婦(매춘부), 蠻勇(만용), 盲點(맹점), 美肌(아름다운 피부, 피부관리), 媒體(매체), 萌(귀엽다), 民宿(민박), 年功序列(연공서열), 年中無休(연중무휴), 旗艦店(플래그십 스토어), 人脈(인맥), 人氣(인기), 少子化(저출산), 舌禍(설화), 聲優(성우), 勝機(승기), 勝因(승인), 食材(식재), 熟年(원숙한 연령, 황혼기), 熟女(숙녀), 特典(특전), 特賣(특매), 完敗(완패), 完勝(완승), 王道(왕도), 問題〜(문제〜), 物流(물류), 香辛料(향신료), 寫眞(사진), 押收(압수), 硏修(연수), 移動電話(이동전화), 藝能界(예능계), 友情出演(우정출연), 語

---

5) 譙燕 등(2011)이 제시한 어휘 가운데 '卡哇伊'(귀엽다)[일] 可愛い カワイイ]는 일본어를 음역한 예이다. '可愛い'에서 '卡哇伊'로의 음역은 타이완에서 이루어졌다. 그런 점에서 이 단어는 공통어계 지역변이형 사이의 어휘 차용 사례이기도 하다.(타이완을 거친 일본어 차용은 이 절의 후반부를, 공통어계 지역변이형 문제는 9장을 참고할 것)

感(어감), 宇宙人(우주인), 御宅族(오타쿠), 援交(원조교제), 運營(운영), 展示會(전시회), 蒸發(증발), 知性(지성), 職場(직장), 中古車(중고차), 中水(중수), 自閉症(자폐증)

顧江萍(2011)도 개혁개방 이후의 일본어 차용어 목록을 제시한 바 있다. 그가 제시한 어휘는 譙燕 등(2011)이 제시한 목록과는 차이가 커서 중복되는 어휘가 많지 않다. 그는 개혁개방 이후의 일본어 차용어를 수집하여 분야별로 제시하고 있다. 여기에서는 그 가운데 음역어나 중국어 번역이 포함된 것으로 보이는 일부 예6)를 제외하고 일본어의 한자어 형식이 그대로 차용된 경우만 추출하여 제시한다.

일상생활 어휘

保育(보육), 暴走族(폭주족), 閉館(폐관), 閉鎖(폐쇄), 變身(변신), 便利店(편의점), 乘用車(승용차), 充電(충전), 出勤(출근), 出世(출세), 串燒(꼬치구이), 達人(달인), 低迷(침체되다), 點滴(물방울), 店長(점장), 都會(도회), 發表會(발표회), 非常(비상), 風呂(목욕), 封殺(봉쇄, 금지), 公衆電話(공중전화), 航路(항로), 豪雨(호우), 回轉壽司(회전초밥), 會所(사무소), 家事(가사), 家政(가정), 兼職(겸직), 檢討(검토), 解讀(해독), 居酒屋(이자카야), 看板(간판), 空調(공조, 에어컨), 量販(양판), 量販店(양판점), 滿員(만원), 梅酒(매실주), 美白(미백), 美容院(미용실), 美體(몸매관리), 名人戰(명인전), 配送(배송), 親和(친화), 淸酒(청주), 全攻略(완전공략), 全員(전원), 人間蒸發(인간증발), 人脈(인맥), 人氣(인기), 入院(입원), 殺到(쇄

---

6) 顧江萍(2011)이 제시한 일본어 차용어 목록 가운데 卡拉OK(가라오케), 凱帝貓(헬로키티), 甛不辣(튀김), 一極棒(일번), 爬金宮(파친코)은 음역어이고, 修學遊(수학여행), 泡沫經濟(거품경제), 宅急送(택배), 自動售貨機(자동판매기)는 일본어의 한자어형 그대로가 아니라 일부를 중국어로 번역한 것이며, 入世(WTO가입), 暴走鞋(힐리스), 竟業禁止(동종 업계 취업 제한), 打造(만들다), 主題遊樂園(테마 놀이공원)는 일본어 차용어로 분류된 이유를 알기 어려운 것이어서 제외하였다.

도), 生鮮食品(신선식품), 刺身(사시미, 회), 實名(실명), 市況(시황), 瘦身(다이어트), 鐵板燒(철판구이), 通勤車(통근차), 同僚(동료), 銅鑼燒(도라야키), 統合(통합), 土石流(토석류, 산사태), 推進(추진하다), 慰安婦(위안부), 文脈(문맥), 洗顔霜(세안크림), 香辛料(향신료), 寫手(글쓰기나 편집에 재능이 있는 사람), 寫眞集(사진집), 野菜(야채), 業者(업자), 一度(한 번), 移動電話(이동전화), 銀髮族(백발족), 浴衣(목욕옷), 原稿紙(원고지), 整合(정합), 正解(정해), 直通(직통)

경제 분야 어휘

本部(본부), 産業損害(산업손해), 處分金(처분금), 大賣場(대형매장), 登場(등장), 調理師(조리사), 工房(공방), 會員制(회원제), 價格違反(가격위반), 監理(감리), 精算(정산), 空港(공항), 勞務(노무), 冷房車(냉방차), 賣場(매장), 名品(명품), 年金(연금), 品質(품질), 品質保證(품질보증), 企畫(기획), 融資(융자), 收納(수납), 素人(초심자, 평범한 사람), 速達(속달), 特賣(특매), 特賣品(특매품), 物流(물류), 消費稅(소비세), 新登場(신등장), 新品(신품), 藥局(약국), 運營(운영), 宅配(택배), 直航(직항), 直通車(직통차), 職場(직장), 終身雇用(종신고용)

법률 관련 어휘

損害賠償(손해배상), 無記名(무기명), 正當防衛(정당방위)

교육 관련 어휘

修學(수학), 修學旅行(수학여행), 研修(연수)

체육 관련 어휘

空手道(가라테), 相撲(스모)

의학 관련 어휘

安樂死(안락사), 齒科(치과), 過勞死(과로사)

개혁개방 이후의 일본산 한자어 유입은 그 수량을 과소평가할 수는 없지만 근대 시기에 일본어가 근대 개념의 창구로 기능하면서 대량의 한자어가 일본어에서 중국어로 수용되었던 것에 비하면 작은 규모임이 분명하다. 이는 개혁개방 시기에 외래의 개념과 사물이 유입되는 언어적 경로가 다원화되면서 일본어는 그 가운데 한 축을 담당하는 정도로 기능한 데에서 그 이유를 찾아볼 수 있다.

이 시기에 유입된 어휘들을 살펴보면 근대 시기의 일본어 차용에 비해 전문 영역의 개념어가 상대적으로 줄고 일상생활 관련 어휘가 늘어난 것을 확인할 수 있다. 이 또한 근대와 달리 중국어가 학술 개념을 받아들이는 경로를 다원화한 것과 관련이 있다.

다음으로 일본어 자체의 외래 개념어 차용 방식에 변화가 있었던 데에서도 원인을 찾아볼 수 있다. 즉 근대 시기에는 일본어가 서구의 개념어를 대부분 한자어로 번역하여 수용하였던 데 반해 이 시기에는 용어를 음역하는 경우가 많았고, 이렇게 음역의 방식으로 일본어에 수용되어 가타카나로 표기된 서구의 개념이나 용어는 동아시아 언어간의 접촉에 있어서 공통문어인 한자어만큼의 우월성이 없기 때문에 자연히 차용의 확률이 낮아지게 된다.

이 시기의 중일 교류가 주로 상품경제를 기반으로 하여 시장에서 이루어졌다는 점이 이러한 결과를 낳은 측면도 배제할 수 없다. 근대 시기는 일본과 일본어가 아시아에서 서구의 문명을 수용하는 창구로서 기능했지만, 이 시기에는 주로 일본의 경제력과 우수한 상품 품질을 기반으로 시장에서 큰 영향력을 행사한 측면이 크기 때문에 어휘 차용의 결과도 자연히 일상생활이나 시장경제와 관련된 분야에서 더 큰 흔적을 남길 수밖에 없었을 것이다.

또 한 가지 흥미로운 것은 '壽司'(스시)나 '便當'(도시락)처럼 한자를 음절·글자 단위로 분석했을 때는 도무지 무슨 의미인지를 알 수 없는 단어들도 중국어에 일부 수용되는 경우가 있다는 점이다. 예가 많지 않기 때문에 단정하기는 이르지만 무리(無理) 조합인 이런 단어들이 중국어에 안착하는 데는 현대 중국어 대다수 어휘와 같이 이 단어들도 이음절어라는 점이 작용한 것으로 추정된다.

일본어로부터 유입된 차용어를 논할 때는 타이완의 중국어를 배제한 채 논의를 전개하기 어렵다. 잘 알려진 것처럼 타이완은 여러 가지 역사 문화적인 이유로 인해 일본 문화에 매우 우호적이다. 그런 까닭으로 대륙의 중국어에 비해 타이완의 중국어는 일본산 어휘들을 훨씬 적극적으로 수용하는 편이다. 우선 일본의 통치를 받던 시기에 일본어에서 타이완 중국어로 유입된 한자어들을 살펴보자.

便當	도시락	弁当(べんとう)
馬鈴薯	감자	馬鈴薯(ばれいしょ)
鮭魚	연어	鮭(さけ)
鐵板燒	철판구이	鉄板焼き(てっぱんやき)
味噌(湯)	미소(국)	味噌(みそ)
茶碗蒸	계란찜	茶碗蒸し
惡女	악녀	悪女(あくじょ)
繪本	그림책	絵本(えほん)
便所	화장실, 변소	便所(べんじょ)
坪	평(3.3㎡)	坪(つぼ)

타이완에서 사용되던 이들 일본어 차용어는 중국 대륙에서는 잘 사용되지 않았기에 대륙과 타이완의 언어 차이를 형성하는 요소이기도 하였다. 그러나 개혁개방 시기에 이들 가운데 일부가 대륙에 상륙하게 되면서 '鐵板燒'(철판구이), '味噌湯'(미소된장국), '茶碗蒸'(계란찜) 같은 말들을 이제는 중국 대륙에서도 곧잘 발견할 수 있게 되었다.

타이완 중국어의 일본어 선호는 사실 한자어뿐 아니라 일본어 고유어를 중국어로 음역해서 쓰는 경우도 많다는 데서 잘 드러난다. 몇 가지 예를 들면 '阿莎力'(あっさり, 시원하게), '沙西米'(刺身さしみ, 사시미), '哇沙米'(わさび, 와사비), '歐巴桑'(おばさん, 아줌마), '歐吉桑'(おじさん, 아저씨), '卡哇伊'(可愛い, 귀엽다), '莎呦哪啦'(さようなら, 안녕. 사요나라) 등이다.

타이완도 21세기로 접어들면서 인터넷 등의 통신수단과 매체 발달로 인해 일본어와의 접촉면이 훨씬 더 넓어졌다. 그 결과 현대의 타이완 중국어에 유입된 일본산 한자어도 꽤 많다. 이 가운데 상당수는 이미 중국 대륙으로도 유입되고 있다. 여기에 해당되는 예로는 '人氣'(にんき, 인기), '素人'(しろうと, 문외한), '達人'(たつじん, 달인), '定食'(ていしょく, 정식), '援交'(えんこう, 원조교제) 등이 있다. 이들 어휘가 일본어와 대륙의 중국어가 직접 접촉한 결과인지 아니면 타이완을 거친 것인지는 분명하지 않다. 이 밖에 타이완 중국어에 수용된 일본산 한자어로는 다음과 같은 것들이 있다.

年中無休	연중무휴	年中無休 (ねんじゅうむきゅう)
素顔	민얼굴	素顔(すがお)
元氣	기운	元気(げんき)
開運	개운	開運(かいうん)

福袋	복주머니	福袋(ふくぶくろ)
殘念	아쉽다	残念(ざんねん)
輕食	간단한 식사	軽食(けいしょく)
歌姬	가희(여가수)	歌姬(うたひめ)
物語	이야기	物語(ものがたり)
放題	무제한	放題(ほうだい)
嚴選	엄선	厳選(げんせん)
宅急便	택배	宅急便(たっきゅうびん)
羅生門	라쇼몽	羅生門(らしょうもん)
不倫	불륜	不倫(ふりん)
人妻	유부녀	人妻(ひとづま)

개혁개방 이후의 한자어 재유입 현상은 동아시아에서 한자와 한자
어의 공통어적 지위를 다시 한 번 확인시켜 준다. 그러나 차용어 전체
의 수용 양상으로 볼 때, 근대 시기의 한자어 유입과 달리 이 시기에
는 영어로부터 유입된 차용어의 규모와 위세에는 미치지 못하는 것이
사실이다. 세계어로서의 영어의 지위에 비해 아시아에서의 한자어의
지위가 상대적으로 약해 보이는 것은 이 때문이다.

6.3 신시기 차용어의 의미 전이

차용어가 한 언어에 유입되어 정착하는 과정에서 수여언어와의 의
미 동일성이 유지되는 경우는 매우 드물다. 물론 전문용어라면 큰 의
미 차이 없이 사용될 수 있을 것이다. 가령 '喀斯特'는 'karst'와 마찬가
지로 카르스트 지형을 가리킬 뿐이므로 적응(adaptation) 과정에서의 의

미 전이(semantic shift)가 크지 않지만, 많은 차용어들은 일반적으로 의미의 축소나 확대와 같은 변화를 일으키게 마련이다. 아래에서는 현대중국어 차용어에서 나타나는 의미의 확대, 축소, 전환, 상승, 하락의 예를 살펴보겠다.

6.3.1 의미의 확대, 축소, 전환

의미 확대(semantic extention)의 유형에는 일반적으로 의미항 자체가 늘어나는 경우, 지칭 대상이 더 일반화되는 경우, 문법적 의미(기능)가 늘어나는 경우 등이 있다.

의미항이 늘어난 경우로는 '站'을 들 수 있다. 몽골어 'jam'은 역참(驛站)을 가리키는 말이다. 그런데 중국어 '站'은 '北京站'(베이징역)과 같이 역을 가리키는 것은 물론이고, '公交車站'(버스정류장)에서는 정류장을 가리키며, '發電站'(발전소) 같은 말에서는 어떤 일을 하는 장소나 시설을 가리킨다. 개혁개방 이후에는 인터넷 통신이 발달하면서 '網站'(웹사이트)처럼 사이버상의 공간을 가리키는 말로도 쓰이게 되었다.

'拜拜'(바이바이, 안녕)는 영어 'bye-bye'에서 유래되어 중국어에서도 일상에서 헤어질 때의 인사말로 정착하였다. 그런 다음 중국어에서는 그 용법이 점차 확장되면서 '관계를 끊다', '종언을 고하다'의 의미로도 쓰이게 되었다. 예컨대 '和學生時代拜拜了'(학창시절과 바이바이했다)는 학창시절을 끝냈다는 의미이다.

'MP3'(엠피 쓰리)도 의미항이 늘어난 예이다. 본래 'MP3'은 음원 압축 파일 형식을 가리키는 말이었고, 중국어에서도 그렇게 쓰인다. 그러나 중국어에서는 거기에서 더 나아가 MP3 파일을 재생하는 기기, 즉 플레이어도 'MP3'(MP三)이라고 부르는 것이 일반적이다.

'迪斯科'(디스코)는 지칭 대상이 일반화된 사례이다. 영어 'disco'는 본래 춤의 일종, 혹은 무도 음악의 일종인 디스코를 가리키는 것이었다. 그러나 중국어 '迪斯科'는 '老年迪斯科'(노년 디스코)에서처럼 반드시 디스코에 국한하지 않고 춤을 두루 지칭하는 말로 쓰이게 되었다. 종류를 가리지 않고 춤 전체로 의미가 일반화된 것이다.

'喇叭'(나팔)도 비슷한 경우이다. 몽골어 'labai'는 나팔만을 가리키지만 중국어 '喇叭'는 '소리를 내는 나팔 모양의 물건'으로 일반화되어 손으로 들고 사용하는 확성기(electric megaphone)를 '手提喇叭'라고 부른다.

'沙發'(소파)도 원래 지칭 대상이 더 일반화된 예인데, 개혁개방 이후에는 거기에 새롭게 의미항이 더 추가되었다. 영어의 'sofa'는 '등받이와 팔걸이가 있는 길고 푹신한 의자'를 가리킨다. 그로부터 유래한 중국어 '沙發'는 '푹신한 쿠션을 가진 의자'로 지칭 범위가 더 일반화되었으며, 그 결과 등받이나 팔걸이가 전혀 없는 의자(stool)이더라도 푹신한 쿠션을 갖추고 있으면 거기에도 '沙發'를 붙여서 '沙發凳'(푹신한 스툴)이라고 부르기에 이르렀다. 여기까지는 지칭 대상의 일반화이다. 그런데 개혁개방 이후에는 인터넷 포럼형 게시판[7]에서의 교류가 활발해지면서 포스팅 아래에 달리는 첫 번째 댓글을 가리키는 새로운 의미항이 추가되었다. 예컨대 인터넷 커뮤니티에서 첫 번째 댓글을 차지하기 위한 경쟁을 '搶沙發'(소파를 차지하려고 다투다)라고 하는 것은 이런 연유에서이다.

'幽默'(유머)는 품사가 확대되면서 문법적 의미가 늘어난 사례이다.

---

7) 한국에서는 본문 아래에 답글이 계층형으로 붙거나 댓글이 매달리는 구조를 가지는 게시판이 보편적으로 사용되지만, 중국의 온라인 커뮤니티에서는 댓글이 본문과 대등한 크기로 그 아래에 블록처럼 쌓이며 새 댓글이 달리면 토픽이 리스트 맨 위로 올라오는 포럼형 구조의 게시판이 훨씬 보편적으로 사용된다.

본래 'humour'의 음역어이므로 자연히 '幽默'도 명사이어야 할 것 같지만 초기부터 중국어에서 '幽默'는 형용사로도 흔히 사용되었던 것으로 보인다. 린위탕(林語堂)이 펴낸 1930년대의 잡지 《論語》의 창간호(1932년)에 이미 '圖書評論多幽默'(《도서평론》은 우스워), '日人之不幽默'(유머러스하지 못한 일본인)처럼 '幽默'가 형용사로 사용된 예들이 등장하기 때문이다.8) 그런 점에서 '幽默'는 초기부터 품사가 확장되어 사용된 예인 셈이다. 그런데 이 말이 현대에 와서는 '是生活幽我一次默吧'(삶이 나를 놀린 거라고 치자)에서처럼 동사로도 쓰인다. 품사가 명사에서 형용사로, 그리고 이제는 동사로까지 확장된 것이다.

　의미 축소(semantic reduction)는 차용의 과정에서 가장 흔히 일어나는 현상이다. 기점언어가 다의어인 경우 대개 차용 과정에서는 여러 의미항 가운데 일부만을 도착언어로 가져오기 때문이다.

　'拉力賽'(랠리)는 영어 'rally'에서 왔지만 이 단어가 가진 여러 의미항 가운데 '경주'라는 의미항만을 가져왔다. 따라서 기점언어에 본래 있던 '집회', '(테니스 등에서의) 랠리', '반격'과 같은 의미항은 중국어에 차용되지 않았다.

　'酷'(쿨하다, 멋지다)도 마찬가지이다. 영어 'cool'에는 '시원하다', '차분하다', '냉담하다', '멋지다' 등의 여러 의미항이 있지만, 중국어 '酷'는 그 중에서 '멋지다', '쿨하다' 정도의 의미항만 차용하였다.

　'拷貝'(카피하다)도 영어 'copy'의 의미항 가운데 일부만 차용된 예이다. 'copy'는 동사로는 '복제하다', '옮겨 적다', '따라 하다' 등의 의미항을 가지고 있고, 명사로는 '사본', '(책이나 신문) 한 부', '(신문이나 잡지의) 원고' 등의 의미항을 가지고 있다. 그러나 중국어 '拷貝'는 동사

---

8) 필자가 확인한 가장 이른 시기의 형용사 용법이 이 사례이다.

용법으로는 주로 '복사/복제하다', 명사 용법으로는 '(영상, 음악, 파일 등의) 사본'의 의미로만 사용된다.

'貼士'도 영어 'tip(s)'에서 왔지만 '(뾰족한) 끝', '끝 부분', '팁, 봉사료', '(작은) 조언' 등의 여러 의미항 가운데 '조언'의 의미항만 차용되었다. 이처럼 어휘 차용이 일어날 때 다의어의 여러 의미항이 모두 차용되는 경우는 극히 드물며, 대개 그 중 한두 가지 의미항만 차용되는 것이 일반적이다.

지칭 범위가 축소되거나 특수화된 경우도 있다. '巴士'가 대표적인 예이다. 영어 'bus'는 승객을 실어 나르는 규모가 큰 자동차를 모두 가리키지만, 중국어 '巴士'는 '穿梭巴士'(셔틀버스)나 '機場巴士'(공항버스)와 같은 특정한 버스에 대해서만 사용된다. 대중적으로 가장 흔히 볼 수 있는 시내의 공공 버스는 '巴士'라고 부르는 경우가 거의 없고, 대개 '公共汽車'나 '公交車'라고 부른다. 단지 물리적 실체로서의 승합 자동차를 가리키는 경우에는 '大巴'(대형버스), '中巴'(중형버스), '小巴'(소형버스)라고 쓰는 것이 일반적이며 '巴士'라는 말로 그러한 자동차를 지칭하는 경우는 별로 없다. '巴士'가 버스를 가리킨다는 사실에는 큰 변화가 없으나 지칭 범위는 뚜렷하게 축소된 것이다.9)

의미 전환(semantic transfer)은 대개 환유, 제유, 은유 등을 통해서 일어난다. 의미 전환에 해당되는 오래된 예로는 '木乃伊'가 있다. 어원인 아랍어 'mūmiyā'는 미라를 만드는 데 사용되는 '역청'을 가리키는 말이다. 이 말이 중국어에 차용되어 미라를 가리키는 말이 되었다. 일반적으로 이 과정은 차용어가 도착언어 내에서 상당한 시간 동안 사용되면서

---

9) '巴士'는 자동차를 가리키는 경우에 한해서 볼 때 명확한 지칭 범위 축소가 일어났다고 할 수 있지만, 반대로 '水上巴士'(수상 버스=수상 보트)처럼 다른 교통수단을 가리키는 말로 쓰이는 경우를 보면 지칭 범위 확대도 동시에 일어났다고 볼 수 있다.

일어나는 만큼 개혁개방 이후의 차용어에는 의미 전환에 해당되는 예
가 많지 않다.

'派力司'(얇은 모직물)은 영어 'palace'에서 유래한 것으로 알려져 있다.
직물의 짜임에 의해 미세한 체크 무늬가 있고 하절기 정장에 주로 사
용되는 모직물을 가리키는 말이 궁전을 뜻하는 영어 단어에서 유래했
다는 점은 다소 의외이다. 일반적으로는 이 모직물이 주로 공식적인
행사 등에서 착용하는 고급 의류나 정장에 사용되기 때문에 그런 이
름이 붙은 것으로 본다. 일종의 환유인 셈이다.

고유명사가 일반명사로 바뀐 것도 있다. 'Simmons'는 침대 회사의
이름이지만, 그것을 차용한 중국어 '席夢思'는 스프링 침대의 매트리스
를 가리킨다.

6.3.2 의미의 상승과 하락

의미 상승(semantic amelioration)은 어떤 말이 가지는 문체적 의미나 정
서적 의미가 긍정적인 쪽으로 바뀌는 것을 말한다. 현대중국어 음역어
에서 의미 상승의 예는 많지 않다.

'芝士'(치즈)는 영어 'cheese'를 음역한 것으로 동일한 의미를 나타내
는 의역어인 '乾酪'나 '奶酪'와 비교할 때 지칭 대상에 있어서는 큰 차
이가 없지만, '芝士'가 상대적으로 조금 더 고급스러운 느낌을 준다.

'齒科'(치과)도 중국어에서 본래 쓰이던 '牙科'와 같은 뜻이지만 더
고급스러운 느낌을 주는 것은 이 말이 일본산 한자어에서 온 차용어
라는 사실과 무관하지 않다.[10)]

---

10) 이 말이 차용어이기 때문이 아니라 '齒科'라는 상호를 사용하는 병원들이 대개 일본이
   나 한국에서 온 선진적인 곳들이었기 때문이라고 볼 수도 있다. 그러나 차용어란 바로

중국어 차용어의 의미 상승을 논할 때는 중국어 특유의 '망문생의 (望文生義)' 현상을 함께 이야기하지 않을 수 없다. 음역의 과정에서 어떤 음절을 표기할 한자를 선택할 때 대개 부정적인 의미의 한자는 잘 사용하지 않으며, 일반적으로 중성적인 한자나 긍정적인 의미의 한자를 사용한다. 그 결과 해당 차용어에 긍정적인 의미가 부여되는 경우가 있다.

대표적인 예가 영어 시험을 가리키는 '托福'(TOEFL), '托業'(TOEIC)이다. 둘 다 영어 시험을 가리키는 말일 뿐이지만 중국어로는 '덕(福)을 입다(托)', '취업(業)을 기탁하다(托)'와 같은 의미를 연상하게 되므로 자연히 긍정적인 뉘앙스를 갖게 된다. '迷你'(미니, mini-) 같은 말도 단지 작은 것을 의미할 뿐이지만 중국어에서는 글자 그대로 '당신(你)을 매료시킨다(迷)'는 뜻이 되기 때문에 다소간은 긍정적인 의미를 가질 수밖에 없다. 따라서 미니스커트의 두 가지 번역어 '迷你裙'과 '超短裙' 중에서 '迷你裙'이 더 긍정적인 느낌을 준다. '香波'(샴푸)의 경우도 의역어인 '洗髮液'에 비하면 긍정적이다. 이 모든 사례가 반드시 의미 상승을 일으킨 것이라고 단정할 수는 없지만 표기 문자의 특성으로 인해 단순히 소리만을 옮기고 있지 않은 것은 분명하다.

의미 하락(semantic deterioration)은 상승과 반대로 문체적 의미나 정서적 의미가 부정적인 쪽으로 변하는 것을 말한다. 현대중국어 음역어 중에서는 '曬'나 '秀' 등이 그러한 예이다. '曬'(공유하다)는 영어 'share'의 음역어이다. 중국어 '曬'는 'share'에 비해 사용 범위가 크게 축소되어 인터넷 상에 글이나 사진 등을 올리는 것만을 주로 가리킨다. 이와 같은 의미 축소 외에도 중국어 '曬'에는 다소간 '과시'의 의미가 담겨 있

그러한 이미지가 투영되기 때문에 의미 상승이 일어나는 것이다.

다. 그런 점에서 '曬'는 의미 하락의 한 예라고 할 수 있다. '秀'(쇼)도 의미 하락의 예로 볼 수 있다. 중국어 '秀'에는 영어 'show'와 달리 '所謂征詢民意, 只不過是作秀'(이른바 민의를 청취한다는 것은 단지 쇼에 불과하다)처럼 표면적인 보여주기식의 행위를 가리키는 부정적인 의미가 더해졌기 때문이다.

6.4 신시기 차용어의 언어적 영향

도착언어의 관점에서 볼 때 차용어는 이질적인 것이기 때문에 차용어의 대량 유입은 도착언어 어휘체계에 큰 충격이 될 수밖에 없다. 그러므로 언어접촉의 관점에서 차용어를 다룰 때 개별적인 차용어의 유형이나 특징도 흥미로운 것이지만, 거시적 관점에서 차용어의 유입이 도착언어 어휘체계에 미치는 영향을 분석하는 것도 매우 중요한 작업이 된다.

중국어의 경우도 예외는 아니다. 우선 차용어이든 신조어이든 어휘가 대량으로 증가하는 것은 언어의 표현력을 풍부하게 만드는 데 매우 직접적인 도움이 된다. 언어 자체는 물론이고 언어 문화가 더 풍성해지는 것이다. 중국어 차용어는 앞서 살펴본 것처럼 기점언어를 중국어로 옮기는 방식이 다양하기 때문에 어떤 방식으로 개념이나 명칭을 옮겨오느냐에 따라 타문화 배경 속에 있는 사물과 개념의 이미지가 달라진다.

어휘량의 측면을 넘어서 개혁개방 시기의 차용어가 중국어의 어휘체계나 조어구조에 남긴 영향을 찾는다면 그것은 두 가지 현상을 꼽아야 할 것이다. 첫째는 차용어로부터 기인한 준접사의 정착이고, 둘

째는 음역어의 일부가 단음절 형태소로 정착하는 현상이다. 아래에서
는 이 두 가지를 살펴보겠다.

6.4.1 차용어로부터 유래한 준접사

앞서 2장(2.2.2)에서 다룬 바와 같이 번역차용어는 조어구조가 기점
언어로부터 유래한다. 이 때문에 기점언어에서 단어의 특정한 위치에
출현하는 형태소는 중국어로도 동일한 위치에 놓이게 마련이다. 이렇
게 특정한 어형으로 번역되어 특정한 위치에 사용되는 형태소 가운데
일부는 중국어에 새로운 어형을 정착시키는 경우가 종종 발생한다.

이런 경우 생산력을 가지는 새로운 어형은 대개 준접사(類詞綴)이다.
개혁개방 시기 신조어가 새로운 접사 혹은 준접사를 생성시킨다는 것
은 신조어가 단지 중국어의 개별 어휘를 늘리는 데 그치지 않고 조어
력에도 영향을 미친다는 점에서 큰 의미를 가진다. 이렇게 생겨난 준
접사는 번역차용어에서 비롯되거나, 외래한자어에서 비롯된 것이 많다.

'角':	英語角	영어 코너
	戀愛角	연애 코너
	集郵角	우표수집 코너
'門':	拉鏈門	지퍼게이트
	艶照門	음란 사진 게이트
	老虎門	호랑이 게이트
'軟':	軟讀物	가벼운 읽을거리
	軟科學	소프트 과학
	軟任務	소프트 임무
'零':	零距離	제로 거리

零接觸　제로 접촉
零首付　제로 계약금

이상의 준접사는 공히 번역차용어로부터 비롯되었다. '角'는 영어 'corner'를 직역한 것이며, '門'은 'Watergate scandal'을 '水門事件'으로 번역하면서 사건을 의미하는 접사 '-gate'가 중국어에서 '門'으로 정착한 것이다. '軟'은 'soft'를, '零'은 'zero'를 각각 중국어로 직역한 데서 비롯되었다.

'度' : 透明度　투명도
　　　 知名度　지명도
　　　 新鮮度　신선도
'風' : 送禮風　선물 풍조
　　　 攤派風　금품요구 풍조
　　　 吃喝風　먹고 마시는 풍조
'熱' : 出國熱　출국 열풍
　　　 文化熱　문화 열풍
　　　 股票熱　주식 열풍
'族' : 上班族　출근족
　　　 追星族　극성팬
　　　 名牌族　명품족
'壇' : 泳壇　수영계
　　　 箭壇　양궁계
　　　 劍壇　펜싱계
　　　 拳壇　권투계, 무술계
　　　 郵壇　우표수집계

이상의 준접사들은 모두 외래한자어, 주로는 일본산 한자어에서 흔히 사용되던 것이다. 일본산 한자어가 중국어에 정착하면서 자연스럽게 이 준접사들 또한 중국어 신조어를 생성시키는 형태소로 정착한 것이다.

이들 형태소는 '類詞綴', 즉 준접사라는 명칭에서 알 수 있는 것처럼 중국어에서 처음 사용될 당시에는 조어력이 그리 강하지 않은 어근이었으나 점차 사용되는 범위가 확대되면서 접사에 준하는 형태소로 정착한 것이다. 대체로 이 준접사들은 어휘 생산력이 높아서 임시조어에서도 흔히 활용된다.

6.4.2 음역 성분의 형태소화

이 시기의 차용어가 중국어에 남긴 영향으로 꼽을 수 있는 또 다른 현상은 음역어 일부 성분의 형태소화이다. 이 현상은 차용어의 중국화(漢化), 즉 적응(adaptation)의 결과이다. 잘 알려져 있는 것처럼 중국어는 단음절성이 강한 언어이며, 따라서 투명어(transparent words)가 많은 언어, 즉 배의성이 강한 언어이다. 이 경향은 의미적 투명도를 추구하는 경향으로 나타난다. 즉 음역을 하는 경우에는 가급적 의미상으로도 쌍관(雙關)을 이루도록 한다든지, 본래 음역 성분인 것을 단음절 형태소화하여 거기에 형태소 의미를 부여하는 것이 그런 예이다. 전자의 경향은 특히 브랜드네이밍 등에서 흔히 나타난다.

托福	TOEFL	토플
摩絲	mousse	무스
蹦極(跳)	bungee jump	번지점프

可口可樂	Coca cola	코카콜라
雪碧	Sprite	스프라이트
奔馳	Benz	벤츠
四通	Stone	스톤

이 어휘들은 모두 음역어이지만 중국인들은 이를 한 덩어리의 불투명어(opaque word)로 이해하기보다는 습관적으로 음절 단위 혹은 한자 단위로 이해한다. '摩絲' 같은 단어는 쉽게 '머리카락을 매만지다'라는 의미의 동목 구조로 받아들이며, '四通' 같은 브랜드네임도 '사방으로 (다방면으로) 통한다'는 의미를 연상케 한다.

단음절 단위로 형태소를 인식하는 언중들의 습관은 음역어의 특정 음절이 형태소화될 수 있는 기반을 형성한다. 개혁개방 시기의 중국어에서 음역어 형태소화가 진행된 대표적인 경우는 역시 '的士'의 '的'가 형태소화한 사례나 '酒吧'의 '吧'가 형태소화한 사례일 것이다.

'的'(的士) :	麵的	미니봉고 택시
	打的	택시 타다
	轎的	세단 택시
	摩的	오토바이 택시
	的哥	택시기사 아저씨
'巴'(巴士) :	大巴	대형버스
	中巴	중형버스
	小巴	소형버스
'啤'(啤酒) :	扎啤	생맥주
	散啤	덜어 파는 맥주
	靑啤	칭다오 맥주
'吧'(酒吧) :	吧臺	바

	吧娘	바의 여자 주인장
	吧女	바텐더 아가씨
	書吧	서점
	餐吧	식당
'咖'(咖啡, 咖啡屋) :	咖色	커피색
	奶咖	밀크커피
	清咖	블랙커피
	網咖	인터넷 카페(網絡咖啡屋)

　이처럼 음역어가 단음절 형태소화되면 중국어의 고유 형태소와 구분하기가 어려워진다. 초기에는 언중들이 그 유래를 알고 있기 때문에 외래 형태소라는 것을 인지할 수 있지만, 시간이 지나면 어원에 대한 고증이 있어야만 그것이 차용된 것임을 인지하게 될 것이다. 단음절 형태소화는 가장 전형적인 차용어의 중국화 현상이라고 할 수 있다.

　또 '幽默' 같은 단어에서 일어나는 역형성(back-formation)도 일종의 중국화 현상이라고 할 수 있다. '幽默'는 본래 영어의 'humor'를 음역해서 만들어진 단어이므로 이음절 단일어이다. 그런데 개혁개방 이후로 이 말이 마치 이합사처럼 쓰이는 현상이 나타났다. 즉 '幽'와 '默'가 분리되어 '幽了一次默'(한 차례 유머를 하다)와 같은 식으로 쓰이는 것이다. 이렇게 되면 '幽'와 '默'가 동목 구조를 형성함으로써 사실상 형태소화된다. 음역어의 형태소화라는 점은 같으나 전술한 현상은 음역어의 일부가 형태소로 정착하여 새로운 조어구조를 만들어 내는 것인 데 반해 이 경우는 음역어 자체가 단일어에서 복합어로 변형되면서 언어적 표현력을 증강시키는 현상이라는 점이 다르다.

　이처럼 차용어의 수용은 어휘의 양적인 증가만이 아니라 중국어 조어력의 강화로까지 이어짐으로써 중국어 어휘체계의 변화를 야기하였다. 종합적으로 어휘의 양적 증가와 조어력의 강화는 모두 중국어의 표현력 확장에 도움을 주었다. 이는 그만큼 개혁개방 시기 차용어의 충격이 작지 않았음을 반증하는 것이기도 하다.

제 7 장

신시기 차용어의 특징과 영향

7.1 신시기 차용어의 지역 차이

중국어권의 지역 차용어에 대한 연구가 처음 시작된 것은 1990년대이다. 초기 연구는 주로 홍콩 지역의 차용어를 연구 대상으로 하였다. 譚海生(1994), 朱永鍇(1995), 邵敬敏(2000) 등은 중국 대륙의 광둥어와 홍콩의 광둥어에 존재하는 차용어를 비교하고 분류하였다. 史有爲(1999)는 언어공동체의 유형에 따라 나누어 타이완과 홍콩의 차용어를 연구하였다. 張洪年(2007: 211-232)은 홍콩 광둥어의 차용어가 갖는 음성적 특징, 의미상의 변화, 문법적 적응, 수용 유형 등의 특성에 대하여 상세한 분석을 수행하였다. 이 외에도 지역 차용어에 대한 연구가 다수 있으나, 계량적 방법을 사용하여 지역 차용어의 양과 비율을 분석한 연구는 아직까지 보고된 사례가 없다.

차용어의 지역 차이에 대한 계량적 분석을 진행하기 위해 필자는 '중국어 지역별 차용어 DB'를 구축하였다. DB의 주요 자료 출처는 다음과 같다.

《全球華語詞典》	(李宇明, 2010)
《21世紀華語新詞語詞典》	(鄒嘉彦, 游汝杰, 2007)
《全球華語新詞詞典》	(鄒嘉彦, 游汝杰, 2010)[1]
《香港社區詞詞典》	(田小琳, 2009)
《重編國語辭典修訂本》	(網路版, [臺灣]教育部國語推行委員會編纂, 1997)
	(http://dict.revised.moe.edu.tw/)
《新加坡特有詞語詞典》	(王惠迪, 1999)

앞의 세 사전은 어휘마다 사용 지역 정보를 명기하고 있다. 또 뒤의 세 권은 각각 특정 지역의 어휘를 중심으로 수록한 사전이므로 필자는 이 사전의 정보들을 바탕으로 차용어를 선별하고 해당 단어들이 사용되는 지역에 대한 정보를 포함한 차용어 데이터를 정리하였다.

이렇게 해서 구축된 '중국어 지역별 차용어 DB'에는 총 1190개의 차용어가 포함되었다. 수록된 차용어 유형별 사용 지역의 분포 현황은 아래와 같다.

[표 7-1] 지역별 차용어수

	공통	대륙	홍콩	마카오	타이완	싱가포르	평균
계	323	592	665	621	544	598	557.17
전음역	143	225	322	320	233	298	256.83
반음역	57	128	152	133	105	105	113.33
번역차용	77	159	121	102	114	128	116.83
한자어	46	80	70	66	92	67	70.17

---

1) 《全球華語新詞詞典》(2010)는 《21世紀華語新詞語詞典》(2007)의 수정증보판이다. 그러나 《21世紀華語新詞語詞典》(2007)에 수록된 단어 가운데 543개는 《全球華語新詞詞典》(2010)에 수록되지 않았다. 본 DB에는 두 사전에 중복 수록되지 않은 자료들도 모두 수록하였다.

DB에 수록된 차용어 중에는 여러 지역에서 공히 사용되는 어형이 다수 존재한다. 이들 공통어형의 수량은 위의 표에서 '공통' 열에 따로 정리하였다. 다섯 지역의 차용어 수치는 유형별 차용어의 총량과 그것이 점하는 비율을 파악하기 위한 것이므로 공통으로 사용되는 어형도 포함하여 제시하였다. 아래에서는 각각의 차용어 유형별로 지역 차이의 양상을 살펴보겠다.

7.1.1 전음역어

어형 전체가 음역 성분으로만 구성된 전음역어는 지역별로 상당한 분포 차이를 보인다. 아래 그래프는 전음역어가 각 지역 전체 차용어에서 차지하는 비율을 서로 비교한 것이다.

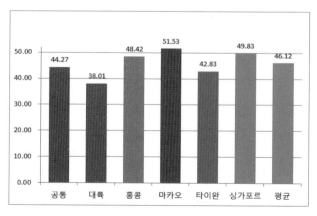

[그림 7-1] 지역별 차용어 중의 전음역어 비율 비교

앞서 언급한 것처럼 각 지역의 차용어 수치에는 공통어형이 포함되어 있다. 따라서 어떤 지역의 차용어에서 특정 유형의 차용어가 점하

는 비율이 공통어형 전체에서 해당 유형이 차지하는 비율보다 높은 경우, 이는 그 지역에서만 사용되는 차용어 중에서 특정 유형의 차용어가 차지하는 비율이 상대적으로 높음을 의미한다. 위 그래프에서 드러나는 것처럼 전음역어의 비율은 홍콩, 마카오, 싱가포르에서 상대적으로 높고, 중국 대륙에서는 상대적으로 낮다. 이는 음역어 선호가 홍콩, 마카오, 싱가포르에서 더 높고, 중국 대륙에서 가장 낮음을 의미하므로 우리가 일반적으로 이야기하는 중국어의 의역어 선호 경향은 중국 대륙에서 가장 강하게 나타난다고 할 수 있다.

필자의 차용어 유형 구분법에서 전음역(全音譯)은 순음역어(純音譯詞)와 음의쌍관어(音意雙關詞), 그리고 전자모어(全字母詞) 세 가지를 모두 포함한다. 이 세 범주의 수치는 아래와 같다.

[표 7-2] 각 지역의 전음역어 하위범주별 어휘수

	공통	대륙	홍콩	마카오	타이완	싱가포르	평균
계	143	225	322	320	233	298	256.83
순음역	37	98	198	206	114	184	139.50
음의쌍관	10	16	16	12	14	14	13.67
전자모	96	111	108	102	105	100	103.67

전자모어는 대부분 기점언어의 서사 방식을 그대로 가져온 것이므로 지역에 구애받지 않고 국제적으로 통용되는 특성이 두드러진다. 위의 표에 나타난 것처럼 전자모어의 수량은 지역별로 큰 차이가 없다. 이는 곧 개별 지역에서 쓰이는 소수의 자모어를 제외하면 모든 지역에서 자모어가 기본적으로 동일하다는 의미이다. 자모어는 지역 구분 없이 사용될 뿐만 아니라 그 형태가 매우 간결하다는 특징을 갖는다.

이런 특징 때문에 중국어권의 어떤 지역에서 알파벳 자모어를 하나 받아들이게 되면 곧장 언어적 교류를 통해 해당 자모어가 중국어권 내의 다른 지역으로 전파될 가능성이 한자어보다 훨씬 더 높다. 따라서 각 지역의 자모어 수치에 큰 편차가 발생할 가능성은 매우 낮아지는 것이다.

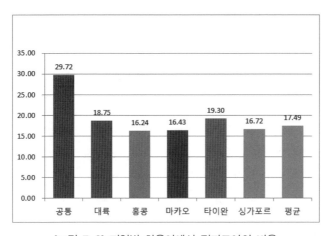

[그림 7-2] 지역별 차용어에서 전자모어의 비율

위의 그래프를 보면 전자모어가 공통어형에서 차지하는 비율이 각 지역 차용어의 총합에서 차지하는 비율보다 상당히 높게 나타난다. 이는 전자모어가 지역별 차이가 가장 작은 범주임을 의미한다.

한편 순음역어는 지역별 차이가 가장 큰 범주로 나타났다. [표 7-2]를 보면 공통적으로 사용되는 순음역어는 37개에 불과하여 지역별 수치와 비교하면 모두 3~5배의 차이가 있다.

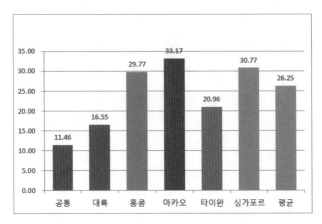

[그림 7-3] 지역별 차용어에서 순음역어의 비율

순음역어가 각 지역 차용어의 총합에서 차지하는 비율은 지역을 막론하고 모두 공통어형 내에서 순음역어가 차지하는 비율보다 높게 나타났다. 이는 순음역어는 지역 간의 어형 일치도가 낮다는 사실, 즉 지역별로 차이가 가장 큰 범주라는 사실을 알려준다.

뿐만 아니라 각 지역 간에도 순음역어 비율의 편차가 크게 나타난다. 이는 여러 차용 방식 가운데 순음역 방식을 선택하는 정도가 지역별로 크게 다르다는 사실을 보여준다. 구체적으로 살펴보면 홍콩, 마카오, 싱가포르에서는 상대적으로 순음역의 방식을 선호하지만 중국 대륙과 타이완에서는 선호하지 않는다. 이는 중국 대륙이나 타이완과 달리 홍콩, 마카오, 싱가포르가 이중언어 혹은 다중언어 사회라는 사실과 관련이 있어 보인다. 홍콩, 마카오, 싱가포르 지역의 중국어 화자들은 평소에 둘 혹은 그 이상의 언어를 자주 접촉하게 됨에 따라 자연스럽게 언어코드를 혼용하게 될 가능성이 높다. 이렇게 지속적으로 언어코드를 혼용하다 보면, 중국어 문장 속에 혼용되던 외국어 어휘가 점차 음역어로 차용될 가능성이 높은 것이다.

郭熙(編)(2007: 17-49)에 따르면, 해외 화교 사회에서 중국어와 외국어를 혼용하여 사용하는 현상은 상당히 보편적이다. 예컨대 싱가포르 화교들의 영어 사용률은 지속적으로 높아진 결과 화교 초등학교 1학년 학생 가운데 영어를 가정의 주요 의사소통 언어로 사용하는 비율은 1980년의 9.3%에서 1999년 42.2%로 크게 증가하였다. 또 싱가포르 화교 청소년의 경우 이들의 영어 능력이 오히려 중국어 능력보다 더 뛰어나서 이른바 '잡탕식 중국어(雜燴式華語)'가 출현하였다고 한다. 이러한 환경에서 중국어가 대량의 음역어를 받아들이게 되는 것은 쉽게 짐작할 수 있는 일일 것이다.

7.1.2 반음역어

반음역어는 각 지역의 차용어에서 큰 차이를 보이지는 않았다. 홍콩의 반음역어 비율이 다른 지역에 비해 다소 높기는 하지만 그 차이는 크지 않다.

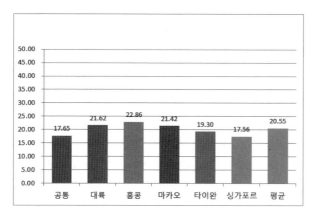

[그림 7-4] 지역별 차용어에서 반음역어의 비율

반음역어가 각 지역의 차용어 중에서 차지하는 비율에는 큰 차이가 없었으나 구체적인 단어의 일치 비율은 높지 않았다. 즉, 공통으로 사용되는 반음역어는 57개인 반면, 각 지역별로 사용되는 반음역어의 개수는 모두 100개를 상회하므로 48~95개까지의 반음역어가 특정 지역에서만 사용되고 있는 것이다.

[표 7-3] 반음역어 하위범주별 어휘수

	공통	대륙	홍콩	마카오	타이완	싱가포르	평균
계	57	128	152	133	105	105	113.33
반음반의	19	55	50	42	44	43	42.17
음역부가	15	39	50	44	27	32	34.50
반자모	23	34	52	47	34	30	36.67

반음역어에는 반음반의역(半音譯半意譯), 음역부가(音譯加注), 반자모(半字母)의 세 종류가 포함되어 있다. 이 단어들의 종류별 수치는 [표 7-3]과 같다.

7.1.3 번역차용어와 한자어

번역차용어는 각 지역의 차용어에서 차지하는 비율에 큰 차이가 나타나지 않았다. 다만 홍콩과 마카오 지역의 번역차용어 비율은 상대적으로 낮았던 반면, 대륙의 비율은 비교적 높은 것으로 드러났다. 이는 앞서 살펴본 전음역어의 경우와 상반된 결과인데, 차용어 스펙트럼(3.2.1절)을 바탕으로 이를 해석하면 중국 대륙에서는 다른 중국어권 지역에 비해 고유어에 가까운 차용어 형식을 선호하는 것으로 볼 수 있다.

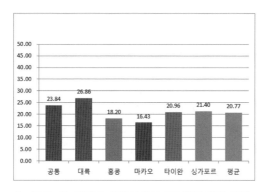

[그림 7-6] 지역별 차용어에서 번역차용어의 비율

외래한자어가 차용어 전체에서 차지하는 비율을 보면, 홍콩, 마카오, 싱가포르는 그 비율이 낮은 편인데 반해, 타이완은 상대적으로 높은 것을 발견할 수 있다. 이에 대해 史有爲(1999)는 타이완에는 중국 대륙의 중국어에 수용되지 않은 일본어 차용어가 많은 편이며 그 가운데 대부분이 일본산 한자어임을 지적한 바 있다. 민간 수준에서 일본과의 교류는 타이완이 대륙보다 훨씬 더 긴밀하기 때문에 일본어 차용어가 필연적으로 타이완에 더 많을 수밖에 없다는 것이다.

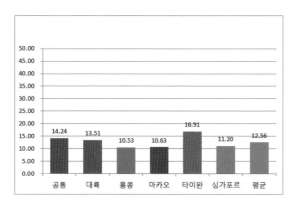

[그림 7-7] 지역별 차용어에서 외래한자어의 비율

7.1.4 기점언어 어종 분포

다음으로 각 지역별 차용어의 기점언어 분포 상황을 살펴보자.

[표 7-4] 지역별 차용어의 기점언어 분포

	대륙	홍콩	마카오	타이완	싱가포르	말레이시아	태국	계
영어	481	560	509	420	444	389	374	873
일본어	91	83	77	110	74	69	69	144
포르투갈어		2	18	1				19
말레이시아어	3	2	1	1	55	56	14	61
태국어		1	1		1	1	51	52
기타	17	17	15	12	24	14	16	41
계	592	665	621	544	598	529	524	1190

각 지역별 차용어의 기점언어는 주로 영어에 집중되어 있다. 다만 타이완의 일본어 차용어, 마카오의 포르투갈어 차용어, 말레이시아와 싱가포르의 말레이시아어 차용어, 태국의 태국어 차용어 등이 상대적으로 많은 것은 지역별 특징이라고 할 수 있을 것이다. 이 경우들은 모두 해당 지역의 이중언어 환경이나 문화 교류의 배경에서 기인한 것이다.

여러 기점언어 가운데 일본어로부터 유래한 차용어는 대부분 한자어이다. 그러나 일부 음역어나 반음역어도 발견되는데, 대부분 타이완에서 사용되는 어형이었다. 아래는 타이완 중국어에서 사용되는 18개의 음역어와 1개의 반음역어이다.

음역어

一級棒	いちばん[一番][itɕibaN]	일번
卡哇伊	かわいい[可愛い][kawaii]	귀엽다
卡哇依	(同上)	귀엽다
秀逗	ショート[短絡][ɕo:to]	쇼트, 단락
阿沙力	あっさり[asaɾi]	시원하게
阿莎力	(同上)	시원하게
麻吉	マッチ[matɕi]	성냥
歐巴桑	おばさん[obasaN]	아줌마
歐吉桑	おじさん[odʑisaN]	아저씨
沙西米	さしみ[刺身][saɕimi]	사시미
華沙比	わさび[wasabi]	와사비
華沙卑	(同上)	와사비
PARA PARA	パラパラ[paɾapaɾa]	파라파라[춤]
芭拉芭	(同上)	파라파라
卡拉OK	カラオケ[kaɾaoke]	가라오케
Kuso	くそ[糞][kuso]	젠장
酷索	(同上)	젠장
庫索	(同上)	젠장

반음역어

壽喜燒	すきやき[鋤燒(き)][sukijaki]	스키야키

7.2 신시기 차용어의 시대적 변화

7.2.1 근대 차용어와 신시기 차용어

필자는 현재까지 출판된 3권의 중국어 차용어 사전을 포함하여 총 16종의 서적을 주요 자료로 삼아 17,995개의 단어를 수록한 '중국어 차용어 DB'를 구축해 왔다. 중국어 차용어 DB 구축에 사용된 자료는 아래와 같다.

《外來語詞典》(胡行之, 天馬書店, 1936)

《近現代辭源》(黃河淸, 上海辭書出版社, 2010)

《漢語外來詞詞典》(劉正埮等, 上海辭書出版社, 1984)

《漢語外來語詞典》(岑麒祥, 商務印書館, 1990)

《辭海》(1979年版) (辭海編輯委員會, 上海辭書出版社, 1979)

《辭海》(1989年版) (辭海編輯委員會, 上海辭書出版社, 1989)

《辭海》(1999年版) (辭海編輯委員會, 上海辭書出版社, 1999)

《辭海》(第六版) (辭海編輯委員會, 上海辭書出版社, 2009)

《當代漢語新詞詞典》(曲偉, 韓明安主編, 中國百科全書出版社, 2004)

《現代漢語詞彙的形成：十九世紀漢語外來詞硏究》(馬西尼, 漢語大詞典出版
社, 1997)

《跨語際實踐 － 文學, 民族文化與被譯介的現代性(中國, 1900-1937)》(劉禾,
三聯書店, 2008)

《報紙, 廣播電視, 網絡(新聞)字母詞語使用狀況調查》(國家語言資源監測與硏
究中心, 中國語言生活狀況報告2006(下), 商務印書館, 2007)

《21世紀華語新詞語詞典》(鄒嘉彦, 游汝杰, 複旦大學出版社, 2007)

《全球華語新詞詞典》(鄒嘉彦, 游汝杰, 商務印書館, 2010)

《全球華語詞典》(李宇明主編, 商務印書館, 2010)

《重編國語辭典修訂本》(網路版, [臺灣]教育部國語推行委員會編纂, 1997)
(http://dict.revised.moe.edu.tw/)

중국어 차용어 DB의 총수록어휘는 17,995항목이지만, 해당 어형이 출현한 대략적인 시기를 확인할 수 있는 것은 4,789항목에 불과하다. 여기에서는 이들 차용어를 '근대 차용어'와 '신시기 차용어'의 두 그룹으로 나누고, 이 두 시기에 해당하는 중국어 차용어의 유형별 분포 상황을 확인하였다.

[표 7-5] 근대 차용어와 신시기 차용어의 유형 분포

	순음역	전자모	반음반의	음역부가	반자모	한자어	번역차용	합계
근대	1251	0	376	150	5	1164	874	3820
	32.75%	0.00%	9.84%	3.93%	0.13%	30.47%	22.88%	100%
신시기	371	120	92	63	70	55	207	978
	37.93%	12.27%	9.41%	6.44%	7.16%	5.62%	21.17%	100%

이 두 시기의 차용어 유형 분포를 보면 확연한 변화가 두 가지 발생하였다는 것을 알 수 있다. 첫째는 한자어의 큰 감소이고, 둘째는 자모어(字母詞)의 증가이다.

근대 시기에는 일본산 한자어가 대량으로 차용되었다. 이는 일본이 서구 문화가 아시아로 유입되는 주요 경로로 기능하였다는 사실에서 기인한다. 서구의 많은 개념어들은 일본어의 번역어를 그대로 답습하는 방식으로 중국어에 유입되었다. 한자는 아시아에서 공통의 문자로 사용되고 있었고, 한자어는 이 지역에서 공통의 어형이었으므로 일본산 근대 번역어들은 중국어에서 별다른 가공 없이 그대로 차용될 수 있었던 것이다.

그러나 신시기의 언어환경은 상당히 많이 달라져 있었다. 개혁개방 이후에는 서구의 문물과 문화를 받아들이는 접촉면이 크게 확대됨으로써 서구에서 새로운 사물이나 개념을 표현하는 단어가 나타남과 거의 동시에 중국어에 유입될 수 있는 환경이 마련되었고, 그 결과 일본어의 중개는 더 이상 필요하지 않게 되었다. 이 시기에는 주로 영어가 중개자의 역할을 하게 되었다. 영어권 국가의 사물이나 개념은 물론이고, 비영어권 국가의 사물이나 개념도 오늘날에는 대부분 영어를 통해 세계 각지로 전파된다. [표 7-4]의 차용어 기점언어 분포를 보면 영어가 절대적인 우세를 점하고 있다. 이는 이렇게 달라진 언어 환경이 빚어낸 결과이다.

신시기 중국어 차용어에는 알파벳 자모어가 대량으로 출현하였다. 이는 영어가 세계적인 지위를 갖게 된 것과 무관하지 않다. 현대 중국어의 자모어 중 대부분은 영어의 축약형(abbreviation)이다. 구두 언어를 기준으로 보면 자모어는 음역어와 큰 차이가 없다. 그러나 현대의 언어생활에서는 많은 경우 문자가 더 중요한 역할을 하기도 한다는 점에서 자모어는 음역어와 구분되는 측면이 있다. 현대 사회의 정보 교류는 구두 언어보다는 주로 문자 언어를 통해서 이루어지기 때문이다. 즉, 현대 사회에서는 정보 전달의 주요 매개가 문자이며, 정보 전달의 속도가 날로 빨라지면서 중국어에서도 영어의 자모어를 직접 수용하는 일이 더 많아진 것이다.

일반적으로 특정 사물이나 개념을 표시하는 외국어 단어를 초기부터 의역하기는 쉽지 않다. 이 때문에 빠른 정보 전달이라는 즉시적인 요구에 부응해야 할 때는 상대적으로 음역의 방식이 선택되기 쉽다.[2)]

---

2) 중국어에 나타났던 차용어 가운데 음역어가 매우 높은 비율을 차지하지만 생존율이 낮은 것은 즉시적 수요에 따라 음역어를 사용하다가 점차 의역어로 전환하기 때문이라고

그러나 자모어는 음역을 거친 소리를 표기할 한자를 선택하는 과정마저도 생략하게 해준다. 자모어의 이런 특장점에 힘입어, 그리고 세계화된 환경에서 정보 교류의 접촉면이 넓어지고 교류의 속도 또한 빨라진 결과로, 신시기의 중국어에는 자모어가 대거 유입될 수 있었던 것이다.

이제 시간 범위를 축소하여, 중화인민공화국 이후의 중국어 차용어 유형 변화를 알아보도록 하겠다. 이를 위해서는 좀 더 세분화된 출현 시기 정보가 필요하다. 개별 차용어의 출현 시기 정보를 구체적으로 밝히고 있는 자료가 많지 않기 때문에 여기에서는 분기별 목록이 담긴 신조어 사전의 수록 어휘에서 각 유형의 차용어를 추출한 다음 그에 대한 비교를 수행하였다.

《當代漢語新詞詞典》(曲偉·韓明安, 2004)의 부록에는 '표제어 시기 구분 분류 색인(詞目分期分類索引)'이 수록되어 있다. 이 색인은 해당 사전에 수록된 15,519개의 표제어를 다음과 같은 여섯 개의 시기로 구분하고 있다.

건국 초기	1949~1956
대약진(大躍進) 시기	1957~1957
삼년 경제난과 '사청(四淸)' 시기	1960~1965
문화대혁명(文化大革命) 시기	1966~1976
신시기(新時期)	1977~1999
신세기(新世紀)	2000~2003

사전의 표제어는 15,000여 항목에 이르지만, 신조어 사전의 특성상 '自治條例'(자치조례)와 같은 용어나 'GS電腦軟件系統'(GS컴퓨터운영체제)와

설명할 수 있다.

같은 품명, 심지어는 '報喜不報憂'(좋은 일만 보고하고 나쁜 일은 보고하지 않는다)와 같은 유행어 등을 다수 포함하고 있다. 이런 이유로 앞서 구축한 '중국어 차용어 DB'를 활용하여 이 사전에 수록된 표제어 가운데 차용어에 해당하는 것을 추출한 결과는 718항목에 불과했다.

이처럼 수량이 제한적이므로 여기에서는 중화인민공화국 수립 이후의 역사 시기를 개혁개방을 기준으로 양분한다. 즉 앞의 여섯 개 시기를 1949~1976년 기간과 1977~2003년 기간의 두 시기로 합병 처리하여 비교하였다.

[표 7-6] 중화인민공화국 수립 이후 차용어 유형 비율 변화

	순음역	전자모	반음반의	음역부가	반자모	한자어	번역차용	합계
1949 -1976	13	0	61	2	3	53	30	162
	8.02%	0.00%	37.65%	1.23%	1.85%	32.72%	18.52%	100%
1977 -2003	60	83	167	19	77	70	80	556
	10.79%	14.93%	30.04%	3.42%	13.85%	12.59%	14.39%	100%

우선 개혁개방 이전 시기의 차용어는 수량에 있어서 개혁개방 이후 시기에 비해 현저하게 적다. 이는 외부와의 교류가 제한적이었던 시대 상황에서 비롯된 것으로 이해된다. 반면 개혁개방 이후에는 활발한 대외 교류와 함께 차용어가 급격한 증가의 추세를 보고 있다.

유형별로 살펴보면 개혁개방 이전 시기에서 이후 시기로 오면서 큰 변화가 일어난 범주는 자모어와 반자모어이다. 개혁개방 이전 시기에는 거의 없던 자모어와 반자모어가 개혁개방 이후에 전체 차용어의

28.78%에 이를 정도로 비중이 급증했다. 새로운 유형의 증가와 함께 전체 차용어 내에서의 비중이 감소하는 유형도 발견된다. 비중 감소의 폭이 가장 큰 것은 한자어이다.

　다음으로 이 차용어들을 의미 범주별로 살펴보자. 어휘의 생성과 소멸은 사회 변화를 반영하며, 특히 차용어는 한 사회와 외부 사회의 교류 상황을 반영한다. 의미 범주별 변화를 살펴보면, 중화인민공화국 수립 이후의 중국 사회가 외부 세계와 교류하면서 관심을 가졌던 영역이 어떻게 변화하였는지를 파악할 수 있다.

[표 7-7] 중화인민공화국 수립 이후 중국어 차용어 의미 범주 변화

	정치	경제	교육위생	체육군사	과학기술	기타	합계
1949 -1976	77	19	17	20	11	18	162
	47.53%	11.73%	10.49%	12.35%	6.79%	11.11%	100%
1977 -2003	30	148	111	37	131	99	556
	5.40%	26.62%	19.96%	6.65%	23.56%	17.81%	100%

　개혁개방 이전의 차용어에서는 정치 영역의 어휘가 거의 절반 정도의 비율을 차지하고 있다. 이는 당시 사회가 정치에 갖고 있었던 관심의 정도를 보여준다. 그러다가 70년대 이후에는 그 비율이 큰 폭으로 감소하였다. 개혁개방 이후에는 외국의 경제 및 과학기술 분야와의 교류가 급속히 늘어남에 따라 과학 기술과 경제 영역의 차용어가 대폭으로 증가하였다. 이처럼 가장 큰 비중을 차지하는 의미 범주가 '정치'에서 '경제'와 '과학기술'로 변화하는 것은 20세기 중반 이후의 시대적

변화상을 매우 직설적으로 묘사해준다. 정치의 시대에서 경제와 과학
의 시대로 이행하고 있는 것이다.

7.2.2 차용어의 유형별 생존율

'중국어 차용어 DB'는 다수의 자료로부터 차용어를 수집하여 과거
부터 현재까지 중국어에 출현한 적이 있는 차용어 어형을 모두 수록
하였기 때문에 이미 도태된 단어, 혹은 전문적이거나 특수한 영역에서
만 쓰이는 어휘도 포함되어 있다. 이러한 DB의 특징 때문에 공시태를
반영하는 어휘 자료와 상호 비교 분석을 진행한다면 차용어의 각 유
형별 생존율, 혹은 도태율을 분석할 수 있게 된다.

특정 단어가 공시적으로 생존하고 있는지의 여부를 판단하는 작업
은 그리 간단하지 않다. 그러나 여러 가지 기술적인 가공과 정리를 통
해 대략적인 '상용어'의 범위는 획정할 수 있다. 상용어 획정 작업은
주로 대규모의 언어 자료에서 어휘를 추출하여 사용 빈도에 따라 배
열하는 방식으로 이루어진다. 이런 작업을 거쳐 현재까지 이미 몇 종
류의 상용어휘표가 공표되었다. 여기에서는 상용어휘표 중의 차용어
와 중국어 차용어 DB를 서로 비교하는 방식을 사용하려고 한다. 즉
현대의 상용어휘표에서 차용어만을 추출한 목록을 역대 차용어 어형
을 모두 수록하고 있는 중국어 차용어 DB와 비교하는 방식으로 차용
어 유형별 생존율을 살펴보는 것이다.

필자가 사용한 두 종류의 상용어휘표는《現代漢語常用詞表(草案)》(2008)
(이하 '常用詞表(2008)')와《漢語水平詞彙與漢字等級大綱(修訂本)》(1992/2001) (이
하 '大綱(2001)')이다.

常用詞表(2008)는 총 56,008개의 단어를 수록하고 있으며, 단어마다 빈도 순위 정보가 명시되어 있다. 해당 상용어휘표 프로젝트팀의 설명에 따르면, 해당 표는 현대 사회의 언어생활에서 통용되며, 안정성이 강하고, 사용 빈도가 상대적으로 높은 현대 표준중국어 어휘의 범위를 획정하고자 만들어졌다. 자모어에 대해서는 아직 대부분 안정적으로 사용된다고 보기는 어려운 데다가 언어학계에서 컨센서스가 형성되지 않았다는 이유를 들어 일괄적으로 제외하였다.

大綱(2001)은 외국인을 위한 중국어 교육용으로 만들어진 규범적인 어휘 수준 요강이다. 이 상용어휘표는 중국어 상용어에 관한 16종 통계 자료의 핵심을 종합하였기 때문에 그 대표성과 영향력이 상당하며, 중국어 교육 분야 외에도 다양한 중국어 연구에 활용되고 있다. 大綱(2001)은 갑을병정의 네 등급으로 구성되어 있다. 갑급에는 1,033개의 단어가 수록되어 있고, 을급에는 2,018단어, 병급과 정급에는 각각 2,202단어와 3,569단어가 제시되어 있다.

두 표가 공히 자모어를 배제하고 있어 이를 차용어 DB 내부의 유형과 비교할 수는 없었다. 따라서 여기에서는 자모어를 제외한 나머지 유형의 차용어에 대해서만 그 분포 현황을 비교 분석한다. 먼저 '중국어 차용어 DB'의 각 유형 범주별 수치와 백분율을 보자.

[표 7-8] 중국어 차용어 DB의 범주별 분포

유형	전음역어		반음역어			외래 한자어	번역 차용어
	순음역	전자모	반음반의	음역부가	반자모		
어휘수	11002	1108	1530	1351	423	1435	1146
비율	61.14%	6.16%	8.50%	7.51%	2.35%		
	67.30%		18.36%			7.97%	6.37%

전체 유형 분포를 보면, 순음역어가 절대적으로 우세를 보인다는 점
을 어렵지 않게 발견할 수 있다. 순음역어는 전체 차용어 DB의 절반
이상을 차지하고 있다.

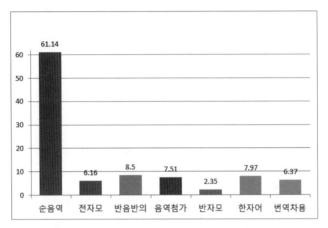

[그림 7-8] 중국어 차용어 DB의 범주별 비율

常用詞表(2008)에는 품사나 의미에 대한 정보가 없기 때문에 일부 어
휘는 차용어 여부를 판단하는 데 어려움이 따른다. 예컨대 '秀'는《現代
漢語詞典》(2016: 1476)에 따르면 세 가지 서로 다른 단어 혹은 형태소에
해당된다. '공연, 연출(表演, 演出)'의 의미를 가진 음역어 '秀'는 단지 그
중의 하나일 뿐이기 때문에 품사나 의미항 구분이 없는 '秀' 항목 자체
를 차용어로 간주하여야 하는지가 문제가 되는 것이다. 이런 문제는
주로 단음절어에서 발생하며, 대부분은 상대적으로 상용도가 낮은 차
용어와 관련이 되기 때문에 대체로 차용어로 처리하지 않았다. 다만
'秀'의 경우처럼 차용어 의미항이 상대적으로 자주 쓰이는 편이라고
판단되는 어형은 차용어로 처리하였다. 常用詞表(2008)에 비해 大綱(2001)

은 처리가 상대적으로 용이하였다. 大綱(2001)의 단어들에는 각각 품사 정보가 명시되어 있어서 대체로 해당 단어의 차용어 여부를 쉽게 판별할 수 있기 때문이다.

常用詞表(2008)에 수록된 차용어 현황은 아래와 같다.

[표 7-9] 常用詞表(2008)의 각 차용어 범주별 비율

유형	음역어	반음역어		외래한자어	번역차용어
		반음반의	음역부가		
어휘수	313	63	67	1048	152
비율		3.83%	4.08%		
	19.05%	7.91%		63.79%	9.25%

常用詞表(2008)는 수록 어휘 56,008항목 가운데 1,643항목이 차용어이며, 이는 상용어휘표 전체의 2.93%에 해당된다. 차용어 내부의 유형 분포를 보면 외래한자어가 전체 차용어의 절반 이상을 차지하여 절대적인 우세를 점하고 있음을 알 수 있다.

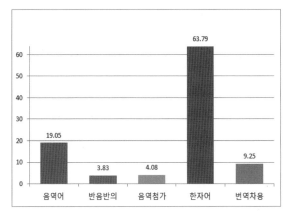

[그림 7-9] 常用詞表(2008)의 각 차용어 범주별 비율

常用詞表(2008)에 수록된 차용어 중의 외래한자어 비율은 60%를 상회한다. 이는 중국어 차용어 DB 중의 순음역어 비율과 거의 비슷하다. 반대로 중국어 차용어 DB 중의 한자어는 7.97%에 지나지 않으며, 常用詞表(2008) 차용어 중의 순음역어 비율은 19.05%에 불과하다. 다시 말해서 순음역어는 전체 차용어에서 60%가 넘는 비중을 차지하고 있지만 상용어휘로 범위를 좁히면 20%에 못 미치는 수준으로 비중이 작아지며, 외래한자어는 역대 차용어 전체에서 차지하는 비중은 10%에도 미치지 못하지만 상용어휘 범위에서는 60%를 상회하는 높은 비중을 차지하고 있는 것이다.

이런 결과에는 여러 가지 원인이 있을 수 있겠지만, 무엇보다도 큰 원인은 순음역어와 한자어가 중국어에서 갖는 생명력에 질적인 차이가 있기 때문이다. 외래한자어는 여러 유형의 차용어 범주 가운데 중국어 고유어 유형과 가장 비슷하며, 따라서 대개는 안정적으로 사용된다. 고유어와의 유사성이 외래한자어의 생명력을 보장해준 셈이다. 반면 순음역어는 차용어적 성격이 가장 두드러지는 전형적인 차용어이다. 즉, 차용어 유형 가운데 가장 외국어와 가까운 유형인 것이다. 이러한 이질성으로 인해 시간이 경과하면 다른 어형으로 대체될 가능성이 가장 높다. 그렇게 도태된 결과 현대 상용어휘 중의 차용어 범위에서는 비중이 높지 않은 유형이 된 것이다.

常用詞表(2008)는 빈도 순서 정보를 제공하고 있으므로 필자는 그 가운데 고빈도 어휘 1만 개 범위에 속하는 차용어에서 각 유형이 차지하는 비율을 표로 정리하였다. 고빈도 어휘 1만 개 범위에 속하는 차용어는 모두 745개이며, 유형별로는 아래와 같은 분포를 보인다.

[표 7-10] 常用詞表(2008) 고빈도 1만 단어 중의 차용어 범주별 비율

유형	음역어	반음역어		외래한자어	번역차용어
		반음반의	음역부가		
어휘수	98	12	10	607	18
비율		1.61%	1.34%		
	13.15%	2.95%		81.48%	2.42%

상위 1만 단어로 범위를 좁히자 외래한자어의 비율이 전체 차용어의 80% 이상으로 증가하는 것을 확인할 수 있다.

大綱(2001)의 수록 어휘수는 8,822개이므로 1만 단어 범위에서 조사된 위의 결과와 비교해 볼 만하다.

[표 7-11] 大綱(2001) 8822 단어 중의 차용어 범주별 비율

유형	음역어	반음역어		외래한자어	번역차용어
		반음반의	음역부가		
어휘수	48	9	14	590	1
비율		1.36%	2.11%		
	7.25%	3.47%		89.12%	0.15%

8,822개의 단어 중에는 차용어가 662개로 7.50%의 비율을 보였다. 앞서 1만 단어 중 차용어가 745개로 7.45%였던 것과 거의 비슷한 비율이다. [표 7-11]의 분포를 보면 662개의 차용어 가운데 외래한자어는 무려 590개로 89.12%에 달한다.

이 두 가지 결과는 한 가지 사실을 말해준다. 교육용 어휘표 수준의 고빈도 어휘에 포함된 차용어는 거의 대부분 외래한자어라는 사실이

다. 이제 상용어휘의 범위를 더 좁혀서 살펴보자.

아래는 常用詞表(2008)의 상위 3,000 단어를 대상으로 조사한 결과이다. 3,000 단어 중 차용어는 총 320개로 10.67%의 비율을 차지하였으며, 유형별로는 아래와 같은 분포를 보였다.

[표 7-12] 常用詞表(2008) 고빈도 3,000 단어 중의 차용어 범주별 비율

유형	음역어	반음역어		외래한자어	번역차용어
		반음반의	음역부가		
어휘수	23	3	0	292	2
비율		0.94%	0.00%		
	7.19%	0.94%		91.25%	0.63%

大綱(2001)의 경우는 甲급과 乙급에 해당하는 단어의 합이 3,051개인데, 이 가운데 275개가 차용어로서 9.01%을 차지하였다. 각 유형별 분포는 아래와 같다.

[표 7-13] 大綱(2001) 갑을급 3,051 단어 중의 차용어 범주별 비율

유형	음역어	반음역어		외래한자어	번역차용어
		반음반의	음역부가		
어휘수	13	2	6	254	0
비율		0.73%	2.18%		
	4.73%	2.91%		92.36%	0.00%

고빈도 단어 3,000개와 甲乙급의 단어 3,051항목에 포함된 차용어는

90% 이상이 외래한자어였으며, 이들 어휘는 거의 전부가 근대 시기에
들어온 일본산 한자어였다.

이상의 분석으로 우리는 중국어 차용어 유형 중 외래한자어의 생명
력이 압도적으로 높은 반면 음역어의 생존율은 현저히 낮다는 사실을
확인하였다. 외래한자어가 현대 중국어 상용어휘 내에서 유의미한 지
위를 가지고 있음을 이해할 수 있다.

7.2.3 음역어 분포의 특징

일반적으로 중국어는 단음절 형태소 위주의 조어 형식이나 형태소
문자인 한자의 특징 등으로 인해 음역어보다는 의역어를 선호하는 것
으로 알려져 있다. 기존 연구에서 이에 대한 증명은 대체로 이형동의
관계에 있는 음역어와 의역어가 서로 경쟁하다가 최종적으로 의역어
가 선택된 예들을 제시하는 방식으로 이루어졌다.(史有爲 2013:210-212)
이른바 차용어의 '漢化', 즉 현지화 문제를 다룬 대다수의 연구들도 이
문제를 비슷한 방식으로 언급하고 있으며(李榮嵩 1985, 鍾焜茂 1993, 歐陽友
珍 2002 등), 그 원인에 대해서는 음역어에 사용된 한자들이 본래의 형
태소 의미를 지니지 못하기 때문에 익히고 기억하기 어렵기 때문이라
고 설명한다(Feng 2004). 또 음역어와 의역어의 차이를 언어적 의미 가
치의 진실성을 우위에 두느냐 문화적 적응성을 우위에 두느냐의 차이
로 설명하기도 한다.(王東風 2002)

그러나 음역어들이 대개 의역어로 대체되는 경향이 있다는 사실 만
으로는 중국어의 의역어 선호에 대한 충분한 증명이 이루어졌다고 보
기 힘들다. 음역어들이 의역어로 대체되는 경향이 실재하는 것은 사실

이지만, 그 결과 얼마나 많은 음역어들이 도태되었으며, 최종적으로 차용어 범주 내에서 의역어의 비중이 어느 정도인지가 함께 밝혀져야 하기 때문이다. 이에 대해 필자는 앞 절에서 역대의 차용어 17,995 어휘를 수집한 DB에서는 음역어의 비중이 67.14%에 달했으나 56,008 어휘의 빈도 정보를 수록한 常用詞表(2008)에 살아남은 음역어는 313개로 차용어 전체의 19.05%이며, (구)HSK의 8,822 어휘로 범위를 좁히면 음역어는 전체 차용어의 7.19%에 불과함을 밝힘으로써 일차적인 증명을 수행하였다.

중국어의 음역어 기피가 실재하는 현상인지를 더 명확하게 확인하기 위해서는 음역어의 비율을 보여주는 수치만이 아니라 음역어 범주를 구성하는 어휘들의 분포적 특성을 살펴볼 필요가 있다. 분포적 특성이 중요한 이유는 동일한 100개의 단어라도 분포적 특성에 따라 그 활용도에는 큰 차이가 있을 수 있기 때문이다. 즉 수량의 차이도 중요하지만 해당 범주에 속하는 어휘가 범용성을 띠는 것인지 특정 분야에서만 주로 사용되는 것인지에 따라 수량의 가치가 달라진다는 것이다.

이를 위해 여기에서는 최신 어휘빈도 자료인 常用詞表(2008), 현대중국어 여부 판단의 기준으로 삼을 수 있는 표준 사서인《現代漢語詞典》(第6版, 2012), 그리고 중국 국가표준으로 공표된 교육용 어휘표인《漢語國際教育用音節漢字詞彙等級劃分》(2010)에 수록된 음역어를 모두 추출하여 '현대어', '상용어'의 두 조건을 모두 충족하는 음역어만을 가려낸 다음 해당 어휘가 사용되는 분야의 특징을 분석할 것이다.

1) 대상 자료

현대중국어 음역어의 분포 특성을 살펴보기 위해서는 현재 사용되고 있는 음역어의 범위를 정확하게 획정하고 대상 어휘를 추출하는 것이 매우 중요한 문제가 된다. 필자는 이를 위해 세 가지 참고자료를 사용하였다. 각 자료의 특징과 용도를 간략하게 정리하면 아래와 같다.

a. 《現代漢語常用詞表》(2008)(이하 '常用詞表(2008)')
   최신의 현대중국어 어휘 빈도 자료이다. 상용어를 제시할 목적으로 만들어졌기 때문에 절대 빈도값은 제시되어 있지 않고 빈도 순위 정보만 제공한다. 총 56,008 어휘를 수록하고 있으므로 현대중국어에서 일반적으로 사용되는 어휘의 범위에 해당된다고 볼 수 있다.[3]

b. 《現代漢語詞典》(第6版, 2012)(이하 '現代漢語詞典(2012)')
   가장 널리 활용되는 현대중국어 표준 사서이다. 제5판에 비해 3,091개의 신조어가 추가되었으며, 표제자와 표제어를 모두 더해 총 69,450 항목을 수록하고 있다. 음역어의 어형은 劉正埮 등(1985), 岑麒祥(1990), 李宇明(2010), 鄒嘉彦·游汝杰(2010), 黃河淸(2010) 등의 자료를 바탕으로 판단하지만, 해당 의미항이 현대중국어에서 사용되고 있는지 여부는 現代漢語詞典(2012)을 근거로 판단한다.

c. 《漢語國際教育用音節漢字詞彙等級劃分》(2010)(이하 '詞彙等級劃(2010)')
   국제 중국어 교육용으로 공표된 음절, 한자, 어휘 등급표이다[4]. 네 개 등급으로 구분된 11,092 어휘가 수록되어 있다. 외국어로서의 중국어 교육에 사용되는 어휘 목록이므로 常用詞表(2008)의 한계를 보완하는 자료로 사용한다.[5] 또 이 자료는 현대중국어 상용어 범위 내의 음역

---

3) 중국어 제목에는 '常用詞'라고 되어 있지만, 수록 어휘의 양으로 볼 때, 고빈도어(high frequency words)라기 보다는 통용어(common words)이다. 영문 제목도 *Lexicon of common words in contemporary Chinese*이다.

4) 이 문서는 GF0015-2010이라는 중국 '語言文字規範' 일련번호가 붙은 공식 문서로 공표되었다. 《國家語言文字工作委員會語言文字規範標準管理辦法》 제20조에 의하면 語言文字規範(GF)은 중국 교육부와 국가어문자사업위원회가 공표하는 규범 문서이다. 이 문서의 공표일은 2010년 10월 19일, 시행일은 2011년 2월 1일이다.

5) 외국어로서의 중국어 교육용 어휘 표준은 일반적으로 신HSK 어휘표가 많이 사용된다. 그러나 신HSK 어휘표는 엄밀히 말하면 '교육용'이 아니라 '평가용' 어휘표라는 점, 수록량이 5,000 어휘로 常用詞表(2008)를 보완하기에는 충분하지 않다는 점 등의 이유로 본

어 가운데 외국어로서의 중국어 교육에 사용되는 어휘의 범위, 수량, 특징을 살펴보는 데에도 활용된다.

2) 음역어 추출 절차

이상의 자료를 바탕으로 한 현대중국어 음역어 추출은 다음과 같은 절차에 따라 진행되었다.

(1) 역대 차용어 중의 음역어 추출

현재 사용되고 있는 중국어 음역어를 추출하기 위해서는 음역어 여부를 확인해 줄 수 있는 대규모의 목록이 필요하다. 이를 위해 필자는 劉正埮 등(1985), 岑麒祥(1990), 李宇明(2010), 鄒嘉彦·游汝杰(2010), 黃河淸 (2010) 등의 차용어 관련 자료로부터 의역어를 제외한[6] 모든 종류의 차용어를 추출하여 목록을 작성하였다. 이렇게 수집된 차용어 목록은 16,663 어휘였다.[7]

본 연구에서 검토하고자 하는 대상은 모든 차용어가 아니라 음역어 이므로 이 목록에 수록된 어휘에 대해서 차용어 유형을 구분하는 정보 부여 작업을 수행하였다. 그 결과 전체 목록 가운데 음역어의 총수는 11,159 항목이었다. 이 자료는 선진 시대부터 현재에 이르는 다양한 시기와 중국(PRC), 홍콩, 싱가포르, 타이완, 말레이시아 등의 다양한

연구에서는 詞彙等級劃分(2010)을 사용하였다. 다만 두 자료의 차이를 고려하여 신HSK 5,000 어휘에 수록된 음역어에 대해서도 검증 작업을 수행하였으나, 常用詞表(2008)와 詞彙等級劃分(2010)의 목록이 충분히 포괄적이어서 신HSK 어휘로부터 보충할 항목은 없었다.

6) 의역어 배제의 이유에 대해서는 2.1을 참고.

7) 필자가 분석대상으로 삼고 있는 常用詞表(2008)나 詞彙等級劃分(2010)은 알파벳 자모어 (字母詞)를 포함하지 않고 있으며, 알파벳 자모어는 문자를 매개로 한 차용의 성격을 지니므로 여기에서 다루고자 하는 음역어에도 해당되지 않는다. 따라서 이 목록도 알파벳 자모어를 대상에서 제외하였다.

지역의 모든 음역어를 포괄하는 자료이므로 이 목록은 현대중국어에서 사용되고 있는 음역어를 추출하는 데 기초 자료가 된다.

(2) 常用詞表(2008) 음역어 추출

常用詞表(2008)는 다양한 현대중국어 DB를 기초로 하여 작성된 어휘 빈도순 목록이다. 이 표에 수록된 56,008 어휘 중에서 음역어만을 가려내기 위해 필자는 이 표와 앞서 정리한 11,159개 음역어 목록의 중복 항목을 Microsoft Excel의 vlookup 함수를 이용하여 추출하였다. 그렇게 해서 추출된 중복 항목은 모두 493개였다.

이 493개의 어휘는 분명히 음역어로 사용된 사실이 있는 것들이지만, 그것이 현대중국어의 음역어 목록이라고 단정하기는 아직 이르다. 常用詞表(2008)는 다양한 DB의 자료를 통합한 결과다보니 의미는 물론이고 품사 정보조차도 제공되지 않는다. 동형이의어가 섬세하게 구분되어 있지 않은 채 한자 어형과 발음 정보만 제시되고 있는 것이다. 예컨대 '猫'는 음역어 목록에도 수록되어 있고, 常用詞表(2008)에도 수록되어 있지만 후자가 {고양이(cat)}의 '猫'인지 {모뎀(modem)}의 '猫'인지 알 수 없다.

또 앞서 작성한 음역어 목록은 출현 시기가 상이한 어휘들이 한 데 섞여 있기 때문에 한자로 표기된 어형이 같더라도 그것이 현대중국어에서 상용되고 있는 것인지는 불분명하다. 예컨대 '仙'이나 '先'은 화폐 단위인 '센트(cent)'의 음역어이며, '血拼'은 '쇼핑(shopping)'의 음역어이고, 이들은 두 목록에 공히 수록되어 있지만 이들이 현대의 표준중국어에서도 그런 의미로 사용되는지는 아직 알 수 없다.

(3) 現代漢語詞典(2012)에 의한 의미항 검증

常用詞表(2008)에 수록된 어형이 음역어의 그것과 일치하더라도 최종적으로 그것이 현대중국어에서 사용되는 음역어인지를 확인하기 위해서는 실제로 사용되는 의미에 대한 검토가 필요하다. 이 지점에서 명확한 참조 기준이 되어줄 수 있는 것이 바로 현대중국어의 표준 사서인 現代漢語詞典(2012)이다.

필자는 앞서 추출한 493개의 어휘를 現代漢語詞典(2012)에서 찾은 다음 차용어의 의미항에 해당하는 항목이 있는지를 하나하나 확인하였다. 이 과정에서 두 가지의 다소 상이한 이유로 목록에서 배제되어야 하는 단어들이 발견되었다. 그 첫 번째는 常用詞表(2008)에는 수록되어 있지만 現代漢語詞典(2012)에는 아예 해당 표제어가 존재하지 않는 단어였다.

이는 두 자료의 상이한 성격에서 비롯되는 문제이다. 現代漢語詞典(2012)은 여섯 차례의 수정 가운데 초기의 두세 차례 수정을 거치는 과정에서 통용어휘[8] 사전으로서의 면모를 분명하게 갖추었다. 따라서 인명이나 지명과 같은 고유명사나 일반적으로 사용되지 않는 어휘들은 수록되지 않았다.

(1) 고유명사

阿富汗(아프가니스탄), 埃及(이집트), 愛爾蘭(아일랜드), 澳大利亞(오스트레일리아), 巴比倫(바빌론), 巴基斯坦(파키스탄), 巴黎(파리), 柏林(베를린), 不丹(부탄), 俄羅斯(러시아), 菲律賓(필리핀), 荷蘭(네덜란드), 呼

---

8) 《辭海》를 출판하는 중국의 사서 전문 출판사인 上海辭書出版社에서는 이를 '百科條目'와 구분하여 '語詞條目'라는 용어로 지칭한다. 통용어휘와 비슷한 개념인 '語詞條目'에는 낱글자, 일반어휘, 성어, 숙어 등이 해당되며, '百科條目'에는 인명, 지명, 작품명, 정책·조직·이론의 명칭 등이 해당된다.(辭海編纂處 2005 참조)

和浩特(후호트), 華盛頓(워싱턴), 惠靈頓(웰링턴), 吉隆坡(쿠알라룸푸르),
加德滿都(카드만두), 加拿大(캐나다), 柬埔寨(캄보디아), 喀布爾(카불),
老撾(라오스), 倫敦(런던), 羅馬(로마), 馬來西亞(말레이시아), 馬尼拉(마
닐라), 曼穀(방콕), 蒙古(몽골), 孟加拉(방글라데시), 緬甸(미얀마), 莫斯
科(모스크바), 尼泊爾(네팔), 烏蘭巴托(울란바토르), 烏魯木齊(우름치),
希臘(그리스), 香檳(샴파뉴), 新加坡(싱가포르), 雅加達(자카르타), 仰光
(양곤), 意大利(이탈리아), 印度(인도), 印度尼西亞(인도네시아)
客里空(구 소련 작가 코르네츄크의 작품《前線(전선)》에 나오는, 사실
을 날조하고 근거 없이 제멋대로 보도하는 기자의 이름), 釋迦牟尼
(석가모니)

(2) 전문용어 및 기타
班禪(판첸), 凡爾丁(바레틴[직물 종류]), 呠(phon[공명도 단위]), 六六六
(666[유기화합물의 일종]), 霓虹(네온), 硼砂(붕사[borax]), 日落(즈룩[식
물명]), 先令(실링)
阿嫣(아버지[여진어]), 阿司匹林(아스피린), 迪吧(디스코텍), 多多(토토[복권])

다음은 동형어가 수록되어 있지만, 차용어 의미항은 수록되지 않은
경우이다. 여기에 해당되는 어휘는 몇 가지 유형으로 나누어 볼 수 있다.

(1) 고유명사
安泰(안타이오스), 安息(아르사케스), 保安(민족명), 怒(민족명), 萬象(비
엔티앙) 등

(2) 지금은 잘 쓰지 않는 구어휘
補丁(푸딩), 大(다스[dozen]), 大臣(다스[dozen]), 伐(valve), 墩(톤[ton]), 乏
(var[전기량 단위]), 骨(쿼터[15분]), 刮(쿼터[15분]), 領(ream), 飛(fitting),
耳朵(알토), 回聲(기적[whistle]) 등

(3) 특정 지역에서만 쓰는 어휘

波(볼[ball]), 鉢(부츠[boot]), 財路(지로[giro])9), 赤(수표[check]), 當(다운 [down]), 基(게이[gay]), 按(모기지론[mortgage]) 등

이상과 같은 어휘들을 제외한 결과 최종적으로 263개의 음역어가 추출되었다.

(4) 詞彙等級劃分(2010)에 의한 어휘 보충

마지막으로 교육용 어휘표인 詞彙等級劃分(2010)에 수록된 11,092 어휘 가운데 앞서 추출한 263개의 음역어 목록에 포함되지 않은 음역어가 더 있는지를 검증하였다. 詞彙等級劃分(2010)은 앞서 사용한 자료들에 비하면 규모가 작은 목록임에도 여기 수록된 어휘 가운데 다음의 한 항목은 263개의 음역어 목록에 빠져 있었다.

芝士(치즈[cheese])

'芝士'는 교육용 어휘표에 수록된 단어인 만큼 사용 빈도나 활용도의 측면에서 현재 일반적으로 사용되는 어휘의 범위에 해당되는 단어라고 판단하여 음역어 목록에 포함하였다. 이로써 분포 특징과 의미 전이 양상의 분석을 위한 현대중국어 음역어 목록은 264개가 최종적으로 추출되었다.

---

9) 차용어 분류 체계에 따라서는 '財路(지로[giro])'와 같은 유형을 이른바 '音意兼譯' 또는 '音譯兼顧'라는 별도의 유형으로 분류하기도 하지만 필자는 이를 음역어로 간주한다. 이 유형을 음역어의 일종으로 보는 이유에 대해서는 3.2.2를 참고.

3) 비(非)범용 어휘

264개의 음역어를 해당 어휘가 주로 사용되는 분야에 따라 분류해
보면 현대중국어의 음역어들이 주로 어떤 분야에 많이 분포하는지를
확인할 수 있다. 이를 위해 264개의 음역어 각각에 대하여 의미와 관
련된 상위 범주 정보를 부기하고, 그 가운데 자주 출현하는 키워드를
중심으로 어휘들을 귀납한 결과 특정 분야 및 그와 관련된 주변 분야
에 다수의 어휘가 집중되어 있음을 발견할 수 있었다.

그 가운데 가장 많은 수의 어휘가 화학 관련 분야에 집중되어 있었
다. 또 직물 관련 어휘도 다수 발견되었는데, 직물의 대부분이 합성 섬
유이므로 이 또한 화학과 관련된 것으로 보면 여기에 속하는 어휘는
모두 51개로 전체 음역어의 19.32%에 달한다.

(1) 화학 관련 (43개)

氨(암모니아), 鋇(바륨), 滴滴涕(D.D.T.), 敵敵畏(DDVP), 碘(요오드), 酊
(팅크제), 氡(라돈), 凡士林(바셀린), 氟(불소), 氟利昻(프레온), 福爾馬林
(포르말린), 鈣(칼슘), 氦(헬륨), 鉀(칼륨), 鋦(퀴륨), 咖啡因(카페인), 奎
寧(퀴닌), 鐳(라듐), 鋁(알루미늄), 氯(염소), 嗎啡(모르핀), 鎂(마그네슘),
錳(망간), 鈉(나트륨), 氖(네온), 鎳(니켈), 硼(붕소), 鈦(티타늄), 銻(안티
몬), 鎢(텅스텐), 硒(셀레늄), 鋅(아연), 氬(아르곤), 銥(이리듐), 琺瑯(법
랑), 海洛因(헤로인), 可卡因(코카인), 尼古丁(니코틴), 尼龍(나일론), 賽
璐珞(셀룰로이드), 蘇打(소다), 梯恩梯(TNT), 鈾(우라늄)

(2) 직물 관련 (8개)

的確良(데이크론), 滌綸(테릴렌), 法蘭絨(플란넬), 卡其(카키복 천), 開司
米(캐시미어), 派力司(팔라스[palace]), 維尼綸(비닐론), 嗶嘰(베이지)

다음으로 많은 수의 어휘가 분포한 분야는 종교 관련 분야였다. 특정 종교에서 주로 사용되는 용어나 명칭, 그리고 특정 종교 관련 고유명사 등이 여기에 해당된다. 종교 관련 분야에 속하는 어휘의 총수는 36개로 전체 음역어의 13.64%를 차지했다.

(3) 종교 관련 (36개)

阿訇(아훈드, 이맘), 阿門(아멘), 比丘(비구), 比丘尼(비구니), 缽(바리때), 刹(사찰), 刹那(찰나), 禪(선), 阿彌陀佛(아미타불), 佛(부처, 불타), 佛陀(부처, 불타), 浮屠(부처, 불탑), 和尙(중, 승려), 偈(가타, 게), 袈裟(가사), 劫(겁, 무한히 긴 시간), 喇嘛(라마[Lama]), 羅漢(나한), 彌勒(미륵), 彌撒(미사), 彌陀(아미타불), 穆斯林(무슬림), 涅槃(열반), 菩薩(보살), 菩提(보리, 정각), 撒旦(사탄), 僧(승려), 沙門(승려, 사문), 沙彌(사미, 사미승), 舍利(사리), 夏娃(하와), 亞當(아담), 耶和華(여호와), 耶穌(예수), 夜叉(야차), 猶大(유다)

민족이나 민속과 관련된 어휘도 11.36%를 차지했다. 여기에는 민족의 명칭, 특정 민족의 민속·제도 관련 어휘, 음악 관련 어휘 등이 포함된다. 종교 관련 어휘와 마찬가지로 이들 어휘도 특정한 문화적 맥락 속에서 특정한 사물이나 개념을 가리키는 것이므로 다른 방식으로 번역되기보다는 음역어로 유입되고 계속 음역어로 유지될 가능성이 높은 것들이다.

(4) 민족명 (13개)

韃靼(타타르족), 回紇(회흘, 위구르족), 京(징족), 黎(리족), 苗(먀오족), 女眞(여진족), 契丹(거란족), 突厥(돌궐족), 土(토족), 鮮卑(선비족), 匈奴(흉노족), 藏(티베트족), 壯(좡족)

(5) 민속·제도 관련 (11개)

敖包(어워, 오부가, 아오바오), 法老(파라오), 哈達(하다[hada]), 可汗(칸
[khan]), 那達慕(나담 페어, 나다무), 饢(닝[위구르족과 카자흐족이 즐겨
먹는 구운 빵]), 氆氌(방로), 紗籠(사롱[sarong][미얀마·인도네시아·말
레이반도 등지의 민속 의상]), 糌粑(참파), 汗(칸[khan]), 宗(옛날 티베트
지역의 현에 상당하는 행정 구획 단위)

(6) 음악 관련 (6개)

冬不拉(돔브라), 吉他(기타[guitar]), 琵琶(비파[현악기]), 嗩吶(수르나이),
華爾茲(왈츠), 探戈(탱고)

번역되기 어려운 것으로는 또 각종 단위들이 있다. 도량형 단위나
화폐 단위도 대개 음역어로 존재한다. 여기에 속하는 어휘는 총 25개
로 9.47%를 차지하고 있다.

(7) 도량형 단위 (22개)

埃(옹스트롬), 安(암페어), 安培(암페어), 盎司(온스), 磅(파운드), 打(다
스), 噸(톤), 伏(볼트), 加侖(갤런), 開(캐럿), 克(그램), 庫(쿨롬[coulomb]),
令(연[連][종이 단위]), 羅(그로스[gross][12다스]), 邁(마일), 米(미터), 納米
(나노미터), 歐姆(옴[ohm]), 宋(son[공명도 단위]), 托(토르[tor, torr][압력
단위]), 瓦(와트), 瓦特(와트)

(8) 화폐 단위 (3개)

鎊(파운드), 盾(둥[화폐 단위]), 法郎(프랑)

동식물의 명칭도 상대적으로 음역어가 많은 분야이다. 특히 동물보
다는 식물 명칭에 음역어가 많았다. 여기에 속하는 어휘는 총 18개로
6.82%를 차지하고 있다.

(9) 동물명 (4개)

八哥(구관조), 鴯鶓(에뮤), 駱駝(낙타), 猩猩(오랑우탄)

(10) 식물명 (14개)

檳榔(빈랑), 仙客來(시클라멘), 康乃馨(카네이션), 可可(코코아), 榴蓮
(두리언), 蘆薈(알로에), 蘑菇(버섯), 茉莉(재스민), 木瓜(파파야, 모과),
苜蓿(목숙, 거여목), 檸檬(레몬), 蘿卜(무), 葡萄(포도), 西瓜(수박)

이 밖에도 정치 관련 어휘, 의료·생명공학 관련 어휘 등이 있다. 이
들은 모두 11개로 전체 음역어의 4.17%이다.

(11) 정치 관련 (5개)

布爾什維克(볼셰비키), 蓋世太保(게슈타포), 蘇維埃(소비에트), 法西斯
(파쇼), 納粹(나치)

(12) 의료·생명공학 관련 (6개)

繃帶(붕대), 基因(유전자), 克隆(클론, 복제하다), 淋巴(임파, 림프), 歇
斯底里(히스테리), 休克(쇼크[의학적 증상])

현대중국어에서 통용되는 어휘로 생존해 있는 음역어들은 목록을
살펴보면 직관적으로 특정 분야에의 편중성 혹은 일정한 경향성을 발
견할 수 있다. 전술한 분류 작업은 이를 좀 더 실질적으로 확인하기
위한 작업이었다. 이렇게 분야를 구분해 낸 어휘의 비중은 총 64.77%
이다. 일반적으로 상용어 범주 내에서 이와 같은 전문 분야의 어휘가
차지하는 비중이 60%를 상회하기는 어렵다. 그런 점에서 음역어의 이
러한 편중은 다른 어휘 범주에서는 흔히 볼 수 있는 것이 아니며, 이
는 범용 어휘 내에서 음역어가 생존을 유지할 가능성이 낮기 때문에

나타난 현상으로 풀이된다.

4) 상용도

음역어의 비일상어적 특성은 현대중국어에 생존해 있는 음역어의 상용도를 통해서도 살펴볼 수 있다. 필자가 빈도 판단의 근거로 사용하고 있는 常用詞表(2008)는 절대빈도값을 제공하지 않고 빈도 순위만을 제공하고 있기 때문에 여기에서는 빈도 순위 정보만으로 대략적인 상용도를 살펴보기로 한다.

음역어 범주의 상용도가 높은 편인지 낮은 편인지를 판단하기 위해서는 비교 대상이 필요하다. 대개의 경우 음역어의 대조군으로 여겨졌던 어휘 범주는 의역어이다. 하지만 앞서 논한 바와 같이 의역어라는 범주가 과연 어휘 차용의 유형에 속하는 것인가도 문제이지만, 더 큰 문제는 본 연구와 같이 어휘 데이터를 바탕으로 수행되는 연구에 실제로 쓸 수 있는 의역어의 목록을 작성하는 것이 난망하다는 데 있다. 의역어는 의미 외에는 차용된 요소가 없으므로 전체 어휘에서 고유어와 의역어를 구분하기 위해서는 의미의 유래를 일일이 검증해야 한다. 그러나 이 작업은 사실상 불가능에 가깝다. 이런 이유로 대부분 의역어는 예시의 방식으로만 제시되어 왔을 뿐 의역어 총목록을 생산하는 작업은 기존의 연구에서 일찍이 시도된 바가 없다.

그렇다면 의역어가 음역어의 대조군으로 취급되는 본질적인 이유로 돌아가 보는 방법밖에 없다. 기실 음역어-의역어의 대립은 불투명어(opaque word)와 투명어(transparent words)의 대비이다. 중국어의 일반적인 조어 형식은 대부분 의미의 투명도가 높다. 중국어의 특징으로 운위되는 '단음절성'은 현대중국어에서 '단음절 형태소'로 구현되며, 이른바

'字本位'의 접근법 역시 중국어의 이런 특징에 천착한 것이라고 해석할 수 있다. 그런 의미에서 음역어-의역어의 대립이란 결국 중국어적이지 않은 불투명어와 중국어적인 투명어의 대립을 차용어 관련 범주 내에서 찾아낸 것이다.

음역어-의역어 대립의 본질이 이와 같으므로 목록을 사용할 수 없는 의역어 대신 목록 사용이 가능한 어휘 범주 중에서 이와 같은 대립의 본질을 훼손하지 않는 것을 찾는다면 이른바 '일본산 한자어'[10]가 대안이 될 수 있다. 불투명-투명 대립의 층위만 고려한다면 의역어나 일본산 한자어 외에도 중국어의 고유 어형 대부분이 '투명' 쪽에 해당된다. 하지만 여기에는 '차용 여부'라는 또 하나의 변인이 존재하므로 이 변인을 통제해야 한다. 논의의 편의를 위해 의역어까지 차용의 범위에 포함시킨 다음[11] 여기에서 논의된 범주의 속성을 표로 나타내면 다음과 같다.

[표 7-14] 몇 가지 어휘 범주의 속성

	차용	비차용
투명	일본산 한자어 (의역어)	대다수 고유어
불투명	음역어	의성어 등

---

10) 여기에서 '일본산 한자어'는 한자 형태소의 조합으로 이루어진 어휘, 즉 중국어적인 조어구조를 가진 한자어만을 가리키는 용어로 사용한다. 따라서 '淋巴', '俱樂部'와 같이 '일본산'이고 '한자 표기'를 하고 있지만 조어 구조로 볼 때 음역어에 해당되는 단어들은 여기에서 말하는 '일본산 한자어'에 포함하지 않는다.

11) 필자는 의역어를 차용어로 보지 않지만 음역어가 의역어와 대비되는 이유는 논자들이 양자가 모두 차용어라는 전제를 적용하고 있기 때문이므로 여기에서는 논의 전개의 편의상 의역어도 [+차용]으로 처리한다.

표에서 알 수 있는 것처럼 차용 여부와 투명도라는 두 개의 조건을 적용했을 때 의역어 범주와 가장 유사한 속성을 갖는 것은 일본산 한자어이다. 이런 까닭으로 중국에서는 일본산 한자어를 차용어로 간주하지 않는 주장도 나온다. 王力(1958/1980: 528-535)는 일본산 한자어가 서양의 개념을 의역한 것이므로 외래어라 할 수 없고, 자신들은 '두 번 수고할 것 없이'(省得另起爐灶) 일본에서 이미 만들어진 번역어를 그대로 쓴 것뿐이라는 논리를 폈다. 北京大學(1993: 244)에서는 '音譯詞'가 적응 과정에서 '意譯詞'로 대체된 예를 몇 가지 들고 있는데, 공교롭게도 예로 든 '德謨克拉西, 狄克推多, 德律風' → '民主, 獨裁, 電話'에서 후자가 실은 모두 일본산 한자어이다.

이러한 사실과 전술한 일본산 한자어의 속성으로 볼 때 이른바 '음역어-의역어' 대립에서 '의역어'를 대신할 어휘 범주로 일본산 한자어를 사용하는 것은 충분히 가능하다고 판단된다. 음역어와 일본산 한자어의 상용도가 뚜렷한 차이를 보인다면, 음역어와 의역어의 차이도 그에 못지않을 것이라고 충분히 유추할 수 있을 것이다.

일본산 한자어를 비교 대상으로 삼기 위해서는 우선 常用詞表(2008)로부터 일본산 한자어를 추출해야 한다. 앞서 구축한 16,663 어휘의 역대 차용어 목록을 사용하여 常用詞表(2008)에 수록된 56,008 어휘 중의 일본산 한자어를 구분한 결과 모두 1,055개가 추출되었다. 같은 방식으로 추출한 음역어가 493개였으므로 우선 상용어 내에 존재하는 두 범주의 규모만으로도 큰 차이가 있음을 확인할 수 있다. 1,055개 한자어에도 現代漢語詞典(2012)에 수록되지 않은 것들이 있다. 이를 배제한 최종 수치는 1,005개이다. 음역어는 같은 방법으로 추출한 목록이 264개였으므로 '상용어'와 '현대어'의 조건을 모두 적용하면 두 범주의 양적 차이가 더욱 커지는 것을 확인할 수 있다.

　　현대중국어 상용어휘에 포함되는 두 범주의 어휘수가 크게 차이가
난다는 점 외에 더 직접적으로 두 범주의 상용도를 비교하는 방법은
常用詞表(2008)의 빈도 순위값12)을 평균과 분포의 측면에서 살펴보는
것이다. 다음은 두 범주의 빈도 순위값 평균이다.

[표 7-15] 빈도순위 평균치 비교

	음역어	일본산 한자어
빈도순위 평균	22938.9	11974.2

　　우선 빈도순위의 평균치만을 비교해도 두 배 가까이 차이가 나기
때문에 음역어의 상용도가 일본산 한자어에 비해 크게 낮음을 알 수
있다. 이러한 사용빈도 차이는 두 범주의 어휘들이 고빈도어 쪽에 더 많이
분포하는지 저빈도어 쪽에 더 많이 분포하는지를 함께 살펴보면 더 분명
하게 확인할 수 있다. 아래는 순위값 분포를 그래프로 나타낸 것이다.

---

12) 常用詞表(2008)는 절대빈도값은 제공하지 않고 빈도 순위만 제공한다. 빈도 순위값은
　　순위 간의 거리를 보여주지 못하는 한계가 있지만, 대략적인 빈도를 파악하는 용도로
　　는 사용이 가능하므로 여기에서는 빈도순위값으로 두 범주의 사용 빈도를 비교한다.

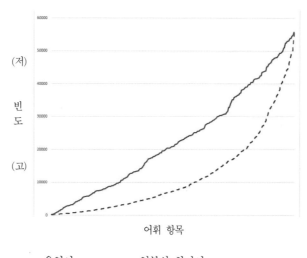

──── 음역어   ⋯⋯ 일본산 한자어
* 빈도 순위값이므로 숫자가 작을수록 고빈도임.

[그림 7-10] 빈도순 분포 비교

일본산 한자어의 분포가 음역어에 비해 뚜렷하게 고빈도어 쪽으로
쏠려 있음을 확인할 수 있다. 이는 평균치가 보여주는 것처럼 일본산
한자어의 상용도가 높다는 것을 의미한다. 이런 사실은 외국어로서의
중국어 교육용으로 11,092 단어만을 엄선한 詞彙等級劃分(2010)에 포함
된 두 범주의 어휘수를 살펴보는 것으로도 다시 한 번 확인할 수 있다.

[표 7-16] 詞彙等級劃分(2010)에 포함된 어휘수 비교

	음역어	일본산 한자어
어휘수	53[13]	590

13) 詞彙等級劃分(2010)은 한자어형과 품사 정보만을 제공할 뿐 의미 정보는 목록에 제시되

[표 7-16]에 잘 드러난 것처럼 외국어로서의 중국어 교육용 어휘표에 수록된 일본산 한자어와 음역어의 수는 열 배가 넘는 차이를 보인다. 그만큼 음역어의 상용도와 활용도가 낮다는 의미이다.

7.3 차용어에 대한 사회 집단의 언어태도

중국어 차용어 중에는 이른바 '동의이명(同義異名)'이라 불리는 이형동의어들이 존재한다. 이 가운데는 '巧克力 - 朱古力'처럼 유입경로가 된 방언의 차이에 의한 것, '的士 - 德士'처럼 사용지역의 차이에 의한 것, '熱量 - 卡路里'처럼 번역방법의 차이, 즉 유형 차이에 의한 것 등이 있다. 이들 동형이의어에 대한 언중의 태도는 일정한 차이를 보일 가능성이 있다. 본절에서는 유형을 달리하는 이형동의 차용어에 대한 언중의 언어태도를 살펴본다.

언어태도(language attitude)란 특정 언어 혹은 방언에 대한 개인의 가치 평가와 그에 따른 행위 경향을 말한다. 언어태도는 해당 언어의 사회적 지위, 실생활에서 해당 언어 사용의 필요성 등 요소의 영향으로 형성되며, 거꾸로 언어사용자의 언어태도가 해당 언어의 변화 방향을 결정하기도 한다. 언중이 자신의 언어에 대해 자신감과 긍지를 가지게 되면 언어의 유지와 발전이 일정 정도 담보되는 반면, 언중이 스스로의 언어를 듣기 좋지 않은 것 혹은 부정확한 것으로 여기게 되면 해당

어 있지 않기 때문에 일부 음역어는 동일한 형식을 가진 비음역어(혹은 비차용어)와 구분되지 않을 수 있다. 53 어휘 중 粉絲(팬; 당면), 汗(칸; 땀), 貓(모뎀; 고양이), 派(파이; 분파), 曬(공유하다; 햇볕을 쬐다), 胎(타이어; 태아, 모태)는 음역어로 쓰일 때와 비음역어로 쓰일 때의 의미빈도가 크게 다를 가능성이 높다. 이를 제외하면 수록 음역어수는 48개이다.

언어는 점차 위세형 언어를 닮아가는 쪽으로 변화할 가능성이 높아진
다. 후자와 같은 태도를 '언어적 불안'(linguistic insecurity)이라고 한다.

언어태도를 조사하는 기법에는 직접조사법과 간접조사법이 있다.
직접조사법은 조사 대상으로 하여금 자신의 언어태도에 대해 직접 답
하게 하는 방법이다. 이 방법은 조사 대상의 주관성이 개입할 여지가
크고, 자기 제시 동기(self-presentational motive)[14]에 의해 사회적으로 보다
널리 수용될 확률이 높은 답을 택할 가능성이 상존하므로 일반적으로
는 일정한 위장 기술을 통해 조사를 진행하는 간접조사법이 더 효과
적이라고 할 수 있다.

필자는 간접조사법의 하나인 위장 대립쌍 실험 기법(matched guise technique)
을 사용한 조사를 실시하였다. 이 기법은 문자 그대로 동일한 이야기
를 서로 다른 언어 혹은 방언으로 번역한 다음 그 두 세트를 두 언어
또는 방언을 모두 사용하는 이중언어(방언)사용자로 하여금 녹음하게
한 뒤 마치 서로 다른 두 사람의 발화인 것처럼 조사 대상에게 들려주
고 그 두 사람(실은 한 사람인)의 인상에 대해 평가하도록 하는 방법이
다. 예컨대 Lambert et al.(1960)은 캐나다 퀘벡 지역의 영어 사용자와 프
랑스어 사용자들의 영어 및 프랑스어에 대한 태도를 조사하기 위해
위장 대립쌍 실험기법을 사용하였다. 이들은 동일한 화자가 동일한 내
용을 영어와 프랑스어로 녹음하게 한 뒤 다른 사람들의 녹음과 섞어
제시하여 두 사람의 다른 발화자인 것처럼 느껴지게 만든 다음 응답
자들로 하여금 녹음 속 화자의 인상을 답하게 하였다. 그 결과 프랑스
어 사용자들이 영어 사용자들보다 영어에 대해 더 긍정적으로 평가하

---

14) 피조사자가 직접 답하는 검사 방법에서 나타나는 오류로 응답자가 자신의 견해에 따라
　답하기보다는 사회적으로 올바르게 여겨지거나 더 좋게 보이는 쪽으로 응답하려고 하
　는 것을 가리킨다. 비슷한 개념으로 자화자찬 증후군('self-flattery' syndrome), 사회적
　선망 편향(social desirability bias, SDB), 브래들리 효과(Bradley effect) 등이 있다.

는 경향을 확인할 수 있었다. 이는 캐나다 프랑스어 사용자들이 영어에 대해 언어적 불안(linguistic insecurity)을 가지고 있음을 보여준다.

지금까지 이 기법은 서로 다른 언어나 방언에 대한 언어태도를 조사하는 데 이용되어 왔다. 필자는 이를 한 언어 안의 이형동의어, 음역어와 비음역어의 동의어쌍에 대한 언어태도 조사에 적용한 것이다.

조사를 위해 음역어와 비음역어의 동의어 대립쌍을 준비한 다음 그것을 포함한 아래의 녹음텍스트를 마련하였다.

언어태도 조사용 녹음 텍스트

(1) 他在<u>自動取款機</u>取錢時, 發現把銀行卡落在了<u>辦公室</u>裡。

(1) 他在<u>ATM機</u>取錢時, 發現把銀行卡落在了<u>OFFICE</u>裡。

(2) 車的<u>發動機</u>壞了。

(2) 車的<u>引擎</u>壞了。

(3) 他對<u>青黴素</u>過敏。

(3) 他對<u>盤尼西林</u>過敏。

(4) 麻煩你把<u>數據庫</u>複製到<u>光盤</u>裡。

(4) 麻煩你把<u>DB</u>拷貝到<u>CD</u>裡。

(5) 週末的時尚<u>聚會</u>上, 明星們都打扮得十分<u>瀟灑</u>, 就像一場<u>時裝表演</u>。

(5) 週末的時尚<u>派對</u>上, 明星們都打扮得十分<u>酷</u>, 就像一場<u>時裝秀</u>。

(6) 我在<u>互聯網</u>上找到了這家公司<u>首席執行官(行政總裁)</u>, <u>首席財務官(財務總監)</u>的照片和<u>電子郵箱</u>。

(6) 我在<u>因特網</u>上找到了這家公司<u>CEO</u>, <u>CFO</u>的照片和<u>E-MAIL</u>。

(7)《黃色潛水艇》是<u>甲殼蟲樂隊</u>的經典<u>動畫片</u>。

(7)《黃色潛水艇》是<u>披頭士樂隊</u>的經典<u>卡通片</u>。

(8) 昨天在<u>購物中心</u>買了<u>奶酪蛋糕</u>, <u>麵包片</u>, <u>鮭魚</u>, <u>獼猴桃</u>等, 都是些<u>低熱量</u>的食物, 富含<u>維生素</u>。

(8) 昨天在<u>SHOPPING MALL</u>買了<u>芝士蛋糕</u>, <u>吐司</u>, <u>三文魚</u>, <u>奇異果</u>等, 都是些<u>低卡路里</u>的食物, 富含<u>維他命</u>。

(9) 他們最新推出的<u>視聽</u>系統帶有<u>激光</u>光影功能和<u>智商</u>, <u>情商</u>測試功能, 新的<u>話筒</u>也不錯。

(9) 他們最新推出的<u>AV</u>系統帶有<u>鐳射</u>光影功能和<u>IQ</u>, <u>EQ</u>測試功能, 新的<u>麥克</u>也不錯。

이 텍스트를 남녀 두 사람의 표준중국어 사용자가 녹음하여 네 개의 세트를 준비한 뒤 네 세트의 출현순서에 따른 조사 대상의 집중도 저하 등을 피하기 위해 아래와 같은 네 개의 순서가 무작위로 나가도록 프로그램을 설계하였다.

녹음 세트의 출현 순서

男意譯 – 女音譯 – 女意譯 – 男音譯
男音譯 – 女意譯 – 女音譯 – 男意譯
女意譯 – 男音譯 – 男意譯 – 女音譯
女音譯 – 男意譯 – 男音譯 – 女意譯

각각의 녹음을 듣고 답하게 되는 질문지에는 아래와 같은 20개의 평가 항목을 제시하고 7점 척도에 따라 가장 좌측의 인상에 가까운 경우에는 1점, 가장 우측의 인상에 가까운 경우에는 7점으로 답하도록 하였다.

평가 항목

1, 矮小, 醜陋 – – 高大, 漂亮
2, 穿著隨意 – – 穿著整潔
3, 無風度 – – 有風度
4, 衣著保守 – – 衣著時髦

외모

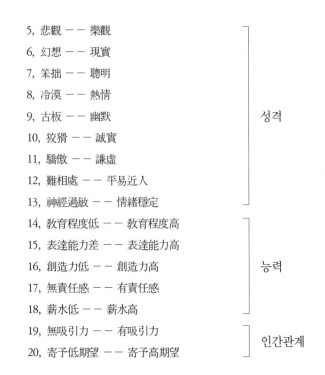

5, 悲觀 －－ 樂觀

6, 幻想 －－ 現實

7, 笨拙 －－ 聰明

8, 冷漠 －－ 熱情

9, 古板 －－ 幽默   성격

10, 狡猾 －－ 誠實

11, 驕傲 －－ 謙虛

12, 難相處 －－ 平易近人

13, 神經過敏 －－ 情緒穩定

14, 教育程度低 －－ 教育程度高

15, 表達能力差 －－ 表達能力高

16, 創造力低 －－ 創造力高   능력

17, 無責任感 －－ 有責任感

18, 薪水低 －－ 薪水高

19, 無吸引力 －－ 有吸引力   인간관계

20, 寄予低期望 －－ 寄予高期望

조사는 전문 조사기관인 SSI(Survey Sampling International)을 통해 온라인 조사로 수행되었으며, 일차 응답을 받은 다음 불량 응답을 제외하고 다시 보충조사를 실시하여 총 960개의 표본을 확보하였다. 표본은 北京, 上海, 香港, 四川(成都 제외) 네 지역 각각 240개이며, 240개는 남녀 각 120개 표본의 합이고, 120개 안에서는 10대, 20대, 30대, 40대 이상의 네 연령별로 각 30개의 표본이 수집되었다. 결과에 대한 분석은 SPSS 17.0으로 하였다.

960개 표본 전체의 조사 결과는 다음과 같다.

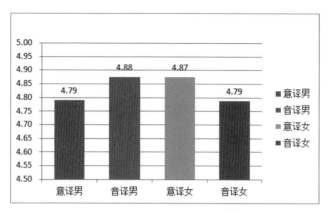

[그림 7-11] 전체 표본의 결과

全部 受試者	對男性說話者的評價(均值)				對女性說話者的評價(均值)			
	意譯詞	音譯詞	均值差	P値	意譯詞	音譯詞	均值差	P値
Total	4.79	4.88	−0.085	0.005	4.87	4.79	0.086	0.003

위 그래프에 나타난 전체적인 평가경향에서 네 지역의 언중들은 남성의 음역어 사용과 여성의 의역어 사용에 대해 높은 평가를 내리고 있음을 확인할 수 있다. 이 결과를 문항별로 살펴보면 아래와 같다.

[표 7-17] 평가항목별 결과

	對男性說話者的評價(均值)				對女性說話者的評價(均值)			
	意譯詞	音譯詞	均值差	P値	意譯詞	音譯詞	均值差	P値
高大, 漂亮	4.83	4.94	−0.107	0.014	4.88	4.77	0.111	0.006
穿著整潔	4.85	4.94	−0.087	0.067	5.06	5.00	0.063	0.164
有風度	4.93	4.99	−0.059	0.202	4.93	4.82	0.116	0.005
衣著時髦	4.56	4.74	−0.179	0.000	4.79	4.75	0.038	0.437
樂觀	4.73	4.90	−0.166	0.000	4.92	4.76	0.155	0.001

現實	4.81	4.78	0.028	0.560	4.92	4.78	0.138	0.002
聰明	4.79	4.88	−0.095	0.034	4.90	4.84	0.067	0.126
熱情	4.61	4.75	−0.134	0.008	4.72	4.63	0.093	0.064
幽默	4.44	4.60	−0.163	0.001	4.38	4.35	0.022	0.659
誠實	4.86	4.84	0.013	0.783	4.93	4.85	0.075	0.088
謙虛	4.81	4.78	0.033	0.454	4.77	4.66	0.114	0.014
平易近人	4.86	4.89	−0.029	0.554	4.84	4.75	0.083	0.088
情緒穩定	4.98	4.99	−0.011	0.815	5.00	4.91	0.098	0.034
教育程度高	5.05	5.18	−0.133	0.004	5.16	5.14	0.022	0.615
表達能力高	4.96	5.04	−0.081	0.097	5.07	5.00	0.067	0.159
創造力高	4.58	4.76	−0.177	0.000	4.64	4.63	0.018	0.696
有責任感	4.86	4.90	−0.045	0.313	4.97	4.84	0.126	0.003
薪水高	4.81	4.96	−0.146	0.001	4.90	4.80	0.104	0.017
有吸引力	4.73	4.83	−0.098	0.047	4.81	4.74	0.070	0.164
寄予高期望	4.79	4.85	−0.055	0.219	4.89	4.76	0.138	0.002
Total	4.79	4.88	−0.085	0.005	4.87	4.79	0.086	0.003

이상의 결과를 종합하면 아래와 같다. 남성 화자에 대한 평가가 유의한 차이를 보인 항목은 전체 경향 대비 음역어에 대한 평가가 높은 항목이고, 여성 화자에 대한 평가가 유의한 차이를 보인 항목은 의역어에 대한 평가가 높은 항목이다.

평가항목별 평가 경향

有風度, 現實, 謙虛, 情緒穩定, 有責任感, 寄予高期望   意譯 : 保守

高大漂亮, 樂觀, 薪水高

衣著時髦, 聰明, 熱情, 幽默, 教育程度高, 創造力高, 有吸引力   音譯 : 開放

의역어에 대한 평가가 높은 항목은 대체로 내용상 '보수'적 가치와 부합하는 항목들이고, 음역어에 대한 평가가 높은 항목은 '개방'적 가치와 부합하는 항목들임을 알 수 있다. 이는 앞서 중국어의 투명성 지향과 음역어의 낮은 생존율에 대한 논의와 일맥상통하는 결과이다. 음역어는 언중들에게 낯선 것, 이질적인 것으로 비교적 뚜렷하게 인식되고 있으며, 그 결과 외래요소의 상징으로서 쉽게 '개방'적 가치평가와 연결되고 있는 것으로 보인다. 이는 아래에서 살펴볼 조사 대상의 성별에 따른 분석 결과에서도 확인할 수 있다.

성별과 언어 사이의 상관성은 특정 언어형식 또는 특정 변이형을 선택하는 경향성으로 표현되기도 한다. 이와 같은 남성 혹은 여성의 특정 형식에 대한 사용경향성을 성별 패턴(gender pattern)이라고 한다. 기존의 연구 결과에 의하면 남성에 비해 여성이 표준어, 즉 위세형(prestige form)의 사용을 선호하는 경향이 뚜렷하다. Eckert(1989)나 Labov(1990, 2001)의 연구에 의하면 남성은 본토어 사용을 선호하는 경향이 뚜렷한 집단으로 본토어의 생존을 지켜주는 사회세력이라 할 수 있는 반면, 여성은 혁신형(innovative form)을 선호하는 경향이 뚜렷해 언어변화를 추진하는 사회세력으로 볼 수 있다. 龍惠珠(1997)나 徐蓉(2003)의 연구에 의하면 표준중국어에 대한 여성의 평가가 남성에 비해 뚜렷하게 높게 나타나는데, 이 역시 위세형, 혁신형을 선호하는 여성의 경향을 보여주는 결과이다.

남녀의 특정 언어형식에 대한 선호경향은 본 조사의 결과를 통해서도 확인할 수 있다. 조사 결과를 피조사자의 성별에 따라 분석한 결과에서 남성은 의역어 선호가 뚜렷한 반면, 여성은 음역어 선호가 뚜렷하게 나타났다.

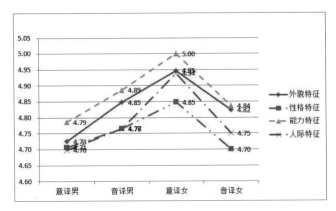

[그림 7-12] 남성 피조사자 언어태도

이 그래프에서 네 영역 모두 우측 사선의 기울기가 좌측 사선의 기울기에 비해 현저하게 가파른 것을 볼 수 있는데, 통계적으로도 우측 사선이 보여주는 여성 화자에 대한 평가만이 유의한 차이를 보이고 있다. 이는 의역어에 대한 평가가 전체 결과 대비 높아지면서 좌측은 중화되고 우측은 차이가 더 현저해진 결과로 해석할 수 있다.

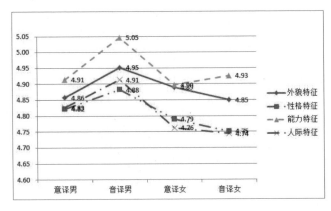

[그림 7-13] 여성 피조사자 언어태도

그래프에서 볼 수 있는 것처럼 여성의 경우에는 남성과 반대로 음역어에 대해 뚜렷한 선호를 보여주고 있다.

Abdulaziz Mkilifi의 연구(Fasold 1990: 96에서 재인용)에 의하면 스와힐리어와 영어를 모두 사용하는 탄자니아의 이중언어상용자 부부가 부부싸움을 하는 상황에서 남성은 일관되게 스와힐리어를 사용하고 여성은 반대로 줄곧 영어를 사용하는 경향을 보인다고 한다. 부부싸움의 상황에서 대개 남성은 전통적이고 보수적인 가치에 대한 선호를 무의식중에 강하게 드러내는 경향이 있고, 여성은 반대로 개방적이고 진보적인 가치에 대한 선호를 드러내는 경향이 있다는 점을 고려하면 이러한 언어 선택은 본토어인 스와힐리어를 전통적·보수적 가치의 상징으로 여기는 의식과 외래 언어인 영어를 개방적·평등적 가치의 상징으로 여기는 의식이 반영된 결과라는 것이다.

周賽穎와 林倫倫(2010)은 청춘 여성잡지의 언어에 대한 분석을 통해 인터넷 용어, 외래어, 신조어, 유행어를 많이 사용하는 여성 잡지의 언어 특징을 유행이나 브랜드에 대한 추구, 아이콘 시대의 조류, 글로벌화의 흐름 속에서 나타나는 언어의 국제화 등으로 해석했는데, 이를 한 마디로 압축한다면 '여성 언어의 특징'으로 정리할 수 있다. 다시 말해서 여성 잡지의 언어 특징은 위세형, 혁신형에 대한 여성의 선호를 보여주고 있는 것이다.

본 조사 결과에서 나타난 남성의 의역어 선호와 여성의 음역어 선호 역시 같은 맥락으로 해석할 수 있다. 여성의 차용어, 즉 음역어 선호는 위세형, 혁신형에 대한 선호의 한 형태이다. 탄자니아에서 영어와 스와힐리어가 각각 다른 가치를 상징하는 언어 형식이듯 중국어의 음역어와 의역어도 '개방'과 '보수'라는 다른 가치를 상징하는 언어 형식인 것이다.

　조사 결과를 직업군으로 나누어 분석했을 때는 정부 및 관련 기관 종사자의 의역어 선호 경향이 뚜렷하게 나타났고, 연령별로는 40대 및 그 이상의 연령대로 갈수록 의역어 선호 경향이 뚜렷하게 나타났다. 연령대별 언어태도의 변화를 살펴보면 통계적으로 유의하지 않은 결과도 포함되어 있어 속단하기는 이르지만 전체적으로 갈고리형(√)의 형태를 보이고 있어 세대차이(generation difference), 즉 진행중인 변화(change in progress)일 가능성보다는 연령등급(age-grading) 변화, 즉 연령대에 따라 세대마다 반복되는 변화일 가능성이 커 보였다.

　의역어에 대한 선호가 남성, 고연령대, 정부 및 관련 기관 종사자에게서 나타난다는 점은 본토형식을 지켜줄 사회적 역량이 상대적으로 견고하다는 것을 말해준다. 그리고 속단하기는 이르지만 음역어 선호에서 의역어 선호로 바뀌는 연령대별 태도변화의 패턴이 연령등급 변화일 가능성이 커 보인다는 점도 의역어와 같은 투명한 형식에 대한 선호가 지속될 가능성이 크다는 것을 보여주는 결과이다.

제 8 장

알파벳 자모어의 등장

8.1 중국어와 알파벳의 만남

판형과 볼륨을 모두 키운 《현대한어사전(現代漢語詞典)》이 제5판 발행일로부터 정확히 7년 만에 새 판(제6판)을 내놓은 지 두 달여가 지난 어느 날 '백여 명의 학자들이 신판 《현대한어사전》을 위법행위로 고발'했다는 뉴스가 전해졌다. 北京晚報(2012.8.28.)에 따르면 '五筆字型' 입력법의 개발자 王永民, 번역가 江楓, 중국사회과학원 철학연구소 연구원 李敏生 등 학자 백여 명이 제6판 《현대한어사전》을 국가언어문자위원회(國家語言文字委員會)와 보도출판총서(新聞出版總署)에 고발하였다. 'NBA'를 비롯한 이른바 '알파벳 자모어(字母詞)'를 《현대한어사전》의 '본문'에 수록한 것은 '국가통용언어문자법(國家通用語言文字法)', '출판관리조례(出版管理條例)'(국무원령 제594호) 등 법규에 대한 위반행위라는 것이 고발의 주된 이유였다.

기사의 제목 아래 붙여진 'NBA - 美職籃 논쟁의 파란 다시 일어나'라는 부제처럼 이 사건은 자연스럽게 2년 전의 논란을 상기시킨다.

'NBA‐美職籃 논쟁'은 2010년 초 중국 국가라디오영화텔레비전 총국
(國家廣播電影電視總局)에서 외국어나 영문자모 축약어의 사용을 금하는
통지를 중국중앙방송국(中央電視臺)에 내려 보낸 데서 비롯된 논란이다.
실제로 CCTV 스포츠 채널에서는 방송중계 아나운서가 'NBA' 대신
'美職籃'이라는 용어를 사용하기 시작했고, 이 조치에 대해 많은 네티
즌들은 다양한 방식으로 풍자와 비판을 쏟아냈다. 그 가운데 대다수
네티즌의 첫 번째 반응은 중국중앙방송국의 약칭인 'CCTV'는 어찌할
것인가였다. 이 외에도 'MP3'을 '個人便攜式數字化音頻播放器'로, 인플
루엔자 바이러스 타입인 'H1N1'을 '具有血球凝集素第1型, 神經氨酸酶第
1型的病毒'로 대체한 문장을 예로 들어 이 조치를 비판하는가 하면, 자
모어나 축약어를 전혀 사용하지 않은 아나운서의 긴 중계 멘트가 미
처 경기 상황으로 들어가기도 전에 해설자가 첫 번째 쿼터의 종료를
알리는 콩트 상황을 창작하여 정부의 조치를 조롱하기도 했다.

《현대한어사전》에 자모어가 수록된 것은 제6판이 처음이 아니다.[1]
이미 네 번이나 판을 바꾸는 동안 꾸준히 자모어를 수록해 왔음에도
불구하고 여전히 이처럼 뉴스거리가 되는 것은 그만큼 자모어에 대해
거센 저항이 존재한다는 것을 의미한다.

사실 한자는 중국의 언어사용 환경에서 독특한 지위를 점하고 있는
문자이다. 중국 방언들 사이의 상호이해도(mutual intelligibility)는 유럽의
여느 외국어들 사이의 그것보다 훨씬 낮아서 구어의 상호이해도만을

---

1) 《현대한어사전》에 '알파벳으로 시작되는 단어(西文字母開頭的詞語)'가 수록된 것은 제3
판(1996)부터이다. 제목 앞에 '附'자가 붙어 있기는 하나, 목차에 의하면 이 부분은 '附
錄'에 속하는 것이 아니라 본문의 일부로서 A~Z 다음의 표제어군으로 처리되었다. 제3
판에서는 39개이던 수록어가 제4판(2002)에서는 142개, 제5판(2005)에서는 182개로 늘
어났으며, 제6판은 239개의 자모어를 수록하고 있다. 물론 자모어 범주에 해당되는 수록
어는 이 외에도 A~Z 부분에 수록된 '阿Q', '卡拉OK', '三K黨' 등이 더 있다.

척도로 삼을 경우 이들은 방언이라기보다는 외국어에 더 가깝다는 것은 잘 알려진 사실이다. 그러나 이들을 문자로 표기했을 때는 사정이 전혀 달라진다. 한자로 표기된 방언들은 사실상 의사소통에 거의 장애를 일으키지 않는 수준으로 상호이해도가 크게 높아진다. 어떤 의미에서 중국의 방언은 한자로 표기될 때 비로소 한 언어의 방언으로서 그 지위를 획득하는 셈이다.

이처럼 한자는 중국인들에게 언어적 동질성이라는 결속의 고리를 제공하는 중요한 매개였고, 더 나아가 중국어의 본질은 말보다 한자에 있는 것으로 여겨졌으며, 마침내는 중국 혹은 중국인의 정체성과 직결되는 하나의 기호가 되었다. 그러므로 'NBA'나 'MP3'을 중국어의 단어로 받아들여야 한다는 현실은 중국 내의 민족주의자들에게는 큰 충격일 수밖에 없었을 것이다.

그러나 현실의 많은 지표들은 자모어를 이미 중국어에 수용된 것, 즉 중국어의 일부로 인정할 것을 요구하고 있다. 1994년 최초로 자모어를 중국어 어휘로 인정하는 견해[2]가 제기된 이래로 현재까지 다수의 의견은 대체로 그것을 중국어 어휘로 인정하는 편이다. 1990년대 이후에 출판된 《현대한어사전》(제3판~제6판), 《현대한어규범사전(現代漢語規範詞典)》(제1판, 제2판) 등이 모두 자모어를 본문에 포함시키고 있고, 《사해(辭海)》의 경우에는 중화인민공화국 수립 후에 나온 첫 정식 출판본인 1979년판(제3판)에 이미 '외국어 자모(外文字母)'란을 두어 자모어를 수용하고 있다. 물론 《사해》는 사서의 성격이 어학사전(dictionary)과 다르다는 점을 고려해야 할 것이다.[3] 그렇다 하더라도 국가 차원의 프로

---

2) 자모어 논의의 시작이 된 劉湧泉(1994)은 자모어를 '중국어 가운데 외국어 자모(주로 로마자)를 포함하고 있거나 완전히 외국어 자모만으로 표현된 단어'라고 보았다. 이는 자모어에 대한 최초의 본격적인 논의이자 자모어를 중국어 단어로 인정한 최초의 언급이다.
3) 《사해》는 성격에 있어서 어학사전(dictionary)보다는 백과사전(encyclopedia)에 가깝다. 제6

젝트에 의해 생산된 표준 사서들의 이런 조치들은 자모어에 대한 언중의 수용 태도를 잘 보여주는 예임에는 틀림없다.

자모어를 긍정하는 견해나 조치들 못지않게 자모어 사용을 반대하는 주장도 즉각 나타났다. 대표적으로 胡明揚(2002)은 오랜 반대론자이다. 그는 '이른바 중국어 자모어는 외국어 자모어 또는 외국어 자모를 포함한 단어'이며 따라서 그것은 '중국어 어휘가 아니'라고 말한다. 그는 자모어의 사용이 늘어나는 세태에 대해 '비정상'적인 '식민지문화'라는 극단적인 비판을 서슴지 않는다. 胡明揚(2002)의 이러한 비판이나 方夢之(1995) 등의 '한자 체계의 완전성, 중국어의 순결성을 지키자'는 논의는 언어순화주의(linguistic purism)의 전형이다. 이 밖에도 한어병음 축약어와 '卡拉OK', 'AA制' 등의 알파벳-한자 혼용어까지만 중국어 어휘로 인정하고 알파벳 자모로만 구성된 단어, 즉 전자모어(全字母詞)는 인정하지 않는 절충적 견해(于根元·王鐵琨·孫述學 2003)도 있다. 자모어 문제를 둘러싸고 완전 긍정과 완전 부정 사이에 다양한 인식의 스펙트럼이 형성되고 있는 것이다.

사실 '자모어'라는 범주는 그 개념만 놓고 보더라도 하나의 어휘범주로서는 부적절한 측면이 크다. 자모어는 서사형식을 기준으로 한 구분이다. 어휘의 음성적·의미적·어원적 속성이 아니라 서면 표기에 사용하는 기호를 기준으로 설정된 범주이므로 그와 동등한 층위의 범주는 '한자어(漢字詞)'뿐이다. 한자어 안에는 다양한 어휘 범주들이 모두

판(2009) 편찬 작업용 내부자료인 辭海編纂手冊(2005)에 의하면 제5판(1999) 표제어 가운데 철학, 사회과학, 역사, 지리, 문학, 예술, 과학, 기술 등의 백과 항목이 62.55%를 점하고 있으며 제6판도 이 비율을 참고하여 백과 항목을 위주로 편찬한다는 원칙을 명시하고 있다. 제6판의 분과 주편만 229명에 달한다는 사실에서도 용어사전(glossary) 집성(集成)의 성격을 확인할 수 있다. 중국인의 언어생활에서 자모어가 보편성을 갖기 이전부터 《사해》에 자모어가 수록된 것은 이러한 백과사전적 성격이 주된 요인이었을 것이다.

포함되므로 한자어라는 범주가 단지 서사기호가 같다는 점 외에는 어떠한 동질성도 갖기 힘든 범주인 것과 마찬가지로 자모어 범주 역시 다양한 이질적 어휘 범주들을 포괄하는 모호한 범주일 수밖에 없다. 자모어 'DINK'와 한자어 '丁克'는 두 개의 단어가 아니라 '한 단어의 두 표기 형식'임을 생각하면 자모어라는 범주가 어휘체계를 논할 때 얼마나 무력한 범주인지를 쉽게 확인할 수 있다. 또 중국 학계의 중국어 어휘론에서는 '자모어'가 차용어 범주의 하나로 다루어지는 경우가 많은데, '한자어'가 차용어 범주의 하나가 되는 것이 어색한 것과 마찬가지로 '자모어'를 차용어의 하위 범주로 쓰는 것 역시 적절치 못한 체계 기술이다.

이 장에서는 먼저 자모어 범주 안에는 어원이나 유형을 달리하는 이질적인 어휘들이 혼재되어 있음을 확인하고, 이러한 불균일성으로 인해 어휘 범주로서의 자모어는 그 용도가 매우 제한적임을 밝힐 것이다. 다음으로 상용성과 음성형식의 측면에서 자모어가 중국어 내에서 얼마나 자리 잡았는지를 살펴봄으로써 중국어 어휘로서의 자모어의 성격을 확인하고자 한다. 끝으로 영어 축약어들 가운데 두문자단축어(initialism)는 거의 전적으로 자모어로 수용되고 있는 이유가 중국어 내에서 로마자의 확고한 지위 때문이며, 중국어의 비자모계 음절이 알파벳 자모로 표기되는 사례 역시 중국어 내에 알파벳 표기가 얼마나 깊게 뿌리내렸는지 보여준다는 점, 자모어는 초언어적·초방언적 기능을 가진다는 점 등을 들어 자모어가 현대중국어에서 생존할 가능성이 매우 높음을 밝힐 것이다.

8.2 자모어 범주의 성격

8.2.1 자모어의 종류

자모어는 그리스 문자 또는 로마자 등의 서양 알파벳으로 표기하는 단어들을 가리킨다. 개념 자체가 서사기호를 기준으로 상정된 것이기 때문에 그 안에는 다양한 어휘 유형들이 혼재되어 있을 수밖에 없다. 우선 자모어라 불리는 어휘들은 어떤 것들이 있는지 살펴보자.

자모어라고 하면 가장 먼저 떠올리게 되는 것이 다른 언어로부터 차용된 말들이다.[4] 이 가운데 대부분은 영어로부터 차용된 것들이다.

> (1) 전자모어 차용어
> ADSL(非對稱數字用戶專線), AIDS(艾滋病), ATM(自動櫃員機), BBS(電子公告牌系統), CD(光碟), CEO(首席執行官), CPU(中央處理器), CT(X射線電子計算機斷層掃描), DVD(數字影碟), GDP(國內生産總值), IQ(智商), IT(信息技術), OPEC(石油輸出國組織), TOEIC(托業；國際交流英語能力測試), VCD(激光視盤), WC(廁所), WTO(世界貿易組織), Wiki(維基百科), E-mail(電子郵件) 등

차용을 통해 유입된 자모어들 가운데는 위와 같이 기점언어의 형태를 그대로 유지하고 있는 경우도 있지만, 일부를 의역하거나 한자 형태소를 덧붙인 것들도 있다. 이런 어휘들은 '반자모어'라고 부를 수 있다.

---

4) 실제로 '자모어'는 중국어 차용어 체계상의 하위범주로 인식되는 경우가 많다. 그러나 자모어 안에는 차용어 외에 다양한 성격의 어휘들이 포함되는 데다 자모어 범주는 서사기호의 차원의 문제이지 어원이나 유래 층위의 범주가 아니므로 자모어를 차용어 체계의 하위범주로 사용하는 것은 적절치 않다. 두 범주의 관계에 대해서는 8.2.2에서 정리할 것이다.

(2) 반자모어 차용어

α 粒子(阿爾法粒子), β 射線(貝塔射線), γ 射線(伽馬射線), HB鉛筆(硬黑
鉛筆), IP地址(互聯網協議地址), IP電話(網絡電話), pH値(氫離子濃度指數),
X射線(愛克斯射線 ; X光), MP3(數字音頻壓縮格式) 등
ATM機(自動櫃員機), DINK家庭(雙職工無子女家庭) 등

위의 예 가운데 'MP3'은 표기상으로 한자가 포함되어 있지 않지만,
중국어 독음은 'áimu pì sān'이므로 실제로는 'MP three'의 표기형식이
아니라 'MP三'의 표기형식이다. 따라서 이는 기점언어의 일부를 중국
어 형태소로 치환한 반자모어 유형에 속한다.

중국어에서 자모어의 비율이 급격하게 상승한 것은 1980년대 이후
이다. 이 시기의 언어접촉은 거의 대부분 영어와의 접촉이었다. 영어
가 확고한 국제어의 지위를 차지하고 있는 상황에서 전세계적으로 정
보의 유통은 대부분 영어를 통하게 된다. 따라서 사건의 발생지가 어
디인지와 관계없이 사건을 전하는 언어는 영어이고, 우리가 제3국의
사건을 제3국의 언어로 접하게 될 가능성은 매우 낮다. 그러다보니 새
로운 사물이 생겨날 때에도 발명자의 모국어와 상관없이 아예 처음부
터 영어로 명명되기도 한다. 확산과 유통을 빠르게 하기 위해서는 영
어가 유리하기 때문이다. 국내의 기업들이 세계시장을 공략하면서 회
사명을 LG, CJ, SK와 같은 영문 이름으로 바꾸고, 새롭게 출시하는 서
비스의 명칭을 처음부터 'coloring'(SKT의 컬러링 서비스), 'PYL'(현대자동차
서비스 브랜드)과 같은 영어 조어로 하는 것이 다 같은 이유이다.

이런 사정은 중국의 경우에도 마찬가지여서 중국 내에서 탄생한 신
조어들 가운데에는 영어로 조어된 것들이 있다.

(3) 중국산 영어 축약어

　　CCTV(中國中央電視台), CERNET(中國敎育與科硏計算機網), CQC(中國
　質量認證中心), WCBA(中國女子籃球協會) 등

　　CCC認證(中國强制認證), CAS警報系統(中國警報系統) 등

　이 유형은 대부분 축약어이다. 어휘가 만들어진 지역은 중국이지만,
언어로 보면 중국어가 아니라 영어에서 조어가 일어난 것이다. 어휘
차용은 언어를 기준으로 판단하므로 이런 중국산 영어 축약어들도 중
국어에 차용어로 유입된다고 볼 수 있다.

　중국어의 자모어 가운데 일부는 한어병음의 어절 머릿글자를 모아
서 축약한 것이다.

(4) 전자모어 형식의 한어병음 축약어

　　HSK(漢語水平考試), PSC(普通話水平測試), RMB(人民幣), GB(國家標準),
　DB(地方標準), ZL(專利) 등

　이 가운데 'GB', 'DB', 'ZL' 등은 문장 안에서 단어로 쓰이기보다는
일련번호와 같은 식별 부호로 쓰이는 경우가 많다. 따라서 실제로 문
장 안에 등장할 때는 뒤에 번호를 동반한 형태가 된다.

(5) 반자모어 형식의 한어병음 축약어

　　D版(盜版), GBK碼(國家標準擴展碼), JT票(紀念特種郵票), W考生(舞弊
　+考生), X(字)簽證(學習簽證), WKC管理(無庫存管理) 등

　한어병음 축약어 중에도 위와 같이 로마자와 한자가 혼용된 형태의
반자모어들이 있다.

어떤 자모어들은 순수하게 중국어 내에서 형성된 신조어인데도 구성요소로 로마자를 사용하고 있는 경우가 있다. 이들 가운데는 'KTV'처럼 외래 형태소들로 구성된 단어도 있지만, 중국어에 수용된 외래 형태소들을 조합하여 만들어진 중국산 신조어이므로 (3)의 중국산 영어 축약어와는 다르다.

(6) 로마자를 사용한 중국어 신조어

KTV(卡拉OK包間), QQ(深圳騰訊公司的卽時通訊産品) 등

A股(人民幣普通股票), AA制(各人付各人的錢的做法), K歌(去KTV唱歌),

N次(很多次, 無數次) 등

'N次'의 경우에는 영어의 용법을 차용해왔다기보다는 중국어 내에서 다양한 용법을 만들어낸 경우이므로 중국어 단어로 간주하였다. 이 밖에 로마자를 형태나 모양을 묘사하는 기호로 사용한 'T型臺', 'T型人才', 'U型管' 등도 여기에 포함된다.

자모어 중에는 'km(千米)'처럼 로마자를 사용하여 표기하고 있지만, 그것이 표기하는 말 자체는 로마자 자모와 관련이 없는 유형이 있다.

(7) 로마자 표기 중국어

cm(厘米), km(千米), m³(平方米), kg(公斤) 등

이와 유사한 현상이 영어에서도 일부 발견된다. 예컨대 'e.g.'는 라틴어 'exampli gratia'의 축약어인데, 이를 'exampli gratia'라고 읽는 사람은 없다. 영어에서 이 기호는 대부분 'for example'로 읽는다. 즉 현재의 영어에서 'e.g.'는 'for example'의 표기인 셈이다. 마찬가지로 중국어에서 'km'는 '千米'의 표기이고, 'kg'은 '公斤' 또는 '千克'의 표기이다.

8.2.2 자모어 범주의 불균일성

이상에서 살펴본 것처럼 자모어라는 범주 안에는 매우 이질적인 어휘들이 혼재해 있다. 그런 점에서 자모어라는 범주는 어휘체계론의 관점에서 볼 때는 의의나 활용도가 매우 낮은 범주일 수밖에 없다.

자모어를 어휘체계의 한 범주로 사용하는 대표적인 경우는 차용어 체계이다. 자모어와 같은 층위에서 논의될 수 있는 범주는 '한자어'뿐이므로 자모어, 한자어, 차용어 세 범주의 관계를 도식화한다면 다음과 같은 다이어그램이 될 것이다.

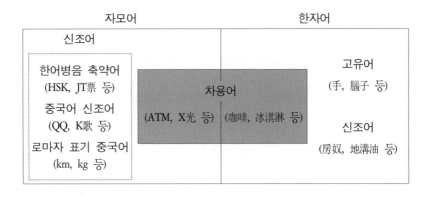

도식에서 확인할 수 있는 것처럼 자모어 범주 안에는 차용어만이 아니라 다양한 이질적 어휘들이 혼재한다는 사실을 고려하면 자모어와 차용어의 관계는 단순한 상하위 범주로 설명될 수 없다. 게다가 차용어는 어휘의 유래나 어원 층위의 범주 체계인 데 반해 자모어는 서사기호·표기형식 층위의 범주이므로 하나의 위계 안에서 다룰 문제도 아니다.

이처럼 범주의 내적 균일성도 매우 낮을 뿐 아니라 범주 설정의 기준인 서사기호는 언어의 본질과는 다소 거리가 있는 2차 기호인데도 불구하고 자모어가 하나의 독립 범주로 자주 사용되는 이유는 '문자 중심'이라는 중국의 언어관이 크게 작용하는 것으로 보인다. 중국은 전통적으로 '음성-의미' 중심의 언어관이 아니라 한자 중심의 언어관을 견지해 왔다. 서구의 언어학에서 문자는 말(언어)의 표기 형식이므로 언어의 본질로 다루지 않았지만, 중국적 전통에서는 오히려 말소리가 한자의 독음으로 취급되었다. 중국적 관점에서 언어는 한자의 3요소인 '형·음·의'로 이루어지는 것이므로 '이 말은 무슨 뜻이며 어떻게 쓰느냐'가 아니라 '이 글자는 무슨 뜻이며 어떻게 읽느냐'가 전통 언어학적 접근법의 핵심이었다. 그러다보니 표기형식 자체가 다른 자모어는 '음성·의미'적 특성에 따라 분류되기보다는 일차적으로 표기 문자의 종류에 의해 범주화될 수밖에 없다. '丁克'와 'DINK'는 한 단어의 두 가지 표기법임에도 중국의 언중들에게는 별개의 단어, 그 중에서도 매우 이질적인 두 단어로 인식된다.

범위를 차용어로 국한하여 살펴보면, 자모어의 차용은 음성·의미적으로는 음역어의 차용과 동일한 과정임에도 문자 중심의 관점에서 보면 전혀 이질적인 두 개의 차용방식으로 인식된다.

$$/k'ɔ:fi/ \rightarrow /k'a^{55}fei^{55}/$$
(coffee)　　　　　(咖啡)　　　　동질적

$$/dʒi:enpi:/ \rightarrow /tɕi^{51}ɣn^{55}p'i^{51}/ [5]$$
(GNP)　　　　　(GNP)　　　　이질적

이런 문자 중심의 언어관으로 인해 자모어는 일반적으로 차용어 체

---

5) 자모어의 독법에 대해서는 8.3.2에서 자세히 다룰 것이다.

계 안에서 새롭게 나타난 유형으로 인식되고 있으며, '咖啡'류의 차용어와 'GNP'류의 차용어가 가진 유사성에 주목한 견해는 중국에서 찾아보기 어렵다.

그러나 언어는 본질적으로 음성·의미의 기호체계이며 문자는 언어를 표기하는 2차적인 기호라는 점에서 볼 때 '자모어'를 어휘의 본질적 속성에 따른 범주구분으로 보기는 어려울 것이다. 같은 이유로 차용어 체계 내에서도 자모어는 독립된 하위범주로 보기 힘들다. 차용방식을 기준으로 보면 자모어 역시 '음역' 또는 '반음역'의 유형에 속한다.

자모어라는 범주는 어휘체계상의 범주라기보다는 하나의 언어현상을 지칭하는 것으로 이해하는 것이 적절해 보인다. 자모어의 출현은 1980년대 이후의 20~30년 사이에 발생한 현상이다. 이 시기 개혁개방의 영향, 컴퓨터의 보급, 인터넷의 발달과 함께 자모어는 크게 증가했다. 아직은 '현상'이라 불러야 할 이 새로운 어휘를 다루기 위해서는 범주 설정기준의 부적절성이나 범주 내부의 불균일성에도 불구하고 임시적으로 이 어휘를 지칭할 용어와 개념이 필요하다.

문자, 즉 서사기호가 언어의 본질이 아니라고는 하지만, 그것이 곧 '중요하지 않음'을 의미하는 것은 아니다. 예컨대 성(姓)을 소개할 때 자주 쓰는 '文刀劉', '子小孫', '口天吳', '關耳鄭' 같은 말들은 한자의 간화가 아니면 탄생하지 않았을 표현이다. 문자가 언어의 본질은 아닐지라도 그것이 언어에 미치는 영향은 결코 작지 않다. 그런 점에서 '자모어 현상'과 그것이 중국어에 미칠 영향에 대해서는 학계가 주목할 필요가 있으며, 그와 같은 관찰과 분석에는 임시로 '자모어'라는 범주를 사용할 수 있을 것이다.[6]

---

6) 언어학의 응용분야 중에는 언어 자체보다 문자의 중요성이 더 큰 분야가 있을 수 있다. 예컨대 사전학(辭典學)은 기본적으로 언어를 인쇄된 형태로 다루기 때문에 '자모어'와

8.3 중국어로서의 자모어

8.3.1 상용성

자모어를 중국어 어휘로 인정하는 가장 일반적인 논거는 중국인의 일반적인 언어생활에서 자모어가 널리 상용되고 있다는 사실이다. 鄭澤芝(2010:17)에 의하면 2002년 기준으로 《인민일보(人民日報)》의 경우에 1일 평균 32회, 《베이징청년보(北京靑年報)》의 경우에는 1일 평균 313회에 달하는 자모어 사용량을 보이고 있다. 물론 여기에는 자동차나 핸드폰의 모델명, 인터넷 주소 등이 다수 포함되어 있으므로 이 통계수치가 곧 일상적인 사용빈도를 보여준다고 보기는 힘들지만 적어도 자모어를 배제한 언어생활이 쉽지 않으리라는 것만큼은 분명하게 확인할 수 있다.

國家語言資源監測與硏究中心(2007)의 통계는 보다 직접적으로 자모어의 상용 정도를 보여준다. 지면 매체, 음성 매체, 인터넷 매체를 포괄하는 국가언어자원 모니터링 코퍼스를 분석한 결과 자모어는 전체 어휘의 9%에 달하며 출현빈도는 전체 코퍼스 어절의 0.8% 정도로 조사되었다. 여기에는 위와 마찬가지로 고유명사 및 비전형적인 어절들이 다수 포함되어 있으므로, 보다 실질적인 상황 분석을 위해 이들은 비교적 엄격한 형식 기준과 사용 기준을 적용하여 자모어의 범위를 설정하였다. 우선 (1)한자와의 조합, (2)자모 명칭 독법, (3)대문자 표기, (4)축약의 네 가지 형식 기준 가운데 둘 이상을 충족해야만 자모어로 인정한다. 이 기준에 의하면 'copy'는 자모어에 해당되지 않는다. 다음

'한자어'의 구분은 중요하다. 논란이 되고 있는 《현대한어사전》을 비롯한 대부분의 사서들이 자모어를 A-Z 항목 다음에 별도의 부분으로 처리하는 것은 사전, 특히 중국어 사전이 언어를 다루는 기준은 실제 소리가 아니라 표기형식이기 때문이다.

으로 (1)충분한 일반성,7) (2)일정 수준의 대중성, (3)공공 매체에서의 높은 출현 빈도라는 세 가지 사용 기준에 부합하는 것이 전형적인 자모어라고 보았다. '粤K45468'과 같은 차량번호는 형식 기준에는 부합하지만 사용 기준에는 부합하지 않으므로 전형적인 자모어가 아니다. 이런 기준에 따라 코퍼스를 분석한 결과 전형적인 자모어는 1,619개였으며, 이는 전체 자모어의 1.16%에 해당하며, 이들의 사용빈도는 전체 자모어의 50.51%였다. 주목할 점은 이 가운데 'VS, NBA, GDP, AC, IT, MP3, QQ, AMD, DVD, CEO' 등은 빈도 상위 5천 단어에 포함되었고, 출현 횟수가 500회를 상회하는 자모어가 187개나 되었다는 점이다.

자모어를 모두 한자어로 대체하는 것이 얼마나 불편한 일인지는 사실 앞서 언급한 'NBA-美職籃 논쟁'의 과정에서 이미 충분히 확인되었다. 'MP3'이나 'H1N1' 등 한자어로 대체할 수 없는 자모어는 적지 않다. 네티즌들은 다음과 같은 댓글 놀이를 통해 이슈를 확대하면서 자모어 사용 금지 조치를 풍자했다.

> "新的內置全球定位系統(GPS)的蘋果第三代移動通訊手機(iPhone 3GS), 採用了比全球通信系統(GSM)更先進的寬帶碼分多址移動通信系統(WCDMA)。"
> 위성항법장치를 내장한 애플의 새로운 3세대 이동통신 핸드폰은 글로벌 이동통신 시스템보다 더 선진적인 광대역 코드분할 다중접속 시스템을 채택했다.
> "以後我們可以上午看中國中央電視台(CCTV)轉播的美國職業籃球聯賽(NBA), 中午去吃肯德基家鄉雞(KFC), 下午去中央商業區(CBD)逛街, 晚上開著運動型多用途汽車(SUV)去兜兜風。"

---

7) 원문의 표현은 '概括性'이다. generality에 해당되는 것으로 보고 '일반성'으로 옮겼다. 특정의 개별 사물을 가리키는 말이 아니라 사물의 류(類)나 군(群)을 지칭하는 말이어야 한다는 의미이다. 사실상 고유명사 등을 배제하기 위한 기준으로 보인다.

앞으로 우리는 오전에 중국중앙방송국에서 중계하는 미국 프로농구 리그를 보고, 낮에는 켄터키 프라이드 치킨을 먹고, 오후에는 중심 업무 지구를 거닐며, 저녁에는 스포츠 유틸리티 자동차를 몰고 드라이브를 할 겁니다.

　"我一邊聽著個人便攜式數字化音頻播放器(MP3), 一邊計劃回家聊騰訊卽時通訊軟件(QQ), 我感覺壓力很大。"[8]

　나는 개인 휴대용 음원 플레이어를 들으면서 집에 돌아가 텅쉰의 실시간 통신 프로그램을 통해 채팅을 할 생각을 합니다. 스트레스가 심해요

이처럼 자모어를 한자어로 대체하려는 시도는 성공 가능성이 매우 낮다. 'CD', 'VCD', 'DVD'는 '光碟'라는 한 단어로 대체될 수 없고, 'CT'를 '計算機層析成像'으로, 'F1'(Fumula-1)을 '一級方程式大奬賽'로 대체하는 것은 실소 혹은 냉소를 낳을 뿐이다. 자모어의 일부가 이미 빈도 상위 5천 단어라는 최상용어 그룹에 진입하고 있다는 것은 그것이 이미 중국어 어휘 내에서 제거 또는 대체가 불가능한 성분이 되었음을 보여준다.

8.3.2 음성형식

자모어를 외국어로 보는 입장은 기본적으로 자모어의 사용을 코드혼용(code-mixing)으로 간주한다. '咖啡'는 중국어이지만, 'coffee'는 외국어이며, '我喝咖啡'는 중국어 문장이지만 '我喝coffee'는 코드혼용이라는

---

8) '壓力很大'(스트레스가 심해요)는 한 사건이 이슈가 되었을 때 동류의 사물들을 언급하는 인터넷 유행어이다. 예컨대 자모어 사용 금지 조치라는 이슈가 떠오르면 네티즌들은 "BMW表示壓力很大", "iPhone表示壓力很大", "國産品牌TCL同樣表示壓力很大"와 같은 유행어 놀이를 통해 이슈를 확산시킨다.

것이다.(楊錫彭 2007:171-179) 외견상으로는 매우 설득력 있어 보이지만, 이 관점을 자모어 전체에 적용하기에는 무리가 따른다.

우선 'coffee'와 같은 외국어 단어 전체를 그대로 차용한 자모어는 많지 않다. 일반 어휘 중에서는 'e-mail' 정도가 대표적인데, 여기에는 '伊妹兒'이라는 한자어가 함께 존재한다. 'e-mail'과 '伊妹兒'의 관계는 사실 자모어 문제에 중요한 시사점을 제공한다. 중국인들은 'e-mail'은 [i:meil]로 발음하고 '伊妹兒'은 [i⁵⁵meə⁵¹]로 발음할 것인가의 문제, 그리고 더 나아가 'e-mail'과 '伊妹兒'은 한 단어인가 두 단어인가의 문제가 그것이다.

중국어에서 'e-mail'과 같은 단어가 사용될 때는 우선 기본적으로 음절마다 성조가 부여되며, 자음이나 모음도 영어 그대로가 아니라 중국어의 그것으로 대체되는 경향을 보인다. 즉 'e-mail'이든 '伊妹兒'이든 중국어 내에서 사용될 때는 대체로 성조가 부여되는 경향이 있고 음절 끝의 -l도 중국식의 권설운모로 발음되는 경향이 있어 사실상 [i⁵⁵meə⁵¹]에 가까워진다. 물론 발음에는 개인차가 존재하므로 영어에 익숙한 중국인이라면 [i:meil]에 가깝게 발음할 수도 있을 것이다. 이러한 개인차를 고려하더라도 중국어 화자들 사이에 상용되는 'e-mail'의 발음은 [i⁵⁵meə⁵¹]과 [i:meil] 사이를 오갈 것이다. 그리고 그 말을 글로 쓸 때는 '伊妹兒'과 'e-mail' 사이를 오간다. 그러므로 'e-mail'과 같은 말이 중국어 안에서 상용될 때 우리는 표기를 기준으로 발음을 단정할 수 없고, 발음을 기준으로 표기를 단정할 수 없다.

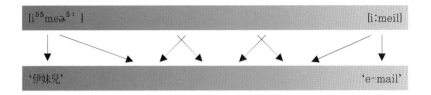

　서사형식의 관점에서도 보아도 마찬가지이다. 커피가 중국에 전해
진 뒤 중국어 단어로 정착하는 과정은 그것이 '咖啡'로 표기되던 그 순
간에 완료된 것이 아니다. 이 단어가 중국어 안에서 상용되기 전에 이
미 '架菲', '架非', '加非', '咖啡' 등의 표기가 등장했다. 비록 한자로 표
기되었지만, 'boxing'을 '撲克勝'으로 표기했던 것처럼 이는 당시로서는
임시적인 표기였을 것이다. 따라서 커피가 '加非'나 '咖啡'로 표기되었
다는 사실만으로 그것이 중국어 어휘로 정착했다고 단정할 수 없다.
　한자로 표기되는 음역어의 경우에도 음성형식이 반드시 개별 한자
들의 독음과 정확히 일치하는 것은 아니다. 고유어와 달리 음역어는
한자의 독음을 충실히 따르기보다는 기점언어의 간섭을 많이 받는 편
이다. 이에 대해서는 앞서 이미 언급한 바 있는 것처럼 高名凱·劉正埃
(1958: 3)도 지적한 바 있다. '赫邁萊夫斯基'(Chmielewski)라는 6음절 인명을
4음절(赫-邁-萊夫-斯基)로 발음하거나 '斯大林'(Sī-tà-lín)이라는 3음절 인
명을 'Stà-lín'과 같이 2음절로 발음하는 현상이 그런 예이다.
　이런 현상은 언어를 불문하고 음역의 방식으로 차용어를 수용할 때
보편적으로 일어난다. 한국어에서 나타나는 '팩스'라고 쓰고 [ㅍ]를 [f]
로 발음하는 현상이나 '스트라이크'를 5음절이 아닌 3~4음절로 줄여
서 발음하는 현상도 마찬가지이다.9)

9) 반대로 외국어 발음에 모국어의 간섭이 일어나는 경우도 많다. 1음절인 'brake'를 2음절
　이나 3음절로 발음하는 예가 그렇다.

이처럼 서사형식이나 개별적 발화상황에서의 발음이 절대적인 기준이 될 수는 없다. 문제는 경향성이다. 서사형식이나 음성형식의 '일관성'은 중요한 기준이 된다. 일정한 서사형식이 꾸준히 사용되느냐, 일정한 음성형식이 다수의 언중에게서 지속적으로 나타나느냐를 단어 정착 여부 판단에 참고할 수 있다. 중국어 발화 맥락에서 자모어가 한자어 음역어 수준의 음성적 일관성을 보인다면 그것은 자모어의 정착을 판단하는 기준으로 삼을 수 있을 것이다.

이와 관련하여 자모어의 중국식 발음에 대한 周一民(2000)의 보고가 눈에 띤다. 그는 TV 광고의 내래이션에 주목했다. 대다수의 내래이터가 'VCD', 'DVD'를 'wēi sēi dì', 'dì wēi dì'로 발음했던 것이다. 이는 대체로 베이징 사람들의 일반적인 발음과 일치하는 것이었다. 26개 로마자의 중국어 발음은 다음과 같다.

A	B	C	D	E	F	G	H	I
ēi	bì	sēi	dì	yì	áif	jì	áich	ài

J	K	L	M	N	O	P	Q	R
zhèi	kèi	áilou	áim	ēn	ōu	pì	kiù	à'er

S	T	U	V	W	X	Y	Z
áis	tì	yōu	wēi	dábliu	áiks	wài	zèi

이상의 귀납결과를 살펴보면, 몇몇 자모를 제외한 대다수 로마자의 발음이 이미 상당한 수준으로 현지화되어 있음을 알 수 있다. 전체적으로 보면 영어 음운체계보다는 중국어 음운체계에 가깝다.

周一民(2000)이 베이징의 실제 독음을 귀납하는 데 주력했다면, 賈寶書(2000)는 로마자의 중국어 독음을 표준화하는 데 주목했다. 그는 우선 방언어휘 '嘭'가 표준어로 수용되면서 본래 표준어 음운체계와 맞지 않는 음절 fiao 역시 수용된 점, '阿Q'나 '三K黨' 등 단어에 대해 《현대한어사전》이 이미 kiu, kei와 같은 주음을 하고 있는 점,[10] '拜拜'는 'bye-bye'의 영향으로 제2성 báibái로 발음되는 점 등을 통해 표준중국어 음운체계가 충분히 개방적임을 확인한다. 즉 fiao, kiu, kei 등의 음절은 표준중국어에 없는 것이지만 음운체계, 음절구조 수준에서 용인가능한 것이며, '拜'의 독음은 제4성이지만 제2성으로의 변이는 수용 가능하다는 것이다. 이를 근거로 그는 일부 로마자의 독음이 완전히 표준어 음운체계에 부합하지 않더라도 어느 정도의 표준화는 가능하다고 판단한다. 그가 제시한 표준화 방안은 아래와 같다.

A	B	C	D	E	F	G	H	I
ei	bi	sei(xi)	di	yi	aifu	zhei	aichi	a'ai
J	K	L	M	N	O	P	Q	R
zhai	kei	ailo	aimu	en	ou	pi	kiu	a
S	T	U	V	W	X	Y	Z	
aisi	ti	you	vei		aikesi	wai	zei	

두 연구를 통해 우리는 로마자 독음이 중국어를 사용하는 언중들 사이에서 상당한 수준의 일치를 보이고 있을 뿐 아니라 그것이 이미 중국어의 음운체계에 가까워 표준화가 가능함을 확인하였다. 몇 가지 예외적인 음절에 대한 논란을 감안하더라도 전체적으로 두 연구에서 드러난 로마자 독음은 영어라기보다는 중국어라고 할 수 있다.

---

10) '阿Q', '三K黨'의 Q와 K에 대해 《현대한어사전》(제1판~제4판)에서는 줄곧 qiū/kiū, kèi로 주음해 왔으나 제5판(2005)부터는 한어병음 표기를 하지 않고 'Ā Q', 'Sān K dǎng'으로 표기하고 있다.

8.4 자모어의 미래

중국어에서 자모어는 조어상의 불투명성, 음성적 이질성에 더하여 표기상의 차이마저 두드러져 음역어보다도 더 이질적으로 보인다.[11] 음역어는 지금까지 출현한 전체 차용어 DB의 60%를 상회할 정도로 높은 출생율을 보였음에도 불구하고 5만 어휘 수준의 상용어 목록에 포함된 차용어에서는 20%에 미치지 못할 정도로 저조한 생존율을 기록하였다.(7.2.2 참조) 그렇다면 음역어보다 이질성의 정도가 더 높은 자모어는 생존율이 낮을 것인가? 자모어는 표기상의 이질성 때문에 생존율이 오히려 더 높을 가능성이 있다. 아래에서는 그러한 가능성을 뒷받침하는 몇 가지 사실을 살펴본다.

8.4.1 중국어의 문자가 된 로마자

중국어 자모어들을 전체적으로 살펴보면 뚜렷한 특징 한 가지를 발견하게 된다. 그것은 'e-mail'처럼 철자를 이어서 읽어야 하는 단어는 극히 소수이고, 대다수의 자모어들은 'NBA'나 'IP電話'처럼 낱개의 알파벳을 하나씩 읽는 단어들이라는 점이다. 'HSK'나 'GBK碼'처럼 중국어 내부에서 자생적으로 발생한 자모어는 물론이고 외부의 언어로부터 차용한 자모어 대부분이 모두 그러하다.

차용된 자모어의 대부분이 같은 유형이라는 사실은 중국어가 외국어를 자모어의 형식으로 차용하는 데는 일정한 규칙성이나 경향성이 존재할 가능성을 시사한다. 현재 중국어 차용어의 대다수를 차지하는

---

11) 자모어 가운데 차용어와 비차용어 모두를 포함한 진술이다. 생존율과 이질성은 일반적으로 반비례하므로 여기에서는 먼저 이질성을 논하기 위해 음역어와 비교한 것이다.

언어는 영어이며, 특히 자모어의 압도적 다수가 영어에서 온 것이다. 자모어 차용의 경향성을 검토하기 위해 우선 영어 단어를 축약 여부나 축약 유형을 기준으로 살펴보자.

'축약'을 기준으로 영어 단어를 구분하면 우선 축약이 일어나지 않은 일반적인 단어, 즉 비축약어와 축약어(abbreviation)로 나뉘고, 축약어는 다시 절취어(clipping), 절합어(blend), 두문자축약어(acronym), 두문자단축어(initialism)12)의 네 가지로 나뉜다. 절취어는 'exam(ination)', '(in)flu (enza)', '(tele)phone'처럼 단어의 일부를 잘라낸 것이고, 절합어는 'brunch (breakfast+lunch)', 'smog(smoke+fog)', 'Eurovision (European+television)'처럼 두 단어를 잘라 붙여 만든 축약어이다. 두문자단축어와 두문자축약어는 모두 단어나 어절의 첫 글자를 따서 축약한 것이다. 둘의 차이점은 두문자단축어는 'CEO(chief executive officer)', 'NBA(National Basketball Association)', 'GDP(gross domestic product)'처럼 알파벳을 하나하나 읽는 반면 두문자축약어는 'AIDS(acquired immune deficiency syndrome)', 'DINK(double income no kids)', 'SARS(severe acute respiratory syndrome)'와 같이 일반 단어처럼 철자를 이어서 읽는다는 점이다.13) 아래는 이들을 도식화한 것이다.

---

12) '절취어(截取語)'와 '절합어(截合語)'는 참고할 수 있는 기존의 용어가 없어 필자가 고안한 역어이다. 'acronym'과 'initialism'을 각각 '두문자축약어(頭文字縮約語)'와 '두문자단축어(頭文字短縮語)'로 옮긴 것은 둘의 차이를 구별하기 위한 고육책이다. 이정민·배용남·김용성(2000:12)과 조성식(편)(1990:13,592)을 참고·응용하면 '두자어(頭字語)'와 '두문자어(頭文字語)'로 구분하는 것도 가능하지만 유사성과 차별성을 동시에 드러내기에는 적절치 않다고 판단했다.

13) 네 유형의 차이는 Crystal(1995:120-121 ; 2008:1)을 따랐다. 'acronym'은 두문자축약어와 두문자단축어를 구분하지 않고 쓰이기도 한다. 이때의 'acronym'은 양자를 모두 포괄하는 의미로 '두문자어'라고 옮길 수 있다.

각 유형의 단어들이 중국어로 차용되는 과정에는 일정한 형식적 경향성이 존재한다. 단어의 전체 또는 일부를 의역(意譯)하거나 한자 형태소를 첨가하는 방식에서는 위의 다섯 유형이 큰 차이를 보이지 않으므로 여기에서는 음역(音譯)을 통해 한자어 형태로 차용하는 경우와 자모어 형태로 차용하는 경우를 중심으로 다섯 유형의 차용 방식을 비교해 보겠다.

절취어나 절합어는 축약의 결과가 일반 단어와 유사하기 때문에 차용 과정에서도 사실상 비축약어인 일반 단어들과 같은 방식으로 취급된다. 이 세 부류의 단어들은, 'e-mail'14)이나 'Flash'(어도비 플래시)와 같은 극소수의 예외를 제외하고, 대개 자모어로 수용되는 경우가 드물며, 'cartoon → 卡通', 'domino → 多米諾'와 같이 한자어로 수용되는 것이 일반적이다.

흥미로운 것은 두문자단축어와 두문자축약어이다. 이 둘은 모두 두문자(initial)를 조합하는 방식으로 축약한 단어들이지만, 독법이 다르다는 점 때문에 차용 과정에서도 다른 양상을 보인다. 두문자축약어(acronym)는 첫 글자의 조합으로 이루어졌지만 한 단어처럼 읽기 때문

---

14) 'e-mail'의 경우 '伊妹儿'과 같은 한자어 형식도 존재하므로 전적으로 자모어 형식으로만 수용된 것은 아니다.

에 자모어로 수용되는 경우와 음역 한자어로 수용되는 경우가 공존한다.

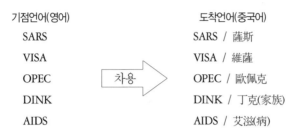

기점언어(영어)	도착언어(중국어)
SARS	SARS / 薩斯
VISA	VISA / 維薩
OPEC	OPEC / 歐佩克
DINK	DINK / 丁克(家族)
AIDS	AIDS / 艾滋(病)

그러나 두문자단축어(initialism)의 경우에는 한자어로 음역된 경우가 거의 없고 대부분이 자모어 형태로 차용되고 있다.

기점언어(영어)	도착언어(중국어)
DVD	DVD
GNP	GNP
IPTV	IPTV
NBA	NBA
SNS	SNS

두문자단축어 가운데 한자어로 음역된 형태를 가진 것은 'DDT'가 거의 유일하다. 'DDT'는 중국어 문헌에서 'DDT' 또는 '滴滴涕'의 형태로 사용되어 왔다. 다만 이는 비교적 이른 시기인 1940년대[15]에 수용된 단어이므로 자모어의 유입이 본격화된 1980년대 이후에는 두문자단축어가 한자어 형태로 음역된 예가 거의 사라졌다고 볼 수 있다.

---

15) 黃河淸(2010:148)에 의하면 1948년 《醫藥學》 부간에 "'生化滴滴涕'是中國第一家出品之 DDT。"와 같은 용례가 보인다.

　중국어 자모어의 대다수를 차지하는 것이 바로 이들 두문자단축어이다. 즉 현재와 같은 자모어 증가 추세는 상기의 두문자단축어 차용 방식에 의한 것이라고 보아도 무방하다. 두문자단축어가 한자어로 차용되지 않고 거의 전적으로 자모어로만 차용되는 것은 그것의 독법과 밀접한 관련이 있다. 두문자단축어는 두문자축약어와 달리 알파벳 하나하나를 읽는다는 점이 일단 그것이 한자어로 음역될 가능성을 크게 감소시키는 요인으로 작용한다.

　그러나 1940년대만 해도 '滴滴涕'의 경우처럼 두문자단축어를 한자어로 음역했었다는 사실은 현재의 자모어 수용 양상을 전적으로 두문자단축어의 자체의 독법에서 기인한 것으로 보기 어렵게 만드는 이유가 된다. 두문자단축어 독법만이 아니라 (1940년대에서 1980년대 사이에) 중국어 내부에서 일어난 모종의 변화가 두문자단축어 독법과 맞아떨어지면서 현재의 자모어 수용 양상을 만들어 냈을 가능성이 있다.

　필자는 그것이 '로마자의 중국어(혹은 중국어 서사체계) 내부로의 정착'일 것이라고 추정한다. 즉 로마자가 아라비아 숫자처럼 중국어 서사체계 내부에 필수불가결한 요소로 자리를 잡았다는 사실, 중국인들의 일상 언어에서도 로마자를 입에 올리는 것이 낯설지 않을 정도로 26개 알파벳이 더 이상 외국어가 아니라 중국어의 한 요소로 정착했다는 사실이 두문자단축어의 독음 특징과 결합한 결과가 위와 같은 자모어 형태로의 차용이라는 것이다.

　인쇄물에서 중문에 로마자가 혼용된 것은 19세기로 거슬러 올라간다. 張鐵文(2007)에 의하면, 19세기 중엽부터 화학원소 기호, 상표, 구별 기호 등의 형태로 로마자가 중문에 섞여 쓰이기 시작했다. 전형적인 자모어의 형태를 갖춘 것은 1898년 《光學揭要》에 등장한 'X線'이 처음이다. 그러나 이 시기가 갖는 의미는 자모어의 형성보다는 로마자의 침투 자체에 있다. 단어의 형태를 갖추었느냐와 상관없이 로마자는 화학, 의학, 물리, 음악, 교통, 천문, 수학, 광학 등의 영역에서 필수적인 기호로 사용되기 시작했기 때문이다.

그렇게 로마자가 중문 인쇄물에 등장한 지 한 세기 가량이 지났을 때 로마자의 지위에 중요한 변화가 찾아왔다. 한자의 폐기와 중국어 서사체계의 표음문자화를 목표로 고안된 한어병음방안(漢語拼音方案)이 1958년 2월 11일 제1차 전국인민대표대회 제5차 회의의 비준을 거쳐 정식으로 공표된 것이다. 로마자를 사용한 표기체계인 한어병음을 교육하고 보급하기 위한 활동이 광범위하게 전개되면서 로마자는 전문 영역에서 나와 인민 속으로 성큼 다가가게 되었다.

그리고는 개혁개방과 함께 찾아온 영어열풍(英語熱)은 화룡점정이었다. 범람하는 로마자의 물결 속에서 26개의 자모 정도는 지식이랄 것도 없는 언어 생활의 기본이 되었고, 로마자는 중국 언어문자의 일부가 되었다. 앞서 공표된 한어병음방안에 따르면 한어병음 'A, B, C, D, E ……'의 공식 명칭은 'ㄚ[a], ㄅㄝ[pe], ㄘㄝ[tsʻe], ㄉㄝ[te], ㄜ[ɤ] ……'로 영어의 '[eɪ], [biː], [siː], [diː] [iː] ……'와 다르지만 아무도 더 이상 한어병음방안이 제시하는 명칭을 사용하지 않는다.

이렇게 로마자가 완전히 중국어의 요소로 정착한 상태에서 낱글자를 하나하나 발음하는 두문자단축어를 차용할 때는 그것을 굳이 한자로 전환할 필요성이 사라진다. 마치 영어의 '1(one), 2(two), 3(three)'를 중국어로 옮길 때 '一, 二, 三'으로 전환할 필요 없이 동일한 서사기호를 써서 '1, 2, 3'으로 옮기면 되는 것과 마찬가지이다. 1980년대 이후에 대거 유입된 두문자단축어들이 한자어로 전환된 예가 거의 없고 모두 자모어 형식으로 수용되고 있는 것은 늦어도 1980년대에는 로마자가 이미 중국어 요소로 정착했음을 보여준다.

음역어의 생존율이 낮았던 것은 음역어가 가진 외래 음성형식과 한자 표기 사이의 괴리감이 언중들에게 부담스러웠기 때문일 가능성이 높다. 그런데 자모어의 경우는 중국어 서사체계 안에 자모어를 받아들일 수 있는 표기상의 슬롯(slot)이 이미 마련되었기 때문에 훨씬 자연스럽게 수용될 수 있는 것이다.

8.4.2 비자모계 음절의 로마자 표기

중국어가 알파벳 자모를 사용해왔던 역사나 두문자단축어의 수용방식 등을 통해 알파벳이 중국어의 서사체계에 이미 돌이키기 힘든 수준으로 편입되었음을 확인할 수 있었다. 이상의 논의는 주로 기점언어의 단축어 형식을 그대로 가져오는 경우를 주요 사례로 한 고찰이었다. 그런데 '卡拉OK'같은 단어는 다른 측면에서 로마자가 중국어 요소로 얼마나 깊이 뿌리를 내렸는지를 확인할 수 있는 사례이므로 별도의 고찰을 요한다.

'卡拉OK'의 기점언어인 일본어 'カラオケ[kaɾaoke]'는 '비어 있다'는 뜻의 'から(空)'와 '오케스트라'의 음역어인 'オーケストラ[o : kesɯtoɾa]'의 앞부분을 절합한 단어이다. 흥미로운 것은 그것이 중국어로 차용될 때 절반은 한자로 절반은 로마자로 옮겨졌다는 사실이다. 일반적으로 중국어의 자모어는 기점언어의 서사기호를 그대로 가져온다. 그러나 '卡拉OK'의 'OK'는 어디에서도 그 출처를 찾을 수가 없다. 일본어에서 'オケ' 부분을 'OK'로 표기하는 경우가 없음은 물론이고, 영어 'Karaoke'는 철자와 발음[kʰæri : oʊkʰi :] 모두 'OK'[oʊkʰeɪ]와는 거리가 있다. 즉 중국어 '卡拉OK'의 'OK'는 어디에서도 'OK'로 표기된 적이 없는 말을

'음역'하여 'OK'로 표기한 것이다. 이 과정은 다음과 같다.

이 과정은 전체적으로 볼 때 음역어의 일반적인 차용과정과 큰 차
이가 없다. 여느 음역어와 다른 부분은 음역의 결과인 [kʰa²¹⁴la⁵⁵oʊ⁵⁵kʰ
eɪ⁵¹] 가운데 [oʊ⁵⁵kʰeɪ⁵¹]를 'OK'로 표기했다는 점이다. 다시 말해서 '卡
拉OK'의 'OK'는 외부에서 가져온 것이 아니라 중국어 [oʊ⁵⁵kʰeɪ⁵¹]를 표
기한 서사기호이다. 이 과정을 흔히 일본어 'オケ'를 'OK'로 표기한
것이라고 생각하기 쉬운데, 실제로 이 과정은 위의 도식에서처럼 [oke]
를 [oʊ⁵⁵kʰeɪ⁵¹]로 전환하는 심리적 과정이 일어난 다음에 그것을 다시
'OK'로 옮기는 과정이 일어나며, 이 두 절차 전체가 중국어 화자에게
서 발생하는 과정, 즉 일본어(외국어) 'オケ'가 중국어에 유입되어 중국
어(차용어)로 전환되는 과정이다.

비슷한 예를 'candlestick'에서 온 'K線', 'cute'를 'Q'로 옮겨 조어한 'Q
版' 등의 단어에서도 찾을 수 있다. 'K線'은 캔들차트의 막대를 가리키
는 'candlestick'의 번역어이다. 'candle'의 첫음절을 음역하여 'K'로 표기
한 것이다. 'Q版'은 '귀여운 카툰판'의 의미이며, 'Q版動畫片', 'Q版造型'
등의 형식으로 쓰인다. 'Q'는 'cute'의 음차 표기이다. 타이완에서는 귀
엽다는 의미로 'QQ'라는 자모어를 쓴다. 이 때의 'Q' 역시 'cute'의 표기
이다.(李宇明 2010: 1084 ; 鄒嘉彦・游汝杰 2010: 356) 'K線'은 차용어이고, 'Q
版'과 'QQ'는 중국어 신조어이지만, 'K線'의 'K'나 'Q版'의 'Q'는 공히 외
부에서 가져온 것이 아니라 중국어 내부의 서사 과정에서 사용된 기
호들이다.

차용어가 아닌 고유어의 형태소를 로마자로 표기한 경우도 있다. 타이완 지역에서 사용되는 신조어 'Q嫩'의 'Q'는 민남 방언 '粬[kʰiu˥]'를 표기한 것이다. 'Q嫩'은 버블티의 알맹이나 푸딩 같은 음식의 탱글탱글하고 부드러운 식감을 표현하는 말이다.(鄒嘉彦・游汝杰 2010: 356-357) 비록 타이완 지역에서만 사용되는 신조어이고, 민남 방언을 배경으로 생성된 단어이지만 고유어의 형태소를 발음이 비슷한 로마자로 표기한다는 점은 시사하는 바가 크다.

이처럼 'OK', 'K', 'Q' 등의 기호가 중국어 화자 내부의 심리적 과정 안에서 중국어의(비록 대부분 차용어들이지만) 어떤 음절을 표기하기 위한 기호로 선택된다는 사실은 로마자의 중국어 침투 정도가 어느 수준인지를 잘 보여준다. 한어병음 표기, 차용된 두문자어 표기와 같은 자모계 문자 표기를 넘어서 중국어 단어의 음절을 표기하는 문자로 쓰일 정도로 로마자는 중국화(중국어화)되어 있다.

8.4.3 자모어의 범용성

번역의 관점에서 볼 때 차용어의 유형 중 음역어는 정보 전달의 신속성을 중시한 형식이고, 의역은 도착언어 내에서의 적응성을 중시한 형식이다. 그러므로 정보의 양이 많아지고, 다양한 정보의 생산과 유통이 산업의 중심이 되는 정보화사회에서는 언어간 정보 교류에 있어서 음역어와 같은 신속성을 중시하는 유형의 역할이 더 커질 수밖에 없다.

그런데 자모어는 음성형식의 차용은 물론 서사형식까지도 기점언어와의 일치도가 높기 때문에 정보화사회에서 개념의 유통 수단으로 크

게 각광받을 수밖에 없다. 오늘날 로마자 약어가 갈수록 많아지는 것
은 이런 사정과 무관하지 않다.

앞서 서술한 것처럼 영어의 두문자어들은 중국어로 차용될 때 형태
적인 변화를 겪지 않기 때문에 모종의 초언어적인 어휘로 기능하게
된다. 즉 영어에서 중국어로, 중국어에서 영어로의 전환이 신속하고
쉽게 이루어지며, 그 과정에서 의역어들이 겪는 미묘한 의미의 변화도
거의 일어나지 않고 정보의 진실성이 높게 유지되기 때문에 서로 다
른 언어를 사용하는 사람 사이에서 자모어는 의사소통의 효율성을 높
여주는 수단이 된다.

이는 마치 구어의 상호이해도가 매우 낮은 중국의 방언들 사이에서
한자가 방언 간의 의사소통을 돕는 초방언적 기능을 수행했던 것과
매우 유사하다. 한자가 온전히 두 방언의 상호이해를 가능하게 하는
수단이었던 데 반해 자모어는 일부의 어휘에 대해서만 동질성을 유지
시킬 뿐이라는 점이 큰 차이이기는 하지만, 반대로 한자는 음성적 측
면에서 큰 기능을 하지 못했던 반면 자모어는 시각적인 면뿐만 아니
라 청각적인 측면에서도 서로 다른 언어 사이에서 어휘의 상호이해를
돕는 기능을 한다는 점은 자모어가 한자보다 나은 점이라고 하겠다.

자모어는 글로벌 중국어(華語)들 사이의 상호이해도를 높이는 데도
기여하는 바가 작지 않다. 앞서 7.1에서 두 종류의 글로벌 중국어 사전
(李宇明 2010 ; 鄒嘉彦·游汝杰 2010) 수록어휘를 토대로 분석한 바와 같이
대륙, 홍콩, 마카오, 타이완, 싱가포르 등 지역에서 쓰이는 중국어의
어휘에는 상당한 차이가 존재한다. 특히 번역어의 경우에 그 차이는
더 두드러지지만, 유독 자모어의 경우에는 일치율이 90%를 상회하는
것으로 나타났다.

자모어의 특성을 생각하면 그리 놀랍지 않은 이 결과는 자모어의

범용성이 언어간 소통에서는 물론, 역사적·정치적 이유로 다른 사회
문화적 환경에 처해 있는 여러 지역의 중국어들 사이에서도 순기능을
발휘할 수 있음을 보여준다. 이는 현대중국어에서 자모어의 미래를 낙
관하는 또 하나의 이유이다.

8.5 소결

이 장에서는 1980년대 이래로 급속한 증가 추세를 보이는 현대중국
어 자모어의 어휘 범주로서의 성격을 살펴보고, 상용성과 음성형식이
라는 척도를 중심으로 그것이 사실상 중국어 어휘로 자리를 잡고 있
음을 확인하였다. 또 중국어 서사체계 내에서 로마자의 기능이나 위상
이 이미 중국어 요소로 간주하여도 무방한 수준임을 확인하고, 그 때
문에 두문자단축어 형태의 어휘들은 앞으로도 중국어로 유입될 때 자
모어 형태를 유지할 가능성이 높을 것이라는 예측, 그리고 자모어의
초언어적, 초방언적 특징으로 인해 쉽게 한자어 등으로 대체되기 힘들
것이라는 전망을 해보았다.

끝으로 한 가지 더 첨언한다면, 서론에 언급한 것처럼 중국 내에서
자모어에 대한 민족주의적 저항이 작지 않은데, 이는 결국 언어순화주
의(linguistic purism)의 한 형태일 수밖에 없다. 역사적으로 언어순화주
적 시도가 대체로 실패로 귀결되었음을 감안하면 역설적으로 중국어
내에서 자모어의 정착가능성은 높은 편이라는 추정이 가능하다.

자모어가 중국어에 본격적으로 등장한 지 아직 반세기가 채 되지
않았고, 어떤 의미에서 아직도 그것은 '현상'에 가깝다고 할 수 있다.
자모어에 대한 학계의 지속적인 관심이 요구되는 이유이다.

제 9 장

중국어와 중국어의 접촉

9.1 보통화 중심의 언어정책

중국은 세계 어느 나라보다도 언어에 관한 행정적인 조치가 많은 나라이며, 언어와 문자의 통일에 관한 뚜렷한 정책적 입장을 가진 나라이다. 이는 중국이 역사적으로 줄곧 중앙집권적인 정책을 취해왔던 것과도 무관하지 않다. 중국 정부의 강력한 표준어 정책은 그로 인한 다양한 방언의 소멸을 우려하는 논의를 야기하고 있다. 외국인을 위한 중국어 교육의 표준에 있어서도 자연히 중국정부의 이러한 표준어관은 그대로 견지된다. 그러나 최근에는 이른바 글로벌 중국어(全球華語)에 대한 인식과 함께 외국어로서의 중국어 교육에 대한 새로운 관점이 모색되고 있는데, 한국에서는 이런 움직임과 관계없이 여전히 보통화[1] 중심의 교육과 평가가 유지되고 있다.

---

[1] 일반적인 맥락에서는 '普通話'를 '현대표준중국어'로 옮길 수 있다. 그러나 본장에서는 지역에 따라 '普通話'라 여겨지는 실체적 언어형식이 모두 동일하지 않다는 사실을 다룬다. 따라서 추상적 규범을 가리키는 '표준○○어'와 같은 용어로 그것을 지칭하기에 적절치 않으므로 '보통화'라는 용어를 그대로 쓰기로 한다. 본장에서 '보통화'는 중국 안팎

9.1.1 중국의 표준어 규정과 보급정책

현대 중국의 표준어에 대한 공식 명칭은 '普通話'이다. 명청시기의 '官話'와 청말 민국초의 '國語'로 이어지는 공통어에 대한 모색은 중화 인민공화국 수립 이후 '普通話'에 대한 논의로 이어졌다.[2] 1955년 중국문자개혁회의(中國文字改革會議)에서 민족 공통어의 명칭으로 '普通話'를 채택할 당시 그 의미는 '널리 통용되는 말'이었고, 그 실체에 대해서는 '북방어를 기초방언으로 하고 베이징음을 표준음으로 한다'고만 언급하고 있었다.(張奚若 1955) 여기에 '모범적인 현대 백화문 저작을 문법 규범으로 한다'는 문법 규정이 더해진 것은 1956년 국무원의 <보통화 보급에 관한 지시(關於推廣普通話的指示)>에서이다.

국무원의 지시가 나오기 전인 1955년 이미 교육부나 인민해방군에서는 보통화 보급에 관한 지시나 통지를 하달하고 있었고, 국무원의 지시와 함께 1956년부터는 교육부와 언어연구소 및 문자개혁위원회가 공동으로 보통화 발음 연구반(普通話語音研究班)을 개설하여 보통화 보급을 담당할 교사와 업무 인력의 양성, 방언조사를 위한 전문가 양성을 시작했으며, 1956년 가을학기부터 초중등학교의 '語文'과목에서 보통

의 공통어계 변이형들 가운데 중화인민공화국의 것만을 가리킨다.

2) '普通話'라는 명칭이 처음 사용된 것은 일본에서 출판된 朱文熊(1906)의 《江蘇新字母》로 알려져 있다.(于根元 2005: 24) 이 말이 사용된 맥락을 보면, 그가 제안한 표음용 자모의 장점이 지방음이나 베이징음을 모두 표기할 수 있다는 데 있음을 말하면서 '내가 비록 普通話(各省通行之話)를 배워 아직 충분히 능숙하지는 않지만 내가 학습할 때의 발음이나 각 지방(省) 사람들의 발음을 들은 것을 이 자모로 모두 표기할 수 있다'고 언급한 것이 전부이다.(朱文熊 1906/1957: 1-2) 같은 책에는 '國語'라는 용어도 등장하고 있어 그와 동등한 개념으로 제안된 것이라 보기는 어렵고, 당시 통용어로 쓰이던 구어를 지칭하는 표현으로 보인다. 1930년대에는 瞿秋白(1931)에 의해 '중국 각지에서 공동으로 사용되는', '다음절이고 어미가 있는'과 같은 식의 개념 규정이 있었으나 언어 자체의 함의를 분명히 한 것은 아니었다. '普通話'가 현대표준중국어를 지칭하는 용어로 개념과 지위를 분명히 한 것은 1955년의 중국문자개혁회의에서 민족 공통어의 명칭으로 채택하면서부터이다.

화를 가르치기 시작했다.

문화대혁명 시기에는 '독서무용론'의 횡행으로 '지식이 많을수록 반동'으로 취급되고 지식교육 자체도 비판의 대상이 되면서 정치 과목 외의 기초교육은 사실상의 중단상태에 들어간다. 이러한 시대적 여건으로 인해 보통화 보급은 1978년 교육부의 <학교의 보통화 및 한어병음 교육 강화에 관한 통지(關於加强學校普通話和漢語拼音敎學的通知)>가 나오기 전까지 상당 기간 정체를 맞게 되었다.

그러나 곧바로 1982년말 새로 마련된 《중화인민공화국헌법》에 '국가는 전국적으로 통용되는 보통화를 보급한다'(제19조)는 명문 규정이 포함되면서 중국의 보통화 보급 정책은 다시 탄력을 받게 된다. 언어정책의 주요 과제들 가운데 한자간화는 제2차 한자간화방안(초안)(1977)이 실패하면서 그 기조가 새로운 간화자의 제정보다는 기존 간화자의 유지 쪽으로 가게 되었고, 한어병음방안 보급은 표음문자화라는 목표가 폐기된 이상 언어정책의 중심이 되기는 어렵게 되었다. 이런 상황에서 자연스럽게 보통화 보급이 국가 언어정책의 핵심으로 떠오르게 되었다. 이처럼 보통화 보급에 중점을 두는 언어정책을 '문자개혁'이라는 이름으로 포괄하기 어렵게 되자 기존의 중국문자개혁위원회(中國文字改革委員會)는 1985년 국가언어문자사업위원회(國家語言文字工作委員會)로 명칭을 바꾼다.[3] 2000년에는 보통화와 규범한자를 국가통용 언어문자로 규정한 <중화인민공화국 국가 통용 언어문자법(中華人民共和國國家通用語言文字法)>(2001년 1월 1일 시행)이 공표되어 보통화의 법적 지위가 더욱 공고해졌다.

이와 같은 국가차원의 보급정책 시행 결과 북방방언과 베이징음 중

---

[3] 국무원 직속 기구이던 국가언어문자사업위원회는 1998년부터 교육부 산하 기구로 재편되었다.

심의 보통화는 전국적으로 크게 보급될 수 있었다. 1999~2000년에 걸쳐 수행된 중국 언어문자 사용상황 조사는 그 성과를 확인할 수 있는 의미 있는 조사였다. 응답자에 대한 직접 설문조사 방식으로 이루어진 이 조사의 결과를 보면 전국적으로 53.06%의 중국인이 보통화를 구사할 수 있다고 답했으며, 연령별로 보면 15-29세 70.12%, 30-44세 52.74%, 45-59세 40.59%, 60-69세 30.97% 순으로 세대차이가 크게 나타나고 있다.(中國語言文字使用情況調査領導小組辦公室 2006) 또 "中國語言生活狀況報告"課題組(2006)의 상하이 학생 언어상황 조사에서도 연령대가 낮아질수록 상하이말의 사용율은 감소하고 보통화의 사용율은 증가하는 추세를 뚜렷하게 보여준다. 양자 모두 시간이 흐를수록 보통화 구사 가능 인구가 빠르게 증가할 수 있음을 시사하는 결과이다.

9.1.2 표준어 교수요목과 평가 기준

보통화 보급 정책의 기조와 의지는 중국의 교육과정과 교수요목에 그대로 반영되었다. 교육과정에서 보통화를 어문교육의 표준으로 명시한 것은 1950년의 <소학 어문 과정 임시표준(초안)(小學語文課程暫行標準(草案))>(1950)부터이다. 이 임시표준은 '이른바 어문이란 베이징 음운 체계를 표준으로 하는 보통화와 보통화를 바탕으로 쓴 구어체 문장'이라 규정하였다. 국무원의 <보통화 보급에 관한 지시>가 공표된 바로 그 해의 <소학 어문 교수요목(초안)(小學語文敎學大綱(草案))>(1956)부터는 보통화의 음운, 어휘, 문법 표준을 모두 명시하였다. 이로부터 현재까지 중국의 교육과정에서 '어문(語文)'교육은 사실상 보통화 교육이다. <의무교육 어문 교육과정 표준(義務敎育語文課程標準(2011年版))>(2011)은 '보통화 구사 능력'과 '보통화 구사 습관'의 양성을 구체적인 목표로 제시하고 있고, <9년 의무교육 전일제 소학교 어문 교수요목(九年義務教育全日制小學語文教學大綱(試用修訂版))>(2000) 역시 '보통화 사용을 견지하며, 보통화로 분명하게 자신의 의사를 표현'하는 것을 총목표의 하나로 제시하고 있다.

1994년부터는 교사나 방송인과 같은 특정 업무에 종사하는 인원을 대상으로 <보통화 수준 측정시험(普通話水平測試)>을 실시하고 있다. (1) 단음절어 읽기, (2) 이음절어 읽기, (3) 낭독, (4) 말하기의 네 부분으로 구성된 이 시험은 주로 발음과 표현의 규범성을 중심으로 한 구어 능력 측정시험이다. <보통화 수준 측정시험 업무의 전개에 관한 결정(關於開展普通話水平測試工作的決定)>(1994)에 의하면 초중등교사·사범계 대학 교사와 졸업생은 1~2급, 현급 이상 방송국의 아나운서나 진행자는 1급, 영화나 드라마의 연기자·성우 및 관련 전공 졸업생은 1급의 수준에 도달해야 하며, 함께 공표된 <보통화 수준 측정시험 실시 방법(普通話水平測試實施辦法)> 제11조에 따르면 1946년 1월 1일 이후 출생자부터 만18세 사이의 초중등학교 교사, 중등사범학교 교사 및 고등교육기관 문과 교원, 사범계 대학 졸업생, 라디오·텔레비전·영화·연극 및 외국어·여행 관련 전공의 고등교육기관 및 중등교육기관 교원과 졸업생, 각급 방송국 아나운서와 진행자, 영화·드라마·연극 공연 및 녹음 종사자 등은 반드시 이 시험을 쳐야 한다.

이러한 조치는 중국 정부 입장에서는 보통화의 효과적인 보급을 위한 것이었지만 사회적으로는 언어의 규범·표준·권위에 대한 특정 관념을 강화하는 기제가 되었다. 실제로 여러 조사에서 광저우(廣州), 상하이(上海), 난징(南京) 등 방언지역의 이중방언 화자들은 모어인 토착방언보다 보통화에 대한 언어태도(language attitude)가 더 긍정적인 것으로 나타났다(鄭永輝, 劉衛眞 2008; 薛才德 2009; 兪瑋奇 2012).[4] 언중에게 이러한 표준어관이 형성된 데에는 교육·평가에 관한 정부의 조치가 미친 영향이 작지 않을 것이다.

9.2 공통어계 중국어 지역변이형

9.2.1 두 가지 지역방언

전술한 바와 같은 강력한 언어정책의 전개에도 불구하고 중국 내에는 보통화의 지역적 변이형이 존재하며, 전 세계 중국어권에도 역시 다양한 변이형이 존재한다. 중국, 홍콩, 마카오, 타이완의 중국어는 물론 세계 각지 화교 사회에서 사용되는 중국어도 여기에 해당된다. 즉 중국의 중국어와 타이완, 홍콩, 싱가포르의 중국어가 서로 다를 뿐 아니라 상하이 보통화, 광저우 보통화 또한 베이징의 보통화와 완전히 같지 않다.

중국어는 세계에서 사용인구가 가장 많은 언어라는 점과 함께 방언 분화가 매우 심하다는 특징으로도 잘 알려진 언어이다. 특히 방언간에 서로 의사소통이 불가능하다는 점, 즉 중국어 방언간의 상호이해도 (mutual intelligibility)가 별개의 언어인 프랑스어와 이탈리아어 사이의 그것에도 미치지 못할 정도로 현저히 낮다는 점은 중국어의 방언을 소개할 때 거의 빠짐없이 언급되는 사실이다.

방언 사용자들 중에는 자신이 사용하는 방언을 별개의 언어로 생각

---

4) 보통화와 방언에 대한 언어태도 조사의 결과는 대개 '친근감을 준다'는 항목에는 방언이 높은 점수를 받았고, 그 외의 '부럽다', '직장을 잘 구할 것 같다', '듣기 좋다', '쓸모 있다', '사회적 영향력이 있다' 등의 항목에서는 보통화가 높은 점수를 받았다.

하는 경우도 있다. Groves(2008: 46)의 조사에 의하면 16.7%의 보통화 사용자만이 광둥어(粵語)를 별개의 독립적인 언어(separate, independent language)라고 생각하는 것과 달리 홍콩의 광둥어 사용자 45.3%, 중국(대륙)의 광둥어 사용자 38.9%가 광둥어를 별개의 언어라고 생각하는 것으로 나타났다.

여느 언어의 방언과는 다른 중국어 방언의 이러한 특징 때문에 DeFrancis(1984: 57-58)는 'regionalect'라는 새로운 용어를 제안한 바 있다. 그는 중국의 몇몇 학자들이 의사소통이 불가능한 주요 방언과 그에 비해 차이가 크지 않은 소규모 지역 방언을 각각 '方言'과 '地方話' 또는 '地區方言'과 '地點方言'으로 구분하고 있음을 지적하고, 이런 모든 것들을 'dialect'로 뭉뚱그릴 경우 그 근본적인 차이가 사라질 수밖에 없으므로 '지방의 말'이라는 '方言' 본래의 의미에 착안하여 소통 불가능한 주요 방언을 'regionalect'로, 소통 가능한 소규모 지역 방언을 'dialect'로 구분할 필요가 있다고 주장했다.

Mair(1991: 7)는 '의사소통이 불가능한 방언'을 지칭하는 다른 대안 용어로 'topolect'를 제안한 바 있다. 그는 이 용어가 온전히 그리스어 어원을 가진 형태소로 구성된 조어라는 장점은 물론이고, 'regionalect'가 상대적으로 규모가 큰 지역(region)의 방언을 가리키는 데 반해 'topolect'는 그것이 가리키는 지역의 크기에 구애될 필요가 없다는 장점을 가진다고 주장했다.

이들에 따르면 'regionalect'나 'topolect'는 언어(language)와 방언(dialect)의 중간 개념이므로 한국어로는 '지역어' 정도로 옮길 수 있을 것이다. 지역어 개념을 받아들인다면 중국어는 여러 개의 지역어로 나뉘고, 각 지역어는 다시 작은 방언들로 나뉘는 중층의 체계를 그리게 된다.

[그림 9-1] 지역어-방언의 중층 체계

이들의 제안이 나온 지 20년이 넘게 흘렀지만 학계에서 그것이 그리 적극적으로 받아들여지고 있지는 않은 듯하다. 그러나 보통화의 보급과 함께 다수의 이중방언 사용자가 출현하고[5] 지역에 따라 서로 다른 보통화가 형성된 지금, 상호이해도를 기준으로 용어와 개념을 나누고자 했던 이들의 아이디어는 또 다른 시사점을 제공한다. 이른바 '지역보통화(地方普通話)'[6]라 불리는 보통화의 지역변이형이야말로 중국에서 통상적으로 '方言'이라 부르는 것과는 성격이 다른, 서구에서 일반적으로 사용하던 본래 의미의, 'dialect'라 할 수 있기 때문이다.

예컨대 상하이 사람들 중 상당수는 두 가지의 말을 사용한다. 하나는 '上海話'이고 다른 하나는 '上海普通話'이다. 이 둘은 모두 지역방언이지만, 중국의 방언학 체계에서는 일반적으로 후자를 방언으로 포함시켜 다루지 않는다. 중국의 방언학이 기본적으로 이른바 '切韻 체계'의 역사적 분화를 중심으로 이루어지고 있어 '上海普通話'는 기존의 방언 체계에 포함되기 어렵기 때문이다. 즉 '上海普通話'는 계통상 '上海話'와 연결되지 않는다. 둘은 같은 지역에서 사용되면서 모종의 영향

---

5) 언중들이 일반적으로 현지의 토착방언(전통적 의미의 '方言')을 모어로 익히고, 보통화를 제2언어로 습득하게 됨에 따라 많은 지역이 이중방언(bidialectalism) 사회로 변모하였다.
6) '지역보통화'를 가리키는 다른 명칭으로는 '方言(腔)普通話', '過渡語', '非標準普通話', '大衆普通話', '次標準語' 등이 있다.

'관계'는 가지지만, 계통'관계'에서는 서로 다른 층위에 놓이므로 하나의 관계도 안에 그려 넣을 수가 없다.[7]

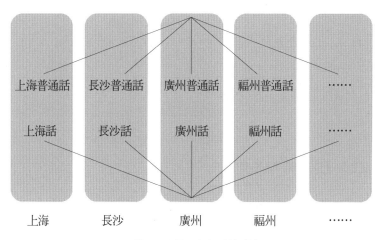

[그림 9-2] 두 가지 지역방언

보통화는 북방방언과 베이징음에 기초한 것이므로 굳이 언어 자체의 성격을 논한다면 지역보통화는 北京話의 한 변이형이 아니냐는 의문이 있을 수 있다. 그러나 언어 자체의 유사성만으로 지역보통화를 北京話의 분지로 기술할 수 없는 데는 몇 가지 이유가 있다. 첫째, 엄밀히 말하면 지역보통화는 北京話의 확산으로 형성된 것이 아니라, 普通話라 여겨지는 추상화된(北京話와 다른) 언어가 교과서, 미디어, 보통화수준측정시험 등의 실체적 매개를 통해 각지로 확산된 것이다. 둘째, 전술한 것처럼 중국방언학에서 지역보통화는 北京話의 분지 또는

7) [그림 9-2]에서 아래쪽의 체계, 즉 기존 방언 체계는, 여기에서는 단순하게 표현되었지만, 실은 [그림 9-1]과 같은 '지역어(regianalect/topolect)-방언(dialect)'의 중층 체계이고, 위쪽의 지역보통화 체계는 단층의 '방언(dialect)' 체계이다. 지역보통화도 언어학적으로는 방언(dialect)이지만 본장에서 그것을 '방언'이라 하지 않고 굳이 '(공통어계) 지역변이형'이라 지칭하는 것은 중층 체계의 기존 방언 체계와 혼동을 피하기 위해서이다.

변이형으로서의 의미가 거의 없다. 셋째, 언중들도 양자를 별개의 체
계로 인식한다. 중국 언어문자 사용상황조사의 결과 보통화 사용이 가
능하다고 한 응답자 비율이 전국의 방언구 중에서 官話區(49.92%)가 晉
語區(43.61%) 다음으로 낮게 나타난 사실(中國語言文字使用情況調査領導小組
辦公室 2006), '보통화와 가장 가까운 방언(발음)은 베이징말이 아니라 하
얼빈말'이라는 속설 등은 중국의 언중들이 양자를 얼마나 다르게 보고
있는지를 단적으로 보여준다.

9.2.2 공통어계 지역변이형

이른바 '지역보통화'란 대개 중국 내의 보통화 지역변이형을 가리킨
다. 예컨대 타이완의 '國語'를 '臺灣普通話'라 부르는 경우는 거의 없으
며, 따라서 특별한 언급이 없고, 어떤 정치적 의도가 없는 한 '地方普通
話'는 중국 내의 변이형에 국한된 명칭이다. '보통화'라는 말 자체가
중국에서만 사용되는 현대표준중국어의 명칭이므로 '지역보통화'와
같은 용어로는 타이완, 싱가포르, 말레이시아 등 지역의 다양한 변이
형을 포괄할 수 없는 것은 당연하다.

그런데 이들 지역에서 사용되는 이른바 '華語'(출신지역 방언이 아닌)도
중국 경내의 지역보통화와 마찬가지로 기존의 방언 체계와는 계통적
으로 연결되기 어렵다. 이들 지역변이형도 언어적 성격이나 체계상의
의의로 볼 때 [그림 9-2]의 위쪽 체계에 속한다. 분포상 중국 안팎으로
나뉘어 있어 다른 명칭으로 불리지만 중국 내의 지역보통화와 중국
밖의 화어는 같은 체계([그림 9-2]의 위쪽 체계)에 속하는 일련의 변이형
(variety)들이므로 이들을 하나의 용어로 지칭하기 위해 '공통어계 지역

변이형'이라는 표현을 사용하기로 한다.[8]

중국에서 공통어계 중국어 지역변이형에 대한 연구는 1980년대 말에 시작되어 현재까지 적지 않은 연구가 이루어졌지만, 충분한 귀납과 분석이 되었다고 보기는 어려운 상태이다. 이에 대한 종합과 체계적인 분석은 별개의 과제로 다루어야 할 문제이므로 여기에서는 중국어 교육의 관점에서 음운, 어휘, 문법으로 나누어 각각 전형적인 예를 살펴보기로 하겠다.[9]

널리 알려진 공통어계 지역변이형의 음운 특징으로는 교설음(翹舌音) zh, ch, sh를 치음 z, c, s나 유사 교설음 dz, dc, ds로 발음하는 현상, 비음운미 -ng를 -n으로 발음하는 현상, 경성(輕聲)이나 권설운모(兒化韻)를 사용하지 않는 현상 등이 있다. 성조값(調値)에도 변화가 일어난다. 양평(陽平)과 거성(去聲)이 섞이는 경우도 있고(姚佑椿 1988), 거성을 51이 아니라 45로 발음하는 경우도 있다(勁松, 牛芳 2010).

이 밖에도 지역별로 나타나는 다양한 음운 특징이 보고되어 있으나

---

8) 지역변이형이란 일반적으로 지역방언을 가리킨다. 방언은 있는 그대로의 말, 즉 구체적 실재로서의 언어이고, 그에 반해 표준어는 추상적이고 인위적인 언어이므로 개념상 양자는 직접적으로 서로의 제한적 수식어가 될 수 없다. '표준어계'라 한 것은 권위있는 기관에 의해 제정되었음을 의미하는 것이 아니라 관습적으로 '언어규범(linguistic norms)' 혹은 통용어라 인식되는 특정 어형(form)을 지칭하기 위한 편의상의 수식어이다. 다시 말해서 '공통어계 지역변이형'은 [그림 9-2]의 위쪽 체계 전체를 아래쪽 체계와 구분하여 지칭하기 위한 하나의 고육책이다.

9) 여기에서는 명시적인 차이를 위주로 음운, 어휘, 문법만을 다루지만, 사실 빼놓을 수 없는 차이가 두 가지 더 있다. 첫째는 '문자'이다. 지역에 따라 중국어 표기에 사용되는 문자는 간화자와 번체자로 갈린다. 그런데 매체의 발달과 지역간 교류의 증가로 중국어권의 언중들은 이 두 가지 문자를 모두 접할 수밖에 없으며, 따라서 최소한 해독 측면에서는 두 가지 문자를 모두 알아야 한다. 중국어 학습자 입장에서는 더더욱 그러하다. 두 번째는 '문화'이다. 같은 언어라도 다른 지역에서 사용될 때는 해당 지역의 문화를 담고 표현하기 마련이다. 중국처럼 내부적인 문화 차이가 큰 나라의 경우 그 안팎에서 사용되는 중국어에 스며있는 문화도 지역차이를 가질 수밖에 없다. 예컨대 '白酒文化' 지역과 '黃酒文化' 지역의 술 관련 관념과 그 표현·어휘 등은 차이가 있을 것이다.

일정하게 통일적·안정적으로 나타나는 현상이기보다는 개인차를 보이는 과도적 현상이 대부분이거나 과도적인 것과 그렇지 않은 것이 구분되어 있지 않다. 안정적인 것이든 과도적인 것이든 성모, 운모, 성조에서 특정 음에 변형이 일어나는 예는 대부분 해당 음이 규칙적으로 그리고 일관되게 다른 음으로 바뀌는 것이므로 모든 사례를 정리해서 이해할 필요까지는 없어 보인다.

이처럼 음운체계상에서 나타나는 특징 외에 개별적인 글자나 단어가 독음을 달리하는 경우도 있다. 교육적 목적으로는 이 부분이 오히려 귀납과 정리가 더 필요한 부분이다. 우선 베이징 지역 특유의 다음과 같은 발음이 여기에 해당된다.

比較(bǐjiào)　　　　→　　　bǐjiǎo

主意(zhǔyì)　　　　→　　　zhúyi

波浪(bōlàng)　　　　→　　　pōlàng

早晨(zǎochén)　　　→　　　zǎoshén

太(tài)　　　　　　→　　　tēi

(박종한 외 2012: 470)

이와 같은 발음 차이는 중국 표준을 기준으로 한다면 타이완의 '國語'에서도 많이 나타난다. 이에 관한 刁晏斌(2000)의 보고 가운데 몇 가지를 발췌하면 아래와 같다.

垃圾(lājī)　　　　　→　　　lèsè

漆黑(qīhēi)　　　　→　　　qūhēi

謔(xuè)　　　　　　→　　　nuè

惜(xī)　　　　　　→　　　xí

識(shí)   →   shì

(기晏斌 2000: 7-13)

이 밖에 한국인의 대표적인 성 '朴'은 중국에서는 Piáo이지만, 타이완에서는 Pú로 발음하는 경우가 많다는 것도 한국인 입장에서는 주의해야 할 점이다.

어휘의 경우도 개별적인 독음의 차이와 마찬가지로 그것이 지식으로 획득되어 있지 않으면 실제 의사소통에서 상대적으로 큰 장애를 겪게 될 수 있는 부분이므로 주의가 필요하다.

상하이나 타이완, 싱가포르 등의 지역을 여행하거나 장기간 그곳에 머물며 생활하다 보면 마치 새로운 지식을 습득하듯 해당 지역 특유의 어휘를 익히게 되는데, 아무래도 먼저 맞닥뜨리게 되는 것 중 하나가 교통수단과 관련된 어휘이다. 베이징이나 상하이에서 택시를 가리키는 단어는 '出租車'이다. 홍콩이나 광저우 같은 지역에서는 '的士'를 쓰고, 타이완에서는 '計程車'라 하며, 싱가포르에서는 '德士'라고 한다. 또 택시를 타는 것을 중국에서는 '打的'라고 하지만 '的(士)'의 본고장인 홍콩에서는 그렇게 쓰지 않는다. 좌회전과 우회전은 보통 '左拐', '右拐'라고 하지만, 상하이의 택시 기사들은 손님이 '左拐', '右拐'라고 한 말을 되받아서 말할 때조차도 '大轉彎/大拐', '小轉彎/小拐'이라고 한다.10)

이처럼 지역 차이를 보이는 예 가운데 잘 알려져 있는 어휘들을 더 살펴보면 아래와 같다.

---

10) 그래서 외지인이나 외국인이 이 말을 이해하고 사용하는 정도는 상하이 생활 적응 여부를 판단할 수 있는 지표가 되기도 한다.

〈陸〉	〈臺〉	〈港澳〉	〈新馬〉	〈뜻〉
自行車	脚踏車	單車	脚車	자전거
充值	加值	增值	添值	(카드 등) 충전
台球	撞球	桌球		당구
充電寶	行動電源	尿袋		보조배터리
蹦極跳	高空彈跳	笨豬跳	綁緊跳	번지점프
蹦極	蹦極	蹦極	蹦極	
敎室	敎室	課室	課室	교실
		班房		
優盤	隨身碟	手指	優盤	USB 메모리
閃(存)盤			隨身碟	
智能手機	智慧型手機			스마트폰
數碼相機	數位相機			디지털카메라

이와 같은 일상 어휘 외에 '特朗普'-'川普'(트럼프), '奧巴馬'-'歐巴馬'(오바마), '迪拜'-'杜拜'(두바이), '悉尼'-'雪梨'(시드니)와 같은 중국과 타이완이 서로 다르게 사용하는 외국 인명이나 지명의 번역어, '地道'-'道地'(진짜의, 본고장의), '積累'-'累積'(축적하다), '熊貓'-'貓熊'(팬더)과 같이 동의어이면서 중국과 타이완에서 사용하는 단어의 어순이 반대인 경우도 흥미롭다.(曾金金 2017)

또 '行動電腦'(노트북컴퓨터), '行動硬碟'(외장하드), '行動電話'(이동전화), '行動電源'(보조배터리), '行動郵局'(이동우체국), '行動商家'(모바일숍), '行動門號'(모바일폰 번호)와 같은 타이완 어형에서 사용되는 어근 '行動'의 이러한 활용은 다른 지역에서는 볼 수 없는 타이완 특유의 조어 특징이며, '手指'(손가락 → USB메모리), '笨豬跳'(바보 돼지[benzhu]+점프 → 번지점프), '公仔麵'(인형+국수 → 인스턴트 라면),[11] '尿袋'(소변주머니 → 보조배터리)와

---

11) '公仔(Doll)'는 1968년에 설립된 인스턴트 식품 회사인 永南食品有限公司의 브랜드이다. '公仔麵'이 홍콩의 대표적인 라면 브랜드인 관계로 이 말이 인스턴트 라면의 대명사로

같은 홍콩 어형에서 풍기는 수사적 특징도 독특하다.

이 밖에도 이른바 '港式中文'이라 불리는 홍콩의 표준어계 중국어에서는 '最近收到很多complaint。', '感覺Vintage得多!'와 같은 영어단어의 혼용, 즉 어휘 단위의 코드혼용(code-mixing)이 많이 나타나는 것도 한 특징으로 보고되고 있다.(邵敬敏·石定栩 2006)

문법은 음운이나 어휘와 같은 다른 언어요소에 비해 추상적인 성격을 지니기 때문에 상대적으로 전이가 쉽게 일어난다. 아래는 방언 문법의 영향을 받은 예이다.(于芳 2009, 劉宇亮 2009, 張淑敏·張兆勤 2004)

(1) 你去吧，我沒有去。(你去吧，我不去。)

(2) 喝茶會消化。(喝茶幫助消化。)

(3) 這個音我讀不來。(這個音我不會讀。)

(4) 我們學校比較多老教師。(我們學校老教師比較多。)

(5) 你行先。(你先走。)

(6) 吃多點。(多吃點。)

(7) 今天熱過昨天。(今天比昨天熱。)

(8) 我肥過你。(我比你胖。)

(9) 給一塊錢我。(給我一塊錢。)

(10) 考試的時候來，就使勁背筆記。(考試的時候呢，就使勁背筆記。)

(11) 母親到醫院看我來。(母親到醫院來看我。)

(12) 老師把錯題給我們教。(老師給我們講解糾正錯題。)

공통어계 지역변이형의 이러한 문법적 특징은 대개 방언문법의 전이에 의한 것으로 과도적인 성격이 강하다. 그러나 어떤 문법 현상은 뚜렷한 안정성을 보이며, 심지어 여러 지역으로 확산되는 경향을 보이

쓰이게 되었다.

기도 한다. 대표적인 예가 '有+VP'구문이다.

공통어계 지역변이형을 다룬 여러 논문들이 이 현상을 언급하고 있다. 푸젠(福建) 룽옌(龍岩)의 한 유치원에서 실시된 林麗芳(2007)의 실험에서는 아동들이 '你乖不乖?'라는 질문에는 머뭇거리고 답이 없었으나 '你有沒有乖?'나 '你有乖嗎?'에는 '有乖' 또는 '有'와 같은 대답을 하는 것으로 나타났다. 아동들은 또 '她的孩子高不高?'에는 '高'로, '她的孩子有沒有很高?'에는 '有很高'로 답했다. 이 밖에 대부분의 노선버스에서 정거장마다 '有沒有下?' —'有下!'와 같은 대화가 기사와 승객 사이에서 반복적으로 이루어진다는 관찰결과도 함께 보고되었다.

'有+VP'구문은 남방에서 북방으로 점차 확산되고 있는 형식이다. '~~有售' 같은 표현은 이미 지역을 불문하고 대체로 널리 쓰이고 있다. 예컨대 'BPA塑料奶瓶或致性早熟被歐盟封殺, 北京仍有售'(기사 제목, 新華網 2011.3.1.), '重慶起亞K5自動擋售14.98萬起, 現車有售'(자동차 광고)와 같은 예는 물론이고 구어에서도 '這個東西藥店有售嗎?'와 같은 표현이 많이 사용된다.

사실 표준어에 가장 먼저 수용된 '有+VP' 형식으로는 '有沒有+VP?' 의문문이 있다. 현재의 표준어 규범문법은 일반적으로 '有沒有+VP?' 의문문에 대해 부정응답은 '沒有+VP'로 긍정응답은 'VP'로 한다고 기술한다. 그러나 '有+VP'의 긍정응답형식은 '沒有+VP'와의 대칭성 때문에 확산가능성이 매우 높다. 상하이 지역의 대학생들[12]을 대상으로 한 蔡瑱(2009)의 조사연구에 의하면 '你以前有沒有來過上海?'에 '有'나 '有來(過)'로 응답한 비율이 남성 48.4%, 여성 64.2%였다. 물론 조사지역이 상하이가 아니라 베이징이었다면 결과가 다를 수도 있었겠지만

---

12) 조사지역은 상하이이지만 384개의 유효표본에는 남방·북방 출신이 고루 섞여 있고, 대학 입학 전 줄곧 남방 또는 북방의 고향에서 생활했던 경우도 각각 100개, 102개이다.

'有+VP'의 확산가능성은 어느 정도 짐작해 볼 수 있는 실험결과라 판단된다.

9.3 공통어계 변이형 간의 어휘 차용

9.3.1 지역 공동체 어휘의 수집과 정리

공통어계 중국어 지역변이형들 사이의 차이는 전술한 것처럼 음운, 어휘, 문법의 제측면에서 나타나고 있지만, 그 가운데 가장 두드러지는 것은 역시 어휘 차이이다. 어휘 차이는 양적으로 가장 많이 열거될 수밖에 없기 때문에 언중들에게도 가장 뚜렷한 차이로 인식된다.

이러한 차이에 대한 관심은 1990년대 이래로 다양한 사전이나 보급서들의 출간을 통해 표출되었다. 이를 출간 지역별로 살펴보면 아래와 같다.

중국 대륙
《大陸和臺灣詞語差別詞典》(邱質樸 1990)
《海峽兩岸詞語對釋》(中國標準技術開發公司 1992)
《海峽兩岸科技術語對照詞典》(姜振實 1996)
《兩岸差異詞詞典》(李行健 2014)
《海峽兩岸日常詞語對照手冊》(許蕾·李淑婷 2014)
《兩岸生活常用詞彙對照手冊》(兩岸合編《中華語文詞典》大陸編寫組 2014)
《兩岸科技常用詞典》(全國科學技術名詞審定委員會事務中心 2015)

타이완
《中華大辭林》(李瀷等 2012)

《兩岸常用詞典》(中華文化總會 2012)

《中華語文大辭典》(中華文化總會 2016)

《一國兩字?》(陳琪琪 2006)

《兩岸每日一詞》(中華語文知識庫 2012)

이들 사전이나 보급서들은 주로 '양안(兩岸)'의 어휘 차이를 다룬다. 개혁개발 이후 양안의 교류가 많아지면서 어휘 차이를 인식하게 되고, 그에 따라 어휘 차이에 대한 수집과 정리가 본격적으로 시작된 것으로 보인다.

이밖에 중국 대륙과 타이완뿐만 아니라 홍콩이나 마카오의 어휘 차이까지를 함께 다룬 사전이나 싱가포르나 홍콩 지역의 특유어휘를 전문적으로 수록한 사전도 발행되었다.

《港臺用語與普通話新詞手冊》(朱廣祁等 2000)

《大陸及港澳臺常用詞對比詞典》(魏勵・盛玉麒 2000)

《時代新加坡特有詞語詞典》(汪惠迪 1999)

《香港社區詞詞典》(田小琳 2009)

이들 사전은 지역 특유 어휘에 대한 정보를 알려준다는 점에서는 가치가 크지만, 다루고 있는 범위가 한 지역 혹은 몇 개 지역에 국한되어 있기 때문에 중국어권 전체의 어휘 분포와 사용 양상을 파악하기는 어렵다. 사전에서 다루지 않은 다른 지역에서 동일한 어형을 사용하고 있는지, 만약 다른 어형을 쓴다면 그것이 무엇인지를 명확하게 알기 어렵기 때문이다. 예컨대 《兩岸差異詞詞典》(李行健 2014)은 양안의 차이만을 다루기 때문에 '阿兵哥'(사병) 항목을 타이완 특유의 어휘라고 설명할 뿐이지만 실제로 이 단어는 타이완뿐 아니라 싱가포르나 말레이시아에서도 사용된다.《大陸及港澳臺常用詞對比詞典》(魏勵·盛玉麒 2000)의 경우에는 이 단어를 수록하고 있지만 홍콩, 마카오, 타이완 가운데 사용 지역과 비사용 지역이 명확하게 구분되어 있지 않다. 이런 한계 때문에 이들 자료는 교차 검증을 거쳐야만 전체적인 사용 양상의 윤곽을 그릴 수 있다.

중국어권 전체의 어휘 사용 현황이 반영된 사전은 21세기 들어 나오기 시작했다. 최초로 글로벌 중국어의 범위를 아우른 사전은 LIVAC 코퍼스[13] 구축 성과를 기반으로 편찬된《21世紀華語新詞語詞典》(鄒嘉彦·游汝杰 2006)이다. 이 사전은 4년 뒤 증보되어《全球華語新詞語詞典》(鄒嘉彦·游汝杰 2010)으로 출간되었다. 다만 이 사전은 1994년 이후의 언어 자료를 바탕으로 한 것이기 때문에 제목 그대로 주로 '新詞(신어)'를 다루고 있다. 따라서 1990년대 이전부터 사용되던 일반 어휘의 지역 차이는 충분히 반영되지 못했을 것이다.

이러한 제약 없이 모든 어휘의 범위에서 여러 중국어권 지역을 두루 다룬 최초의 시도가《全球華語詞典》(李宇明 2010)이다. 이 사전은 대륙, 홍콩·마카오, 타이완, 싱가포르·말레이시아, 기타 지역을 각각 담당하는 다섯 개 편찬팀(編寫組)이 감수 인력을 포함하여 각각 4~8인 규모로 구성되어 편찬 작업을 수행한 성과이다.

《全球華語詞典》(李宇明 2010)은 최근《全球華語大詞典》(李宇明 2016)으로 수정 증보되면서 수록 어휘수가 10,296 항목에서 88,573 항목으로 대

---

13) LIVAC은 'A Synchronic Corpus of Linguistic Variation in Chinese Speech Communities' (중국어 언어공동체 변이형 통시 코퍼스)의 약자이다. 홍콩 시티 대학(香港城市大學)의 언어정보과학 연구센터(語言資訊科學研究中心)에서 1994년 이 코퍼스 구축 사업을 시작하였다. 1995년부터 매주 정기적으로 홍콩, 베이징, 상하이, 광저우, 선전, 타이베이, 마카오, 싱가포르의 8개 지역 신문의 언어 자료를 수집·처리해오고 있으며, 현재까지 가장 규모가 큰 중국어 통시 코퍼스이다. 접속 주소는 www.livac.org이다.

폭 늘어났다. 《全球華語大詞典》(李宇明 2016)은 또 편찬팀이 통용어팀, 중국 대륙팀, 홍콩·마카오팀, 타이완팀, 싱가포르팀, 말레이시아팀, 북미팀, 유럽팀, 기타지역팀, 문화어휘팀으로 확대 보강되었으며, 감수팀도 19명으로 늘어났고, 전술한 지역 어휘 사전이나 글로벌 중국어 신어 사전을 편찬했던 인사들이 대거 편찬과 감수에 참여했다. 특히 LIVAC 코퍼스 지원으로 당대의 사용 상황에 대한 정보가 정확해졌다. 전반적으로 지역별 수록 어휘의 균형이나 어휘 수록 범위의 평형이 훨씬 더 합리적으로 처리되었을 것으로 생각된다.

9.3.2 지역 간의 어휘 차용

최근 시점의 공통어계 지역변이형 어휘 사용 현황을 살펴보기 위해 규모와 최신성이 담보된 《全球華語大詞典》(李宇明 2016)의 수록 어휘 일부를 추출하여 표로 정리하였다.

[표 9-1] 일부 상용어휘의 공통어계 지역변이형 현황

	대륙	타이완	홍콩	마카오	싱가포르	말레이시아
컴퓨터	電腦 電子計算機	電腦 電算機	電腦	電腦	電腦 電子計算機	電腦
인스턴트 라면	方便麵 卽食麵 泡麵	卽食麵 泡麵 速食麵	卽食麵 公仔麵	卽食麵 公仔麵	泡麵 快熟麵	泡麵 速食麵 快熟麵
지갑	錢包	錢包	錢包 銀包	錢包 銀包	錢包 銀包	錢包 銀包
과일	水果	水果	水果 生果	水果 生果	水果 生果	水果 生果

화장실	洗手間 衛生間	洗手間 衛生間 化妝間 化妝室	洗手間 衛生間	洗手間 衛生間	洗手間 衛生間	洗手間 衛生間
택시	出租車 的士 出租汽車	計程車	的士	的士	出租汽車 計程車 德士	計程車 德士 的士車
지하철	地鐵	地鐵 地下鐵	地鐵 地下鐵	地鐵 地下鐵	地鐵	地鐵 地下鐵
문자 메시지	短信	短訊 簡訊	短訊	短訊	短訊	短信 短訊 簡訊
복사	複印	複印 影印	複印 影印	複印 影印	複印 影印	複印 影印
(노선) 버스	公共汽車 公交車	公共汽車 公車	公共汽車	公共汽車	公共汽車 公共巴士	公共汽車 公共巴士
여권	護照	護照	護照 派士牷	護照 派士牷	護照 國際護照	護照 國際護照
교실	教室	教室	課室 班房	課室 班房	課室	課室
경찰	警察	警察	警察	警察	警察 馬打	警察 馬打
(구기) 운동화	球鞋	球鞋	球鞋 波鞋	球鞋 波鞋	球鞋	球鞋
소파	沙發	沙發	沙發 梳化	沙發 梳化	沙發	沙發
네트 워크	網絡	網絡 網路	網絡	網絡	網絡	網絡 網路
테니스	網球	網球	網球 聽尼士	網球 聽尼士	網球	網球
양식	西餐	西餐	西餐 西菜	西餐 西菜	西餐	西餐
중식	中餐	中餐	中餐 唐餐	中餐 唐餐	中餐	中餐

자전거	自行車 單車 脚踏車	自行車 單車 脚踏車	自行車 單車	自行車 單車	自行車 單車 脚踏車 脚車	自行車 單車 脚踏車 脚車
치즈	奶酪 乳酪 吉士	奶酪 乳酪 起司	奶酪 芝士	奶酪 芝士	奶酪 芝士	奶酪 芝士

여기에 제시된 어휘들은 대부분 교육용 기본어휘에 속하는 것들이다. 대략의 경향을 보면 우선 홍콩-마카오 지역과 싱가포르-말레이시아 지역의 블록화가 눈에 띈다. 홍콩-마카오 어형에서는 '的士'(taxi), '派士缽'(passport), '波鞋'(ball-), '聽尼士'(tennis)와 같은 영어 음역어나 음역 형태소의 사용이 두드러지는 것도 특징적이다. 이밖에 싱가포르-말레이시아에서 '경찰'을 가리키는 '馬打'는 말레이어 'mata-mata'의 음역어로 이중언어 환경의 영향을 알 수 있는 예이다.

[표 9-1]에는 다소간의 지역 차이가 있는 어형들을 주로 제시하였지만, 여러 중국어권 지역에서 사용되는 어휘 항목들은 사용지역 분포에 따라 편의상 공통어형, 차이어형, 특유어형으로 나눌 수 있다.14)

공통어형은 여러 중국어권 지역에서 공히 사용되는 어형을 말하며, 차이어형은 동의 관계에 있는 지역별 어휘의 어형이 서로 다른 것, 즉 지역 간 이형동의어를 말한다. 공통어형은 상응하는 차이어형이 존재하지 않는 것과 상응하는 차이어형이 존재하는 것으로 나눌 수 있다. 상응하는 차이어형이 없다는 것은 모든 지역에서 공통어형만을 사용한다는 의미하며, 상응하는 차이어형이 존재한다는 것은 지역 간에 공히 쓰는 어형 외에 서로 다르게 쓰는 어형도 있다는 뜻이다. 공통어형

---

14) 대개는 차이어형과 특유어형을 구분하지 않고 공히 특유어(特有詞)라고 지칭한다. 그러나 분포 상황이 다르므로 특정 지역에서만 사용되는 어형 가운데 비교 대상이 있는 차이어형과 비교 대상이 없는 특유어형은 구분할 필요가 있다.

의 유형이 둘로 나뉘듯 차이어형도 공통어형과의 관계에 따라 두 가
지로 나뉜다. 하나는 공통어형과 함께 쓰이는 차이어형이고, 다른 하
나는 차이어형만 있는 경우이다. 각각의 예는 아래와 같다.

(A) 공통어형만 있는 경우
加工 가공　　林業 임업　　領帶 넥타이 ……

(B) 상응하는 차이어형이 있는 공통어형

老闆	주인
捲心菜 / 洋白菜 / 圓白菜	양배추
自動扶梯	에스컬레이터

(C) 상응하는 공통어형이 있는 차이어형

東主(臺港澳新馬) / 老世(港澳) / 老細(港澳)	주인
包心菜(陸臺) / 椰菜(港澳) / 包菜(陸新馬) / 高麗菜(臺新馬)	양배추
步行電梯(陸) / 電扶梯(臺馬) / 扶手電梯(港澳新馬) …	에스컬레이터

(D) 차이어형만 있는 경우

水平步道(陸) / 電動步道(臺) / 自動人行道(新馬) …	무빙워크
踏板車(陸) / 小綿羊(臺港澳) / 速可達(臺) / 史古打(新馬) …	스쿠터
敬老院(陸臺馬) / 養老院(陸臺新馬) / 安老院(臺港澳新馬) …	양로원

　특유어형은 특정 지역에서만 사용되고 다른 지역에는 그에 상응하
는 말이 없어 비교가 어려운 어형이다. 지역별 특유어형을 몇 가지 예
시하면 아래와 같다.

(E) 특유어형

錯時遊(陸)	성수기를 피해서 가는 여행
麻辣燙(陸)	마라탕
入山證(臺)	입산 허가증
鰹節(臺)	가다랑어포
隧巴(港澳)	빅토리아항을 통과하는 지하도 버스
燒味(港澳)	구운 고기 종류
語特(新)	중국어 어문 특선 과정
統制品(馬)	가격 상한선 지정 물품

어휘는 언어 요소 가운데 가장 사회적 변화와 접촉에 민감한 요소이다. 중국어권의 공통어계 지역변이형 사이에서도 상호 간의 언어적 접촉과 그에 따른 어휘 차용이 곧잘 발견된다. 대규모 통시 코퍼스인 LIVAC을 활용하면 시간의 추이에 따른 지역 간의 어휘 차용과 확산 양상을 확인할 수 있다. 아래 표는 1995년부터 2008년까지 '인스턴트 라면'을 지칭하는 어휘의 지역별 변화 양상이다.

[표 9-2] 공통어계 지역변이형 간의 어휘 차용 양상 (鄒嘉彦・游汝杰 2010)

		香港	澳門	臺灣	新加坡	上海	北京
95	最常用	卽食麵	速食麵			方便麵	方便麵
	次常用					泡麵	
96	最常用	卽食麵	方便麵	速食麵	快熟麵	方便麵	方便麵
	次常用			泡麵			
97	最常用	卽食麵	速食麵	泡麵	快熟麵	方便麵	方便麵
	次常用	公仔麵	卽食麵			泡麵	速食麵
98	最常用	卽食麵	方便麵	速食麵	快熟麵	方便麵	方便麵
	次常用		卽食麵				

99	最常用	卽食麵		泡麵	快熟麵	方便麵	方便麵
	次常用	泡麵		速食麵		速食麵	
00	最常用	卽食麵	公仔麵	泡麵	快熟麵	方便麵	方便麵
	次常用		卽麵		泡麵		
01	最常用	卽食麵	卽食麵		快熟麵	方便麵	方便麵
	次常用	方便麵	方便麵				
02	最常用	卽食麵	卽食麵	速食麵	快熟麵	方便麵	方便麵
	次常用	方便麵		泡麵			
03	最常用	卽食麵	方便麵	速食麵	快熟麵		方便麵
	次常用	公仔麵	公仔麵	泡麵	泡麵		
04	最常用	卽食麵	公仔麵	方便麵	快熟麵	方便麵	方便麵
	次常用		卽食麵	泡麵	泡麵	泡麵	
05	最常用	卽食麵	公仔麵	泡麵	快熟麵	方便麵	方便麵
	次常用	公仔麵	卽食麵	速食麵	泡麵	泡麵	
06	最常用	卽食麵	公仔麵	速食麵	快熟麵	方便麵	方便麵
	次常用	公仔麵	卽食麵	泡麵			
07	最常用	卽食麵	卽食麵	泡麵	方便麵	方便麵	方便麵
	次常用	方便麵		速食麵	快熟麵		
08	最常用	卽食麵	方便麵	方便麵	快熟麵	方便麵	方便麵
	次常用	方便麵		速食麵	方便麵	泡麵	泡麵

　베이징과 상하이를 비롯한 중국 대륙에서 사용되던 어형인 '方便麵'의 확산 양상을 보면 차례로 마카오(95년), 홍콩(01년), 타이완(04년), 싱가포르(07년)의 공통어계 중국어에 전파되었으며, 시간이 흐를수록 다른 어형에 비해 우세를 점하게 된다. 어형의 확산이 중국어 내부, 특히 공통어계 중국어 내부에서 일어나고 있기 때문에 이를 차용으로 취급하지 않는 것이 일반적이지만, 공통어계 중국어의 지역변이형도 앞서 언급한 것처럼 일종의 방언이라고 보면, 이는 방언 간의 어휘 차용이

라 할 수 있다.

필자는 글로벌 중국어 어휘 사전, 지역 공동체 어휘 자료, 직접 수행한 현지 조사 자료 등을 중심으로 공통어계 지역변이형 어휘 데이터를 꾸준히 구축해 왔다. 이렇게 구축한 데이터를 최근 자료인《全球華語大詞典》(李宇明 2016)의 정보와 비교하면 정보 차이가 발견되는 항목들이 있다. 이 가운데 일부는 과거에 수집된 부정확한 정보가 바로잡힌 경우도 있겠지만, 일부는 지역 간의 어형 차용 결과로 사용 상황 정보가 바뀐 것도 있다. 예컨대 과거 데이터에서는 자전거를 가리키는 '自行車'가 베이징과 타이완에서만 나타나는 것으로 확인되지만, 최근 자료에서는 홍콩, 마카오, 싱가포르, 말레이시아에서도 발견되는 것으로 확인된다. 또 '單車'는 홍콩과 타이완에서만 사용되는 어형이었으나 최근에는 6개 지역에서 모두 발견된다. 공통어계 중국어의 지역변이형 사이에서도 꾸준한 접촉의 결과로 어형의 교류와 차용이 일어나고 있는 것이다.

'方便麵'이나 '自行車'는 중심지인 베이징에서 다른 지역으로 확산된 예이지만, 반대 방향으로의 차용도 지속적으로 일어나고 있다. 택시를 가리키는 '的士'는 주로 홍콩이나 마카오에서 사용하던 어형이지만 베이징으로 전파되었고, 치즈를 가리키는 '芝士' 역시 홍콩과 마카오의 어형이 베이징으로 전파된 예이다.

사실 공통어계 지역변이형에서 나타나는 지역 특유의 어휘 가운데 상당수는 해당 지역의 토착방언 어휘에서 유입된 경우가 많다. 위에 언급한 '的士'나 '芝士'도 홍콩의 광둥어에서 홍콩식 표준어로 유입된 어휘이다. 그것이 다시 베이징의 표준어에 유입된 것이므로 이들 어휘의 유전 과정은 '광둥어 → 홍콩식 표준어 → 베이징 표준어'의 흐름이 된다. 베이징 표준어로 유입되는 방언어휘는 이처럼 공통어계 지역변이형의 중계를 거치는 경우도 있고, 직접 베이징으로 유입되는 경우도 있다. 다음 절에서는 표준어에 차용된 방언어휘를 살펴본다.

9.4 방언 간의 접촉과 차용

9.4.1 방언어휘 차용 방식

앞서 외래한자어를 다루면서 일본산 한자어 등이 중국어로 유입된 이른바 '借形詞'는 사실 문자가 매개가 된 것임을 언급한 바 있다. 어휘의 차용이 이루어지는 방식을 크게 두 가지로 양분한다면 '음성을 매개로 한 차용'과 '문자를 매개로 한 차용'으로 나뉜다. 음역어가 음성을 매개로 한 차용의 전형적인 예라면 동아시아 언어들 사이의 한자어 차용은 문자를 매개로 한 차용의 전형이라 할 수 있다.

음소문자인 로마자 알파벳을 사용하는 서양 언어들 사이의 어휘차용에서는 이런 차이가 두드러지지 않지만 굳이 나눈다면 차용의 결과에는 두 유형이 존재한다. 예컨대 영어 'Gemutlichkeit'(평안)는 독일어 'Gemütlichkeit'에서 유래한 것으로 음성적으로도 영어화되지 않고 독일어식으로 [gəmúːtlixkait]라고 발음된다. 그러나 영어 'music'(음악)은 프랑스어 'musique'에서 유래하였음에도 음성 형식은 프랑스어식의 [myzik]이 아니라 영어화된 [mjuːzɪk]이다. 물론 이러한 차이를 단지 음성을 매개로 한 것이냐 문자를 매개로 것이냐의 문제로 치환할 수는 없다. 후자는 영어에 동화된 것이고 전자는 아직 영어에 동화되지 않은 것이기 때문에 발생하는 차이이다. 동화된 후에는 철자에 따른 독법에 충실한 편이라면 동화되기 전의 경우는 음성적 차용의 특징이 뚜렷하다. 동화의 정도에 따라 다르긴 하지만 기본적으로 이들의 차용이 이루어지는 과정은 음성을 매개로 한 차용에 가깝다고 할 수 있다.

그러나 두문자어(initialism)의 차용은 이와 다르다. 예컨대 영어 DVD 의 발음은 [diːviːdiː]인데, 독일어에서는 이를 차용하여 똑같이 DVD로 표기하지만 발음은 독일식 알파벳 독법에 따라 [deːfaʊdeː]가 되며, 프랑스어도 표기는 DVD이지만 발음은 [devede]이다. 이 경우는 차용 과정 자체가 서사형식에 의해 이루어졌기 때문에 기점언어의 발음과 무관하게 도착언어(target language)의 독법을 따르는 것이다. 따라서 이 경우는 문자를 매개로 한 차용에 해당된다.

이와 같은 어휘 차용의 두 가지 방식은 중국어 방언간의 차용에서 도 동일하게 발견된다. 游汝杰(2004: 165)는 문자를 매개로 한 차용을 '只借義不借音'이라 지칭하고 음성을 매개로 한 차용을 '音義兼借'라 지 칭하여 구분한 바 있다.

(一) 只借義不借音

吳語　　　　　　　　官話

[hu³⁴səʔ⁵⁵]　→　[xwɔ⁵¹sɤ⁵¹]

(貨色)　　　　　　　(貨色)

(二) 音義兼借

西南官話　　　　　　北方官話

[kau³⁵]　→　[kau²¹⁴]

(攪)　　　　　　　　(搞)

위의 예에서 알 수 있는 것처럼 '貨色'(품질, 물품)는 한자를 매개로 차 용이 이루어졌기 때문에 기점언어의 음성 형식을 따르지 않고 도착언 어의 음성 형식으로 '글자를 읽'지만, 서남관화에서 북방관화로 유입된

'搞'(하다)는 음성을 매개로 차용되어 기점언어의 음성 형식을 대체로 그대로 따르고 있으며, 기점언어의 음성 형식을 따르다 보니 [kau²¹⁴]와 대응하는 글자를 새로 만들어 '搞'로 표기하고 있다.

드물지만 중국어 방언간의 어휘 차용 중에는 음성을 매개로 한 것인지 문자를 매개로 한 것인지를 명확하게 단정하기 어려운 경우도 있다. '倒霉'(재수 없다)가 그런 예이다. '倒霉'의 '霉'는 원래 '楣'였다. '楣'는 장시(江西) 저장(浙江) 일대에서 과거시험을 보러 갈 때 문 앞에 세워두던 깃대를 가리키는 말이다. 그것이 넘어졌다(倒)는 말은 과거시험에서 낙방했음을 뜻하는 것이었다. 그런데 이 말이 주로 구어로 유전되는 과정에서 모종의 근거 없는 유추가 일어나면서 '재수 없다'는 의미와 긴밀한 연상을 일으키는 '霉'로 표기가 대체된 것이다. 음성적인 차이가 크지 않기 때문에 이 경우는 순수하게 문자를 매개로 한 차용인지 음성적 차용인지 단정하기 어렵다.

9.4.2 방언 간 어휘 차용의 현황

중국어 방언 자료는 공통어에 비해 충실한 문헌 자료가 많지 않기 때문에 방언간의 어휘 차용 상황을 파악하기가 쉽지 않다. 더욱이 중국어의 방언 차용은 한자를 매개로 이루어지는 경우가 많아서 원류를 추적하기가 어렵다.

중국어 방언간의 어휘 차용의 전모를 고찰하기는 쉽지 않지만, 표준중국어 어휘의 유래에 대해서는 비교적 연구가 많이 수행되었고 사전에도 관련 정보가 제시되어 있기 때문에 표준중국어에 유입된 방언어휘의 현황을 통해서 중국어 방언간의 어휘 차용 상황을 어느 정도는 파악할 수 있다.

표준중국어에는 방언으로부터 흡수해온 어휘들이 적지 않다. 차용어를 수용하는 이유와 마찬가지로 표준어 안에 그에 해당하는 어휘가 없거나 독특한 정서적·의미적 기능을 가지는 말들이 주로 차용된다.

표준어에 흡수된 방언어휘 가운데 가장 많은 것은 역시 북방방언 어휘들이다.

撂荒 liàohuāng	밭을 묵히다
耍錢 shuǎqián	노름 하다
嘮嗑 làokē	한담하다
多咱 duōzan	언제

다음으로 많은 것이 오방언 어휘들이다. 20세기 초 상하이가 우세한 경제력과 함께 문인들의 활동 중심이 되면서 표준어에 많은 영향을 미쳤던 것으로 풀이된다.

囡囡 nānnān	귀염둥이
發痴 fāchī	멍해지다
白相 báixiàng	빈둥거리다
打烊 dǎyàng	가게문을 닫다
尴尬 gāngà	난감하다
癟三 biēsān	뜨내기, 부랑아

80년대 이후로는 경제적 우세에 힘입어 광저우와 홍콩의 영향력이 커져서 많은 어휘가 표준어로 흡수되고 있다.

餠屋 bǐngwū	제과점
水貨 shuǐhuò	밀수품, 암거래 물품
發燒友 fāshāoyǒu	마니아
埋單 máidān	계산하다
炒魷魚 chǎoyóuyú	파면하다
打工 dǎgōng	일하다

《현대한어사전》은 이처럼 방언어휘가 표준중국어에 유입된 예에 대해 <方>으로 명기하고 있다. 《현대한어사전》에서 방언어휘로 명기한 어휘들을 집계해 보면 적어도 표준중국어와 방언의 접촉과 어휘차용은 대략적인 현황을 파악할 수 있다. 蘇新春(2001)에 의하면 표준중국어에 유입된 방언어휘의 어원이 단일한 대방언구(大方言區)인 경우도 있지만, 복수의 방언지역으로 확인되는 예도 적지 않다. 《현대한어사전》(제2판)에 수록된 방언어휘의 어원 현황은 다음과 같다.

[北方]	736개(51%)
溜號	몰래 달아나다
賣呆	멍하니 바라보다, 멍해지다
多咱	언제
……	

[北方, 吳]	171개(12%)
靑皮	무뢰한, 부랑자
塊頭	몸집, 덩치
回頭人	재가한 과부
……	

[吳]	106개(7%)
弄鬼	흉계를 꾸미다, 농간을 부리다
觸霉頭	재수 없다
蹩脚	질이 나쁘다
……	

[北方, 湘]	40개(2.7%)
稀糟	엉망진창이다
郵花	우표
叫雞	수탉
……	

[北方, 閩]	25개(1.7%)
作臉	체면을 세우다
敢是	혹시, 설마, 어쩌면
捯	끌어당기다, 급히 걷다
……	

[北方, 吳, 湘]	21개(1.4%)
屋里人	아내, 안사람
叫子	호루라기
撇脫	간단명료하다, 솔직하다
……	

[北方, 閩, 吳]	20개(1.3%)
當頭	저당물, 이불깃
酒窩	보조개
頂眞	착실하다, 성실하다

......

[閩]	18개(1.2%)
燒心壺	찻주전자, 차탕관
霜條	아이스 케이크
火刀	부시

......

[北方, 贛, 湘]	16개(1.1%)
要得	훌륭하다
打流	직업을 못 구해 떠돌다
擺格	뽐내다

......

[北方, 吳, 粵]	15개(1%)
派司	출입증, 통행증
出頂	빌린 것을 타인에게 또 빌려주다
哷	마시다

......

| [其它65類] | 기타 269개(18.7%) |

-이상 蘇新春(2001)(제시 방식 일부 수정)

《현대한어사전》(제7판)의 수록어 69,862 항목 가운데 1,651 항목이 방언어휘이며, 부분 의미항만 해당하는 경우까지 포함하면 모두 2,552 개가 방언에서 온 것이다. 이미 표준어에 동화된 어휘는 표시를 하지 않고 있으므로 방언어휘 비율은 이보다 더 높을 것이다.

9.4.3 개혁개방 시기의 방언어휘 차용

개혁개방과 함께 전 세계의 많은 기업들이 중국 시장으로 몰려들었으나 상대적으로 중국 시장에 더 빠르게 정착한 것은 역시 같은 중국어권에 속하는 홍콩과 타이완의 기업들이었다. 이들이 중국 시장에서 상대적인 우위를 점할 수 있었던 데는 문화적·언어적 이점이 컸다. 그리고 이렇게 서로 단절되어 있던 중국어권의 언중들이 시장을 중심으로 서로 교류하게 되면서 언어적인 측면에서도 서로 영향을 주고받게 되었다.

문화적인 격차나 경제적인 격차가 분명하게 존재하는 집단 사이의 교류에서 언어적인 영향은 대체로 그러한 격차의 물매를 타고 흐르게 마련이다. 이 시기 어휘 교류의 특징이 대체로 홍콩이나 타이완의 어휘가 중국(PRC)으로 유입되는 경향으로 나타나는 것은 이 때문이다. 특히 홍콩과 함께 개혁개방의 선봉에 섰던 지역이 광둥 지역이었던 까닭으로 이 시기에는 광둥어(粤語)가 뚜렷한 강세를 보이면서 동남쪽에서 북상하는 흐름이 나타났다. 물론 이처럼 방언간 어휘 차용에서 나타난 다소 일방적인 흐름에도 불구하고 베이징말의 위세는 여전히 유지되었지만, 현대성이나 개방성이라는 코드가 더해진 광둥 출신의 어휘들이 시대적으로 유행했던 것은 부인하기 어렵다.

홍콩과 타이완은 중국어권의 중요한 거점 지역이지만, 역사적인 요인으로 인해 두 곳 모두 중국 대륙과의 단절 후 이질적인 체제가 지속되면서 어휘 층위에서는 뚜렷한 차이를 갖게 되었다. 단절의 시기에 형성된 홍콩과 타이완 특유의 어휘는 개혁개방의 바람을 타고 대륙으로 스며들게 된다. 이렇게 유입된 어휘들은 대륙의 중국인 입장에서 볼 때 단어의 구성 요소로 쓰인 글자와 형태소는 익숙하지만 그 조합으로 이루어진 단어는 낯선 것일 수밖에 없었다. 다시 말해서 일종의

'낯익은 이방인'이었던 셈이다. 陳建民(1994)은 표준중국어로 유입된 홍
콩 어휘 600개를 수집하여 제시한 바 있다. 그 가운데 일부를 인용하
면 다음과 같다.

餅屋	제과점
髮廊	이발소
飮品	음료
物業	부동산 관리 신탁사
架構	아키텍처
水準	수준
走勢	추세, 동향
牛仔褲	청바지
發燒友	애호가
美食城	식당몰
度假村	휴양지
私家車	자가용(승용차)
收銀臺	계산대
共識	공통 인식, 컨센서스
聯絡	연락하다
聯手	제휴하다
運作	운행하다, 운용하다
資深	경력이 오래되다
資淺	경력이 짧다
認同	동일시하다
展銷	전시 판매하다
減肥	다이어트(하다)

개혁개방 이후 홍콩과 타이완의 어휘들이 중국 대륙의 표준중국어
로 유입되는 것은 문화적·경제적 위세에 의한 것이기도 하지만, 또

다른 측면에서는 홍콩과 타이완 어휘의 유입은 완충의 작용을 했다고
볼 수도 있다. 오랜 시간 동안 단절되어 있다가 문호를 열고 서구의
사물과 개념을 받아들이게 된 중국에게는 모든 새로운 개념이나 사물
을 중국어로 변환해야 하는 부담이 갑작스럽게 발생한다. 그런데 홍콩
이나 타이완은 일찍부터 서구와 교류하면서 개념과 사물을 받아들여
왔고, 그에 관한 어휘도 이미 중국어로 변환하여 사용해 왔기 때문에
중국 입장에서는 홍콩이나 타이완을 통함으로써 이미 중국어화된 형
태로 그것을 접할 수 있었던 것이다.

　광둥어(粵語)는 홍콩과 광저우(廣州)의 특수한 관계, 그리고 개혁개방
으로 인한 광저우와 선전(深圳) 일대의 발전 등 요인에 힘입어 언어의
위세가 높아졌고, 그에 따라 표준중국어에 대한 영향력도 커졌다. 광
둥어에서 표준어로 유입된 대표적인 어휘가 '的士'(택시)이다. '的士'가
표준중국어에 유입되고 약간의 시간이 흐른 뒤 첫음절만을 떼어 형태소
로 활용하는 현상이 나타나기 시작했다. 대표적으로는 '打的'(택시 타다),
'的哥'(택시기사 아저씨) 같은 말을 들 수 있다. 흥미로운 것은 이런 단어들
이 '的士'라는 광둥어 단어의 유입으로 생겨났지만 정작 '的士' 자체는
베이징말에 정착하지 못했다는 사실, 그리고 '的士'에 의해 생겨난 베이
징식 표현인 '打的'는 '的士'의 본산지인 홍콩에서는 잘 사용되지 않는다
는 사실이다. 어쨌든 '打的'는 남북 언어의 혼종이라 부를 만한 사례이다.

　개혁개방으로 인한 경제 발전의 성과는 상하이 푸둥(浦東) 개발로도
이어졌다. 푸둥 개발이 '천지개벽'이라 불릴 만큼의 성공을 거두고 상
하이가 금융 경제의 중심으로 부상하면서 상하이 방언도 소재지의 경
제력에 힘입어 성가를 높이게 되었다. '打烊'(가게문을 닫다), '大興貨'(짝
퉁), '解套'(투매하다), '割肉'(손절매하다) 같은 말들이 그 결과로 표준어에
유입된 상하이 방언 어휘들이다.

제 10 장

나오며

본 연구는 현대중국어 차용어의 성격과 특징을 개괄하고, 개혁개방을 전후하여 일어난 중국어의 변화 가운데 가장 뚜렷한 변화라 할 수 있는 어휘체계의 변화를 차용어 수용을 중심으로 고찰한 결과이다.

중국어 차용어의 경계를 획정하는 문제는 꾸준히 논란이 되어 왔다. 본서에서는 기호의 내용과 형식 요소 공히 차용 성분이 있는 경우에 한해서 차용어로 간주한다는 기준에 따라 번역차용어와 외래한자어는 포함하되 의역어는 차용어에서 배제하였다. 또 차용어 범주를 명시적 차용어와 비명시적 차용어로 양분하는 분류 체계를 제안하였다.

역사적으로 중국어와 이웃 언어들 사이의 언어접촉은 불가피한 일이었으나 주변 언어가 중국어에 미친 영향은 크게 주목받지 못했으며, 한자라는 서사체계의 특성상 중국어 문헌에서 차용어의 흔적 또한 두드러지지 않았다. 그러나 중국어도 끊임없이 주변 언어들로부터 영향을 받았으며, 특히 불교의 전래와 함께 대규모로 유입된 산스크리트어 차용어, 중국과 일본이 서로 참조하고 영향을 주고받으며 형성한 근대 번역어들이 두드러진다.

개혁개방과 함께 불어 닥친 사회 변화는 대량의 증가를 보인 신조어에 반영되었으며, 번역차용어로 유입된 어휘들에 의해 다수의 준접사가 중국어에 정착되었다. 또 영어에 비해 비중은 줄었지만 이 시기 일본이나 한국으로부터 유입된 한자어들이 중국어 어휘체계에 일정한 영향을 미치고 있음을 확인할 수 있다.

개혁개방의 시대에는 언어 뿐 아니라 사회 구성원의 관념에도 큰 변화가 찾아온다. 이런 관념의 변화는 언어에 대한 태도의 변화로도 나타나며, 그것은 언어 사용에서 차용어에 대한 사용 심리로도 나타난다. 흥미로운 것은 성별, 직업, 연령 등에 따라 그 태도나 심리가 다르게 나타난다는 것이다.

개혁개방 시기 중국어 어휘의 가장 큰 변화 중 하나는 자모어(字母詞)의 출현일 것이다. 자모어는 사실 전세계적으로 이미 널리 사용되어온 차용형식이다. 이 시기에 중국어에도 예외 없이 자모어가 나타나게 된 것은 중국어의 서사체계 안에 알파벳 자모가 뿌리를 내렸기 때문에 가능했던 것이다. 자모어 차용이 주로 나타나는 유형이 두문자단축어(initialism)라는 사실이 이를 반증한다. 자모어는 음역어와 마찬가지로 매우 이질적인 유형이지만, 그것이 가진 초언어적, 초방언적 특징 때문에 앞으로 중국어에 안착할 가능성이 매우 높다.

중국어는 다양한 방언을 가진 언어이며, 방언간의 차이도 중국 영토의 넓이만큼이나 크고 다양하다. 따라서 방언간의 언어접촉은 예로부터 꾸준히 이루어져 왔으며, 현대에 와서는 그것이 차용어의 접촉과 겹쳐지면서 흥미로운 양상을 보이고 있다.

중국어 차용어 체계가 독특한 것은 한자라는 서사체계의 독특함 때문이기도 하지만 음역어 유형에 대한 중국어의 저항이 큰 탓도 있다.

개혁개방 시기는 단절의 시기를 지나온 중국이 외부와의 접촉면을 급격하게 확대하면서 중국어의 어휘체계에도 큰 변화를 야기한 시기이며, 역사적으로 음역어에 대한 꾸준한 저항을 해왔던 중국어가 자모어라는 이질적인 형식을 받아들이면서 큰 변화를 겪고 있는 시기라고 할 수 있다.

참고문헌

고종석(1999), 감염된 언어, 서울: 개마고원.

_____(2007), 말들의 풍경, 서울: 개마고원.

김건환(2003), 언어접촉, 문화교류 그리고 언어차용과 시대정신, 서울: 한국문화사.

김석영(2011), 현대중국어에서 역외한자어의 위상과 그 판단기준, 중국언어연구, (34) :
     35-54.

_____(2012a), 번역차용어와 의역어 사이—중국어 차용어 경계획정의 기준과 방법, 중
     국어문학지, (38) : 273-302.

_____(2012b), '자모어(字母詞)' 범주의 성격과 현대중국어에서의 정착가능성, 중국언
     어연구, (43) : 61-89.

_____(2013), 표준중국어계 지역변이형과 중국어 교육의 표준 문제—중국어 교육의
     사회언어학적 접근, 중국언어연구, (46) : 301-334.

_____(2016a), 현대중국어 음역어의 분포 특징과 의미 전이, 한중언어문화연구, (42),
     107-130.

_____(2016b), 현대중국어 차용어의 경계와 분류 체계, 외국어교육, (19) : 23-41.

_____(2018), 글로벌 중국어 공통어계 지역변이형 분포와 어휘 공유 양상, 중국어문학
     지, (63) : 347-376.

김우성(2001), 스페인어 교육에 있어서의 표준어의 문제, 스페인어문학, (18) : 85-104.

김태은(2012), 어휘 계층화(Lexical Stratification)에 따른 중국어 차용어의 범위에 대한
     고찰, 중국어문학지, (37) : 641-670.

_____(2018), 최근 중국어 음역어 조어(造語) 양상을 통해 본 중국 사회의 문화 심리
     분석, 연세대학교 언어정보연구원 편, 한중일 언어를 통해 본 삼국의 사회와
     문화 : 187-217.

노명희(2013), 외래어의 의미전이, 대동문화연구, (82) : 493-524.

박영(2008), 한국 대학생들의 영국식 영어 및 미국식 영어 숙지도 비교, STEM Journal,
     9(2) : 151-171.

박종한·양세욱·김석영(2012), 중국어의 비밀, 서울: 궁리.

박종호(1981), 영국영어와 미국영어의 차이점과 표준 방향, 현대영어영문학, (20) :

293-304.

소쉬르(1913), 최승언 역(1990), 일반언어학 강의, 서울: 민음사.

양세욱(2006), 借用語와 현대중국어 어휘체계의 多元性, 중국문학, (48), 45-67.

_____(2011), 최근 중국의 '繁-簡 논쟁', 중국문학, (69) : 231-249.

이기문(1992), 國語史概說(改訂版), 서울: 탑출판사.

이상도(1995), 중국어 필수어휘 선정에 관한 몇 가지 의견, 중국언어연구, (3) : 135-161.

이완기(2012), 영어 평가 방법론, 서울 : 문진미디어.

이익섭(1994/2000), 사회언어학, 민음사.

이정민·배용남·김용성(2000), 언어학사전(3판), 서울 : 박영사.

정재남(2007), 중국 소수민족 연구: 소수민족으로 분석하는 중국, 서울: 한국학술정보

_____(2008), 중국의 소수민족, 서울: 살림.

조명원·이홍수(1991/2004), 영어 교육 사전, 서울 : 피어슨에듀케이션코리아.

조성식(편)(1990), A Dictionary of English Linguistics, 서울 : 시사영어사.

최영애(1991), 中國古代音韻學에서 본 韓國語語源問題. [김용옥(1991: 287-316),《도올 논문집》, 서울: 통나무에 재수록.

北京大學中國語言文學系現代漢語敎硏室(1993/2004), 現代漢語(重排本), 北京 : 商務印書館.

北京師範學院中文系漢語敎硏組(1959), 五四以來漢語書面語言的變遷和發展, 北京 : 商務印書館.

北京晚報(2012), 百餘學者擧報新版《現代漢語詞典》違法 — "NBA"和"美職籃"之爭波瀾再起, 北京晚報8月28日 : 19.

布魯默(Blumer, Herbert), 劉曉琴, 馬婷婷(譯)(2010), 時尙 : 從階級區分到集體選擇, 藝術設計硏究, (3) : 5-12. [Blumer, Herbert, Fashion : From Class Differentiation to Collective Selection, Sociological Quarterly, 1969, Volume 10, Issue 3 : 275-291.]

蔡瑱(2009), 上海高校學生"有+VP"句使用情況調査分析, 語言敎學與硏究, (6) : 79-86.

岑麒祥(1990), 漢語外來語詞典, 北京 : 商務印書館.

常曉宏(2014), 魯迅作品中的日語借詞, 天津 : 南開大學出版社.

陳光磊(主編)(2008), 改革開放中漢語詞彙的發展, 上海 : 上海人民出版社.

陳民(1994), 普通話對香港詞語的取捨問題, 國文建設通訊(香港), (43) : 1-12.

陳榴(1990), 漢語外來語與漢民族文化心理, 遼寧師大學報, (5) : 44-48.

陳亞川(1987), 閩南口音普通話說略, 語言敎學與硏究, (4) : 148-155.

_____(1991), "地方普通話"的性質特徵及其他, 世界漢語敎學, (1) : 12-17.

陳忠(1963), 漢語借詞研究中的幾個問題, 江海學刊, (1) : 42-46.

陳重瑜(1986), "華語"—華人的共同語, 語文建設通訊(香港), (21) : 7-9.

辭海編輯委員會(編)(1979), 辭海(縮印本), 上海 : 上海辭書出版社.

_____(1989), 辭海(1989年版)(縮印本), 上海 : 上海辭書出版社.

_____(1999), 辭海(1999年版)(縮印本), 上海 : 上海辭書出版社.

_____(2009), 辭海(第六版), 上海 : 上海辭書出版社.

辭海編纂處(2005), 辭海編纂手冊, 上海 : 上海辭書出版社.

崔崟, 丁文博(2013), 日源外來詞探源, 廣州 : 世界圖書廣東出版公司.

鄧景濱(1997), 港澳粤方言新詞探源, 中國語文, (3) : 227-231.

刁晏斌(2000), 差異與融合──海峽兩岸語言應用對比, 南昌 : 江西教育出版社.

_____(2006), 現代漢語史, 福州 : 福建人民出版社.

丁證霖(1977), 選收外來詞問題的探討──從晚清著作中選收外來詞的體會, 安徽大學學報(哲學社會科學版), (3) : 106-110.

方齡貴(2001), 古典戲曲外來語考釋詞典, 上海 : 漢語大詞典出版社.

方夢之(1995), 洋文亦非越多越好, 語文建設(3) : 9-11.

方一新(2004), 從中古詞彙的特點看漢語史的分期, 漢語史學報, (4), 178-184.

馮天瑜(2004), 新語探源──中西日文化互動與近代漢字術語生成, 北京 : 中華書局.

符淮青(1985), 現代漢語詞彙, 北京 : 北京大學出版社.

高光宇(1957), 談外來語名詞的來源和處理, 拼音, (4) : 3-4.

高名凱, 劉正埮(1958), 現代漢語外來詞研究, 北京 : 文字改革出版社.

葛本儀(1985), 漢語詞彙研究, 濟南 : 山東教育出版社.

顧江萍(2011), 漢語中的日語借詞研究, 上海 : 上海辭書出版社.

郭伏良(2001), 新中國成立以來漢語詞彙發展變化研究, 保定 : 河北大學出版社.

郭熙(2004), 中國社會語言學(增訂本), 杭州 : 浙江大學出版社.

郭熙(主編)(2007), 華文教學概論, 北京 : 商務印書館.

國家對外漢語教學領導小組辦公室漢語水平考試部(編)(1992), 漢語水平詞彙與漢字等級大綱, 北京 : 北京語言學院出版社.

國家語言資源監測與研究中心(2007), 報紙, 廣播電視, 網絡(新聞)字母詞語使用狀況調查,見 : 中國語言生活狀況報告2006(下), 北京 : 商務印書館 : 37-133.

《漢語國際教育用音節漢字詞彙等級劃分》課題組(2010), 漢語國際教育用音節漢字詞彙等級劃分, 北京 : 北京語言大學出版社.

赫邁萊夫斯基(J. Chmielewski), 高名凱(譯)(1957), 以"葡萄"一詞爲例論古代漢語的借詞問題, 北京大學學報(人文社會科學版), (1) : 71-83.

洪歷建(主編)(2011), 全球語境下的漢語教學, 上海 : 學林出版社.

胡明揚(2002), 關於外文字母詞和原裝外文縮略語問題, 語言文字應用, (2) : 98-101.

胡行之(1936), 外來語詞典, 上海 : 天馬書店.

胡以魯(1914), 論譯名, 庸言, (25, 26), 1-20.

胡明揚(2002), 關於外文字母詞和原裝外文縮略語問題, 語言文字應用, (2)：98-101.

黃河淸(1994), 漢語外來詞研究中的若干問題, 詞庫建設通訊(香港), (3)：19-26.

_____(1995), 漢語外來影響詞, 詞庫建設通訊(香港), (7)：14-26.

_____(2010), 近現代辭源, 上海：上海辭書出版社.

皇甫素飛(2004), 從《文匯報》看漢語字母詞的歷史演變, 修辭學習, (5)：43-46.

賈寶書(2000), 關於給字母詞注音問題的一點思考與嘗試, 語言文字應用, (3)：77-80.

姜振寶, 謝詠梅(主編)(2009), 中日俄近現代技術發展比較研究, 哈爾濱：哈爾濱工業大學出版社.

金其斌(2007), 漢語外來詞翻譯中的仿譯研究, 中國科技術語, (2)：40-45.

金錫永(2011), 現代漢語外來詞的社會語言學研究, 復旦大學博士論文.

勁松, 牛芳(2010), 長沙地方普通話固化研究 ― 地方普通話固化的個案調查, 語言文字應用, (4)：41-49.

柯飛(2005), 翻譯中的隱和顯, 外語教學與研究, 37(4)：303-307.

鄺永輝, 劉衛眞(2008), 廣東高校師範生普通話使用情況調查, 現代語文(語言研究版)(09)：20-22.

李海英(2006), 普通話水平測試(PSC)的社會語言學闡釋, 濟南：齊魯書社.

李計偉(2005), 漢語外來詞同義異名現象研究, 語言文字應用, (4)：32-36.

李如龍(1988), 論方言和普通話之間的過渡語, 福建師範大學學報(哲學社會科學版)(2)：62-71.

李小華(2002), 再談字母詞的讀音問題, 語言文字應用, (3)：93-99.

李彥潔(2006), 現代漢語外來詞發展研究, 濟南：山東大學.

李宇明(2010), 全球華語詞典, 北京：商務印書館.

李知沅(2004), 現代漢語外來詞研究, 臺北：文鶴出版有限公司.

梁曉虹(1994), 佛教詞語的構造與漢語詞彙的發展, 北京：北京語言學院出版社.

林麗芳(2007), 芻議龍岩地方普通話中的方言語法成分, 龍巖學院學報(5)：102-105.

劉叔新(1990/2005), 漢語描寫詞彙學(重排本), 北京：商務印書館.

劉湧泉(1994), 談談字母詞, 語文建設, (10):7-8.

_____(2002), 關於漢語字母詞的問題, 語言文字應用, (1)：85-90.

_____(2009), 漢語字母詞詞典(修訂版), 北京：外語教學與研究出版社.

劉宇亮(2009), 岑溪地方普通話語言特徵分析, 梧州學院學報, (2)：10-14.

劉澤先(1952), 音譯, 意譯和形譯, 見：科學名詞和文字改革, 文字改革出版社, 1958：28-32, 原載：翻譯通報, (6).

劉正埮, 高名凱, 麥永乾, 史有爲(1984), 漢語外來詞詞典, 上海：上海辭書出版社.

盧卓群(1998), "望文生義"的語言心理和漢語音譯外來詞, 語言教學與研究, (4)：151-155.

羅常培(1950/2009), 語言與文化(注釋本), 北京：北京大學出版社. [하영삼(2002),《언어와

　　文化》, 서울: 서울대학교출판부

毛禮銳, 沈灌群(主編)(1989), 中國教育通史(第6卷), 濟南 : 山東教育出版社.

孟華(1992), 譯名與譯名方式的文化透視, 語文建設, (1):19-22.

潘文國(2008), 外來語新論─關於外來語的哲學思考, 見 : 中國語言學(第一輯), 濟南 : 山東
　　教育出版社 : 61-78.

潘允中(1957), 鴉片戰爭以前漢語中的借詞, 中山大學學報(社會科學版), (3) : 98-113.

＿＿＿(1989), 漢語詞彙史概要, 上海 : 上海古籍出版社.

瞿秋白(1931/1989), 鬼門關以外的戰爭, 瞿秋白文集(第三卷), 北京 : 人民文學出版社 : 137
　　-172.

曲偉, 韓明安(2004), 當代漢語新詞詞典, 北京 : 中國大百科全書出版社.

邵敬敏(2000), 香港方言外來詞的比較研究, 語言文字應用, (3) : 3-12.

邵敬敏(主編)(2007), 現代漢語通論, 上海 : 上海教育出版社.

邵敬敏, 石定栩(2006), "港式中文"與語言變體, 華東師範大學學報(哲學社會科學版), 38(2) :
　　84-90.

沈國威(2005), "譯詞"與"借詞"─重讀胡以魯《論譯名》(1914), 或問, (9) : 103-112.

＿＿＿(2010), 近代中日詞彙交流研究─漢字新詞的創制, 容受與共享, 北京 : 中華書局.

沈孟瓔(2002a), 實用字母詞詞典, 上海 : 漢語大詞典出版社.

＿＿＿(2002b), 解讀字母詞的表達功用, 平頂山師專學報, (6) : 47-49.

＿＿＿(2009), 新中國60年新詞新語詞典, 成都 : 四川辭書出版社.

沈志華(2009), 蘇聯專家在中國1948-1960, 北京 : 新華出版社.

史有爲(1999), 語言社群類型與臺灣的外來詞, 語言文字應用, (2) : 75-81.

＿＿＿(2000), 漢語外來詞, 北京 : 商務印書館.

＿＿＿(1991/2004), 外來詞─異文化的使者, 上海 : 上海辭書出版社.

孫常敍(1956/2006), 漢語詞彙, 北京 : 商務印書館.

譚海生(1994), 大陸粵方言區與香港地區使用外來詞之區別─粵方言外來語三探, 廣東教育
　　學院學報, (1) : 43-36, 68.

譚載喜(2004), 翻譯研究詞典的翻譯原則與方法, 中國翻譯, 25(6) : 49-52.

湯志祥(2001), 當代漢語詞語的共時狀況及其嬗變, 上海 : 復旦大學出版社.

田惠剛(1993), 漢語"外來詞"概念界定獻疑, 詞庫建設通訊(香港), (2) : 19-21.

＿＿＿(1996), 漢語"外來詞"的範疇及其分類芻議, 詞庫建設通訊(香港), (8) : 33-38.

萬紅(2007), 當代漢語的社會語言學觀照─外來詞進入漢語的第三次高潮和港臺詞語的北上,
　　天津 : 南開大學出版社.

王東風(2002), 文化認同機制假說與外來概念引進, 中國翻譯, 23(4) : 8-12.

王吉輝(1996), 非漢字詞語研究, 南京師範大學學報, (2) 120-123.

＿＿＿(1999), 字母詞語的外來詞語性質分析, 漢語學習, (5) : 36-41.

王力(1958/1980), 漢語史稿(下), 北京 : 中華書局.

王立達(1958), 現代漢語中從日語借來的詞彙, 中國語文, (2) : 90-94.

王鐵昆(1993), 漢語新外來語的文化心理透視, 漢語學習, (1) : 34-40.

王獻華(2016), 郭沫若《釋支幹》與泛巴比倫主義, 郭沫若學刊, (1) : 41-44.

吳傳飛(1999), 論漢語外來詞分類的層級性, 語文建設, (4) : 12-15.

吳禮權(1994), 漢語外來詞音譯的特點及其文化心態探究, 復旦學報(社會科學版), (3) : 82-107.

伍鐵平(1994), 論詞義, 詞的客觀所指和構詞理據─語義學中命名理論的一章, 現代外語, (1) : 1-7.

《現代漢語常用詞表》課題組(2008), 現代漢語常用詞表, 北京 : 商務印書館.

香港中國國文學會詞庫工作組(1993), 香港中國國文學會"外來概念詞詞庫"總說明, 詞庫建設通訊(香港), (1) : 4-12.

_____(1993-2000), "外來概念詞詞庫"詞條選刊(1-22), 詞庫建設通訊(香港), 第1~22.

香港中國國文學會(2001), 近現代漢語新詞詞源詞典, 上海 : 漢語大詞典出版社.

謝之君(1998), 香港接受外來語的幾點啓示, 語文建設, (7) : 34-36.

徐大明(主編)(2006), 語言變異與變化, 上海 : 上海教育出版社.

徐文堪(2009), 外來語古今談, 北京 : 語文出版社.

許威漢(1992), 漢語詞彙學引論, 北京 : 商務印書館.

薛才德(2009), 上海市民語言生活狀況調查, 語言文字應用, (2) : 74-83.

楊錫彭(2003), 漢語語素論, 南京 : 南京大學出版社.

_____(2007), 漢語外來詞研究, 上海 : 上海人民出版社.

_____(2008), 借形詞與字母詞, 見 : 南大語言學(第三編), 北京 : 商務印書館, 231-239.

姚德懷(1995), playing cards("外來概念詞詞庫"詞條選刊(6)中的條目), 詞庫建設通訊(香港), (6) : 60-62.

_____(1998), "規範普通話"與"大衆普通話", 語文建設通訊(香港), (57) : 1-12.

姚佑椿(1988), 上海口音的普通話說略, 語言教學與研究(4) : 120-128.

游汝杰(2003), 中國文化語言學引論(修訂本), 上海 : 上海辭書出版社.

_____(2004), 漢語方言學教程, 上海 : 上海教育出版社.

_____(2009), 《上海通俗語及洋涇浜》所見外來詞研究, 中國語文, (3) : 261-269.

游汝杰, 周振鶴(1986/2006), 方言與中國文化, 上海 : 上海人民出版社. [전광진·이연주(2005), 방언과 중국문화, 영남대학교출판부]

游汝杰, 鄒嘉彦(2004/2009), 社會語言學教程, 上海 : 復旦大學出版社. [변지원(역)(2008), 언어로 본 중국사회, 서울 : 차이나하우스.]

于芳(2009), 普通話訓練與測試所要面對的"地方普通話"問題, 武夷學院學報, (3) : 57-60.

於根元(主編)(2005), 新時期推廣普通話方略研究, 北京 : 中國經濟出版社.

於根元, 王鐵琨, 孫述學等(2003), 新詞新語規範基本原則, 語言文字應用, (1) : 89-95.

兪品, 祝吉芳(2003), 原形借詞─現代漢語吸收外來語的新發展, 中國語文, (6) : 559-563.

兪瑋奇(2012), 城市青少年語言使用與語言認同的年齡變化─南京市中小學生語言生活狀況
     調查, 語言文字應用, (3) : 90-98.

兪忠鑫, 楊芳茵(1995), 中日韓漢字詞比較研究導論, 見 : 杭州大學韓國研究所(編), 南韓研究
     (第二輯), 杭州 : 杭州大學出版社 : 22-39.

兪忠鑫(1996), "回歸詞"論, 詞庫建設通訊(香港), (10) : 26-27.

曾金金(2017), 國際華語教師面臨的多元華人語言文化問題, 國際中文教育學報(香港教育大
     學), (1) : 171-190.

張德鑫(1993), 第三次浪潮─外來詞引進和規範芻議, 語言文字應用, (3) : 70-76.

張洪年(2007), 香港粵語語法的研究, 香港 : 中文大學出版社.

張錦文(2003), 關於漢語借詞的分類問題, 辭書研究, (3) : 69-75.

張淑敏, 張兆勤(2004), 甘肅"地方普通話"特點剖析, 甘肅聯合大學學報(社會科學版), (3) :
     54-58.

張鐵文(2007), 字母詞探源, 語文建設通訊(香港), (88) : 57-64.

張廷國, 郝樹壯(2008), 社會語言學研究方法的理論與實踐, 北京 : 北京大學出版社.

張奚若(1955), 大力推廣以北京語音爲標準音的普通話─在全國文字改革會議上的報告, 中國
     語文, (12) : 9-13.

趙明(2016), 明清漢語外來詞史研究, 廈門 : 廈門大學出版社.

趙元任(1970/2002), 借語擧例, 見 : 吳宗濟, 趙新那(編), 趙元任語言學論文集, 北京 : 商務
     印書館 : 617-631.

鄭奠(1958), 談現代漢語中的"日語詞彙", 中國語文, (2) : 94-95.

鄭澤芝(2010), 大規模眞實文本漢語字母詞語考察研究, 廈門 : 廈門大學出版社.

中國社會科學院語言研究所詞典編輯室(編)(1978), 現代漢語詞典, 北京 : 商務印書館.

_____(1983), 現代漢語詞典(第2版), 北京 : 商務印書館.

_____(1996), 現代漢語詞典(修訂本), 北京 : 商務印書館.

_____(2002), 現代漢語詞典(2002年增補本), 北京 : 商
     務印書館.

_____(2005), 現代漢語詞典(第5版), 北京 : 商務印書館.

_____(2012), 現代漢語詞典(第6版), 北京 : 商務印書館.

_____(2016), 現代漢語詞典(第7版), 北京 : 商務印書館.

"中國語言生活狀況報告"課題組(編)(2006), 上海市學生普通話和上海話使用情況調查, 中國
     語言生活狀況報告2006, 北京 : 商務印書館 : 198-210.

中國語言文字使用情況調查領導小組辦公室(編)(2006), 中國語言文字使用情況調查資料, 北

京 : 語文出版社.

鍾吉婭(2003), 漢語外源詞─基於語料的研究, 上海 : 華東師範大學博士論文.

周定一(1962), "音譯詞"和"意譯詞"的消長, 中國語文, (10) : 459-466, 476.

周健, 張述娟, 劉麗寧(2001), 略論字母詞語的歸屬與規範, 語言文字應用, (3) : 95-99.

周賽穎, 林偸偸(2010), 靑春女性時尙雜誌的語言風格和語用特點初探─以《花溪》,《女友‧
校園》,《女報‧時尙》爲例, 廣東技術師範學院學報, (1) : 77-82.

週一民(2000), VCD該怎麼讀?─談談英語字母的普通話讀音, 國文建設, (6) : 16.

周玉琨(1998), 論由漢字帶來的漢語日源外來詞─日語借形詞, 漢字文化, (4) : 18-22.

＿＿＿＿(2002), "GB", "HSK"是字母詞嗎?, 漢字文化, (1) : 60.

周玉琨, 曲娟(2000), 日語借形詞的構詞問題, 漢字文化, (3) : 20-31.

周振鶴(2008) 逸言殊語(增訂版), 上海 : 上海人民出版社.

周祖謨(1956), 漢語詞彙講話(十二), 語文學習, (9) : 20-21.

＿＿＿＿(1959/2006), 漢語詞彙講話, 北京 : 外語教學與研究出版社.

竺家寧(1996), 兩岸外來詞的翻譯問題, 華文世界(臺北), (81).

＿＿＿＿(1999), 漢語詞彙學, 臺北 : 五南圖書出版有限公司.

朱永鍇(1995), 香港粵語裡的外來詞, 語文研究, (2) : 50-56.

茲古斯塔(L.Zgusta)(主編), 林書武等(譯)(1983), 詞典學槪論, 北京 : 商務印書館.

鄒嘉彦(1997), "三言""兩語"說香港, 語言文字應用, 22(2) : 15-22.

鄒嘉彦, 游汝杰(2001), 漢語與華人社會, 上海 : 復旦大學出版社.

＿＿＿＿＿＿＿(2004), 語言接觸論集, 上海 : 上海教育出版社.

＿＿＿＿＿＿＿(2007), 21世紀華語新詞語詞典, 上海 : 復旦大學出版社.

＿＿＿＿＿＿＿(2010), 全球華語新詞語詞典, 北京 : 商務印書館.

左秀蘭(2007), 語言規劃的必要性, 必然性和局限性, 北京大學學報(社會科學版), 8(2) : 52-
57.

Bussman, Hadumod(1996), Trauth, Gregory P. & Kazzazi, Kerstin(trans.), *Routledge
Dictionary of Language and Linguistics*, Routledge.

Cheng, Chu-yuan(1965), *Scientific and Engineering Manpower in Communist China 1949
-1963*, Washington, D. C. : National Science Foundation.

Crystal(1995), *The Cambridge Encyclopedia Of The English Language*, New York : Cambridge
Univ. Press.

＿＿＿＿(2008), *A Dictionary of Linguistics and Phonetics (6th)*, Malden : Blackwell.

DeFrancis, John(1984), *The Chinese Language : Fact and Fantasy*, Honolulu : Univ. of
Hawai'i Press.

Eckert, P.(1989), The whole woman: Sex and gender differences in variation, *Language*

Variation and Change, Volume 1 : 245-267.

Eckert, P. & McConnell-Ginet, S.(2003), *Language and Gender*, Cambridge University Press.

Fasold, R. W.(1990), *The Sociolinguistics of Language*, Blackwell.

Feng, Zhiwei(2004), The Semantic Loanwords and Phonemic Loanwords in Chinese Language, in Aspects of Foreign Words/Loanwords in the Word's language(The Multi-Faceted Nature of Language Policies that Aim to Standardize and Revive Language), *Proceedings for 11th International Symposium of NIJLA*, Tokyo: 200-229.

Groves, Julie M.(2008), Language or Dialect-or Topolect? A Comparison of the Attitudes of Hong Kongers and Mainland Chinese towards the Status of Cantonese, *Sino-Platonic Papers* 179, http://sino-platonic.org/.

Holmes, Janet(1992/2001/2008), *An Introduction to Sociolinguistics*, Pearson Education.

Hu, M. H-C. & Nation, I. S. P.(2000), Unknown vocabulary density and reading comprehension, *Reading in a Foreign Language*, 13(1): 403-430.

Hsu, Wen(1995), The First Step toward Phonological Analysis in Chinese : FanQie, *Journal of Chinese Linguistics*, 23(1) : 137-158.

Labov, W.(1990), The intersection of sex and social class in the course of linguistic change, *Language Variation and Change*, Volume 2 : 205-254.

_____ (2001), *Principles of linguistic change: Social factors*, Blackwell.

Lambert, W. E., Hodgson, R., Gardner, R. C. & Fillenbaum, S.(1960), Evaluational Reactions to Spoken Languages, *Journal of Abnormal and Social Psychology*, 60(1) : 44-51.

Lieberson, Stanley(1965), Bilingualism in Montreal : A Demographic Analysis, *The American Journal of Sociology*, 71(1) : 10-25.

Liu, Lydia H(1995), *Translingual Practice : Literature, National Culture, and Translated Modernity — China, 1900-1937*, Stanford University Press. [劉禾(Liu, Lydia H.), 宋偉杰等(譯), 跨語際實踐—文學, 民族文化与被譯介的現代性(中國, 1900- 1937), 北京 : 三聯書店, 2008.] [민정기(역)(2005), 언어횡단적 실천, 서울 : 소명출판.]

Mair, Victor H.(1991), What Is a Chinese "Dialect/Topolect"? Reflections on Some Key Sino-English Linguistic terms, *Sino-Platonic Papers* 29, http://sino-platonic.org/.

Martin, Samuel Elmo(1953), *The phonemes of ancient Chinese*, American Oriental Society.

Masini, Federico(1993), *The Foundation of Modern ese and Its Evolution Toward a National Language : The Period from 1840 to 1898*, Journal of Chinese Linguistics Monograph Series number 6, Berkeley. [馬西尼(Masini, Federico), 黃河清(譯), 現代漢語詞匯的形成 : 十九世紀漢語外來詞研究, 上海 : 漢語大詞典出版社, 1997.] [이정

재(2005), 근대 중국의 언어와 역사, 서울: 소명출판]

Norman, Jerry(1988), *Chinese*, Cambridge University Press.

Pulleyblank, E. G.(1962), The Consonantal System of Old Chinese, *Asia Major* (9): 58-144, 206-265.

Read, J.(2004), Research in teaching vocabulary, *Annual Review of Applied Linguistics*, 24: 146-161.

Xiao, R., Rayson, P. & McEnery, T.(2009), *A Frequency Dictionary of Mandarin Chinese*, London: Routledge.

朱曉云(1986), 中國語の中の外來語, 臺北 ： 東吳大學碩士論文.

沈國威(2008), 近代日中語彙交流史, 笠間書院. [이한섭 외(역)(2012), 근대 중일 어휘 교류사, 서울 ： 고려대학교출판부]

저자 소개

김석영

현재 한국교원대학교 중국어교육과 교수이다. 전남대 중문과를 졸업하고, 서울대 석·박사 과정을 수료했으며, 방문학자로 중국사회과학원에서 수학한 후, 중국 상하이 푸단(復旦)대학에서 박사학위를 받았다. 귀국 후에는 서울대학교 언어교육원 언어능력측정센터에서 선임연구원으로 재직하며 언어평가에 관한 연구를 수행하였다. 『중국어의 비밀』(공저, 문광부 우수학술도서), 『한중일 언어를 통해 본 삼국의 사회와 문화』(공저), 『수업이 즐거워지는 어린이 중국어 교사 지침서』(공저), 『교실 수행평가의 올바른 방향』(공저)을 비롯하여 중고 등학교 교과서 및 약 30편의 학술논문을 집필하였다.

언어접촉과 현대중국어 차용어

초판 1쇄 인쇄 2020년 2월 20일
초판 1쇄 발행 2020년 2월 28일

지은이 김석영
펴낸이 이대현

책임편집 임애정 | **편집** 이태곤 권분옥 문선희 백초혜
디자인 안혜진 최선주 김주화 | **마케팅** 박태훈 안현진
펴낸곳 도서출판 역락 | **등록** 1999년 4월 19일 제303-2002-000014호
주소 서울시 서초구 동광로46길 6-6(반포4동 577-25) 문창빌딩 2층(우06589)
전화 02-3409-2060(편집부), 2058(영업부) | **팩시밀리** 02-3409-2059
전자우편 youkrack@hanmail.net
홈페이지 www.youkrackbooks.com

ISBN 979-11-6244-219-7 93720

정가는 뒤표지에 있습니다.

* 잘못된 책은 바꿔 드립니다.